【心理传记学译丛】

PSYCHOBIOGRAPHY SERIES

【美】威廉·T.布兰查德 著
王英 译

卢梭与反叛精神
——一项心理学研究

主编 罗凤礼 萧延中

中央编译出版社
Central Compilation & Translation Press

Rousseau and the Spirit of Revolt: A Psychological Study

by William H. Blanchard

Copyright © 1967 by The University of Michigan

All rights reserved.

图书在版编目(CIP)数据

卢梭与反叛精神:一项心理学研究/(美)布兰查德著;王英译.
—北京:中央编译出版社,2012.7
(心理传记学译丛)
ISBN 978-7-5117-1425-1

Ⅰ.①卢…
Ⅱ.①布… ②王…
Ⅲ.①卢梭,J.J.(1712~1778)-传记
Ⅳ.①B565.26

中国版本图书馆 CIP 数据核字(2012)第 136416 号

卢梭与反叛精神:一项心理学研究

责任编辑	霍星辰　贾宇琰
责任印制	尹　珺
出版发行	中央编译出版社
地　　址	北京西城区车公庄大街乙 5 号鸿儒大厦 B 座(100044)
电　　话	(010)52612345(总编室)　(010)52612375(编辑室)
	(010)66161011(团购部)　(010)52612332(网络销售)
	(010)66130345(发行部)　(010)66509618(读者服务部)
网　　址	www.cctphome.com
经　　销	全国新华书店
印　　刷	北京印刷一厂
开　　本	787 毫米×1092 毫米　1/16
字　　数	283 千字
印　　张	20.5
版　　次	2012 年 7 月第 1 版第 1 次印刷
定　　价	49.00 元

凡有印装质量问题,本社负责调换,电话:(010)66509618

总序：在明澈"冰山"之下的幽暗底层

萧延中

> 生命的河流可以因一个人的性格而改道。如果米提亚底斯在马拉松逃跑，查理·马特在普瓦提埃逃跑，西方文明可能会与今不同。而如果基督在彼拉多面前否定了自己的教理，一切也可能是另外一副模样了。
>
> ——S. 弗洛伊德

> 历史之谜——不在理智之中，而在愿望之中；不在劳动之中，而在爱情之内。
>
> ——N. 布朗

一、缘何想起要编译这样一套丛书？

如果说到这一"译丛"的缘起，那么，就难免回忆起上个世纪 80 年代的往事。当时我在中国社会科学院编辑的《未刊稿》中，读到用精神分析理论研究鲁迅心理结构的文章，瞬间被大大地震惊了。"伟大的鲁迅"居然还存在着鲜为人知的另一面！自此以后，在泛泛的阅读中发现，中国"新文化运动"的领袖人物，如陈独秀、李大钊、鲁迅、胡适等均有其"童年丧父"的相似经历。后来又接触到梁漱溟因其父梁巨川自杀而致使其人生发生重大转折，以及洪秀全、康有为分别"大病生幻"造就其思想、事业的案例。这引发了我的好奇心。"这是一种什么现象？'偶然性'

这样的说辞能够给出具有说服力的解释吗?"于是,在"好奇心"引领下,一方面,我对弗洛伊德的学说越来越感兴趣,另一方面,也经常性地观察那些著名人物的童年时期。后来才知道,其实诸如孔子、孟子、秦始皇、汉武帝、曹操、诸葛亮、成吉思汗、范仲淹、欧阳修、岳飞、康有为、孙中山、冼星海、茅盾、傅雷、亚里士多德、但丁、哥白尼、达·芬奇、彼得大帝、牛顿、门捷列夫、巴赫、马丁·路德、华盛顿、亚当·斯密、乔治·桑、拜伦、毛姆、尼采、安徒生、托尔斯泰、马克·吐温、列宁、斯大林、高尔基、甘地、卓别林、松下幸之助、川端康成、曼德拉、希特勒等等中外著名人物,其早年经历也都呈现相同的轨迹。①

后来在"西方史学理论"的课程中,我知道了"心理史学"(psychohistory)②这一流派。在读书的过程中按图索骥,在著述的注释中发现了不少关于著名人物心理传记的著述目录,不是一两本、几十篇,而是很多很多。为了更全面和更准确地掌握有关知识,我又托朋友找到了中国社会科学院世界史所的罗凤礼研究员,他毕业于北大西语系,是中国大陆"心理史学"研究领域里的资深专家,那时已发表和翻译了大量的专业论文和系统著作。罗凤礼研究员对我这个门外汉不嫌不弃,不仅耐性讲解,还借给我他私人藏书中的英文原著,有的还是他出国访问时带回来的复印件。罗老当时感叹,虽然关于"心理史学"介绍性的著述不算少,但系统的译介工作则并未展开,这必然会诱导学人"只知其然而不知其所以然"。为了避免这样的一种可能性危险,在罗老的指点和支持下,我们就开始准备引进并翻译这套《心理传记学译丛》。

开始,译稿质量并不令人满意,其中书籍有改译的,有重译的,甚至还有更换译者的,其他麻烦也曾发生;后来又因为忙别的教研项目,疏忽了这一选题。总之,由于各种各样的原因,事拖多年。最后,在中央编译出版社的极力支持下,《译丛》终得问世。这套《译丛》具体包括:埃里

---

① 参见屠雨迅:《"五四"领袖们早年丧父给我们的启示》,opinion.people.com.cn/GB/1036/9234297.html,2009-8-14。

② "心理史学"(psychohistory)不是指讲述心理学自身发展过程的"心理学史"(Psychological History),二者分属不同的研究领域。

克森:《甘地的真理:好战的非暴力起源》;罗伯特·塔克:《作为革命者的斯大林(1879—1929):一项历史与人格的研究》;埃里克森:《青年路德:一项心理与历史的研究》;沃尔特·兰格:《希特勒的心态:美国战时秘密报告》;布兰察德:《卢梭与反叛精神:一项心理学的研究》;费德·怀特:《心理变态的"上帝":阿道夫·希特勒》;斯特罗齐尔、奥弗:《心理史学视野下的领袖们》;托马斯·库特:《威廉二世与德国人》;格德温:《约翰逊与美国梦》等。

面对这一系列译著,主编、译者和责任编辑之多年的"心智励炼",似乎也可以随之逐渐冰释了。

二、"心理传记学"是什么?

对于中国读者来说,"心理传记学"(psychobiography)虽然谈不上十分陌生,但也只能说它处于人们认知视域的边缘之上。上个世纪80年代,随着弗洛伊德众多著作的热传,以这一学说为其基础理论的"心理传记学",也开始逐渐被介绍到中国,但其范围似乎更多地被限定在史学理论的专门领域内,以至于对于其他学科乃至一般读者来说,"心理传记学"究竟具有怎样的性质,它与"一般人物传记"有何性质上的区别,这一研究方式的优势和困难又都是些什么,这些问题并非十分清晰。

事实上,我们的确很难把"心理传记学"归类于某个具体学科,甚至可以说,它本身从来就不是一个学科,而是同时涉及多个研究领域,至少包括心理学、历史学、政治学、文学,甚至也在一定程度上搭上了哲学的边缘。例如,在历史学中,学者们把它看成"历史学"旗下的一个偏门"心理史学"中的"人物分析";在政治学中,学者们把它看成是"政治学"的二级学科"政治心理学"(political psychology)中涉及"政治家"的相关部分;而在文学的角度上,"心理传记学"的含义更加模糊,因为文学作品中随处可见的大量人物心理描写,不能算是"心理传记学"。总之,这一研究领域是一个典型的学科交汇点,处于由于没有中心而又层叠边缘的"几不是又都要管"的"独特"地带,因此,无论它多么地想"独立"发展,但却始终也构不成一个学科。当然,我们说"心理传记学"不是一个学科,并不意味着它自身没有严格的研究规范,反之,相对于其他较成熟的学科来说,人们对"心理传记学"研究规范的关注和要求不是更少了而是更多了,不是更加宽容而是相当苛刻。面对人们已习以为常的知识分类系统,"心理传记学"的位置的确显得很是尴尬。就像先前犹太民族是一个世界上罕见的没有自己独立领土的共同体,这种独特的"存在"必然地与独特的"精神"联系在一起一样,如果不是如此地坚守由犹太人弗洛伊德所创立以及由此引申出来的各种"精神分析"学说的指导,那么,"心理传记学"不就早就"应当"被其他学科所同化了吗?在这里,我们想要说和所能说的只是:正是"精神分析"学说透视的深刻性,造就和成全了"心理传记学"无可替代的重要位置;或许也正是在这种"不伦不类"的挤压窘境中,孕育和隐藏着"心理传记学"不容忽视的内在魅力。

按美国学界的分类惯例,"心理传记学"被归类于"心理史学"两个脉络中的一支。其中一支,是侧重于个体人物精神分析的"心理传记学";而另一支,则是侧重于族群整体精神风貌研究的"心态史学"(history of mentalities)。[①] 在学理构成和理论渊源方面,这两个分支有着不同的"基因"和"血缘"。前者主要发源于弗洛伊德的精神分析理论并以此作为主导性的分析工具,并由于二战期间大量欧洲学者到美国寻求避难而在美国形成了广泛影响;后者则主要继承法国悠久的史学传统,"研究的是历史上社会群众(或其中的一个部分或集团)所共有的观念和意识,这种观念和意识在民间世代相沿,一般不因政权更迭而发生变化,因此不同于官方意识形态,是人类社会精神文化乃至整个人类历史中最具相对稳定性的部

---

① "psycho"和"mental"这两个词根分属不同的词源系统。我们一般把前者理解为"心理",而把后者理解为"精神"。参见周兵:《心理与心态——论西方心理历史学两大主要流派》,载《复旦大学学报(社会科学版)》2001年第6期。

分。"① 中国大陆学界似乎也跟随这一分类。我们虽然认为不应当把"心理传记学"仅仅限制在历史学科,它在政治学和文学等领域的研究中也占有相当重要的位置,但总体而言,学界的一般性判断惯例也大体上是可接受的。在这里,理解"心理传记学"的透视视角和逻辑理路,应当说比定义它的学科属性显得更为关键。

"心理传记学"不同于一般文学作品中的心理描写,它不是靠人们的常识中所固有的感觉去对撰主的故事进行描述,而是通过运用心理学的理论和研究,对具有历史意义的生命过程展开分析。其目的是理解人,并揭示其公共行为背后的个人动机,无论这些行为涉及的是艺术作品的旨趣,科学理论的创造,还是政治决定的采纳。如果要更加直白地区分上述两种人物传记的根本差异,那么,我们会说,一般传记描述"意识"(conscious),而心理传记则分析"潜意识"(the unconscious)。"潜意识"不仅是指当事人并未感知的心理实在,而且是指当事人"不愿承认"的心理实在,最为关键的恰恰就是这种当事人并"不愿承认"的心理实在,其实成为此人行为的真实动力或深层理由。比如,某位领袖人物叱咤风云,运筹帷幄,他嘴里吐出来的口号,即意识层面上的表达,可能是"为民族"、"为国家"、"为人民"等等,甚至他本人可能也真心在那样想,但其潜意识层面则很可能被一种"怕被别人瞧不起的恐惧"所支配,因此要处处逞强,不容批评,充分地表现自我角色的独一无二性。这样,在精神分析的透视镜下,在如此雄伟的人物之"自负"行为的表层下,实际上真正起支配作用的恰恰是与其完全相反的"自卑",但是,我们在这位英雄人物的著述和言谈中,却绝不会找到明显的"自卑"陈述。所以,对"潜意识"的剖析不能从撰主自身的意识中产生,需要用精神分析这面透视镜去探查和扫描。正因如此,弗洛伊德主义的继承者埃里希·弗罗姆(Erich Fromm)才说:"我们本身内在大部分真实的东西是没有被意识到的,而许多被意识到的却是不真实的。……一个并不懂得无意识现象的人会深信,

---

① J. 勒高夫、P. 诺拉、R. 夏蒂埃、J. 勒韦尔主编:《新史学》,姚蒙译,上海译文出版社1989年版,第140页;罗凤礼:《历史与心灵——西方心理史学的理论与实践》,中央编译出版社1998年版,第112页。

他能说出他所知道的一切，这就意味着道出了真理。弗洛伊德则认为，我们在或大或小的程度上都错误地看待了真理。即使我们真诚地相信我们意识到的一切，我们也可能是在说谎，因为我们的意识是'虚假的'。"①这些浅显的论述，道出了精神分析学说以及"心理传记学"独特的精髓与奥秘。

在更规范的学术意义上，学者早已对这一研究领域给出过不少精雕细琢的定义。"心理传记学"开拓者之一的埃里克·埃里克森（Erik Erikson）把整体的"心理史学"简要地定义为"用精神分析学和历史学相结合的方法来研究个体和群体的生活"。② 著名的斯大林精神分析专家、美国耶鲁大学的罗伯特·塔克（Robert C. Tucker）则把"心理传记学"的特点概括为"可视为一种学术研究，是传记家尝试去理解被研究对象的生命历程或重要阶段，而这些生命历程或阶段是对撰主人格有意识地运用心理学的解释……它意味着所有的心理学传记家都会运用某种人格理论，无论是一种特殊的理论（例如弗洛伊德理论、后弗洛伊德理论以及非弗洛伊德理论），或者是以折中组合的方式提出解释的理论取向"。③ 而《心理传记手册》的主编威廉·托德·舒尔茨（William Todd Schultz）则认为："心理传记不是一般的传记，虽然所有心理传记作者都使用传记资料。对于一般传记而言，其目的是尽可能全面地讲述了一个生命的故事。相反，对于大多数心理传记作者来说，他们将目光聚焦于一个生命的侧面，一个独特而神秘的问题…… 心理传记首要方法是通过心理学的方法和视角，去集中透视某些单一的事件和单一的生命历程。一般传记作者的目的不是运用心理学方法，至少这种方法不是主要的。相反，他们期望确定生活的记录。因此，一般传记作者的首要任务是描述；而心理传记作者需要做更多的说明和解释。一般传记作者关注的是'是什么'的问题，而心理传记作者关注的则

---

① E. 弗罗姆：《在幻想锁链的彼岸》，张燕译，赵鑫珊校，湖南人民出版社1986年版，第94页。

② Erik Erikson, *Dimensions of a New Identity*, New York, 1974, p. 113.

③ R. C. Tucker, The Georges Wilson Reexamined: An essay on psychobiography, *American Political Science Review*, 1977. 71, p. 606.

是'为什么'的问题,是有关动机的问题。"①

读者眼前的这套"译丛",就是以译介"心理传记学"这一领域的重要研究成果为其学术要旨,"心态史"的作品不包括在这一系列之内。

三、探险,退缩,还是渗透?

早在20世纪第一个十年,德国心理学家闵斯特伯格(Münsterberg)就提出了运用心理学解释历史生活事件,建议历史学家运用心理学的研究成果去解释和理解历史人物和历史事件,倡导建立"心理历史学"(psychohistory)这一门全新的独立学科。② 而真正把心理分析引向历史人物研究的,正是精神分析学派的创始人弗洛伊德本人。1910年弗洛伊德出版了著名的《列昂纳多·达·芬奇及其对童年的一个记忆》一书,开"心理传记学"之先河。在该书中,弗洛伊德首次提出了撰写"心理传记"的两条原则:一是,要真正理解撰主的精神生活,必须顾及他在"性生活方面的活动和特点";二是,如果人物具有某方面突出的天性特质,那么,它可能源于其"童年早期",并从原是性本能的动力中由性欲的升华而取得了增援能量,致使这种天性特质的活动能够取代一部分性生活。③ 虽然在很大程度上,弗洛伊德此项研究是其"精神分析"之天才学说的自觉推演,本身存在着诸多问题,并由此引发了后人们的激烈批判,但作为一种重要的尝试和探索,我们不仅不能对这一研究以"败笔"论处,而且应该看到,弗洛伊德的透视视角和具体方法都给"心理传记学"留下了丰厚的遗产,产生了决定性的影响。

进入20世纪50年代后期,时任美国历史学会主席的W. 兰格在就职

---

① See William Todd Schultz, *What is Psychobiography?* www.psychobiography.com.
② 参见闵斯特伯格:《基础与应用心理学》,邵志芳译,浙江教育出版社1998年版。
③ See Sigmund Freud, *Leonardo Da Vinci, A Memory of His Childhood*, ARK, 1984, pp. 16, 24, 转引自罗凤礼:《历史与心灵——西方心理史学的理论与实践》,中央编译出版社1998年版,第8页。

演说中认为"现代心理学注定要在历史阐述中发挥越来越大的作用",因此,心理分析方法应当成为所有历史学家的"下一个任务"。在兰格的号召下,50年代末以至整个60年代,美国心理史学迅速成长。作为弗洛伊德之女安娜·弗洛伊德的学生,埃里克森于1958年出版了《青年路德》。该书把个体生命划分为八个阶段,在这其中,每个人在每个阶段都可能遭遇到特殊的"社会心理危机"(psychosocial crisis),而处于青春期和青年期中的人们,则会出现"自我认同危机"(identity crisis)。埃里克森以德国宗教改革领袖马丁·路德为案例,分析了他如何在解决"自我认同危机"的同时,也找到了解决社会及其信仰问题的途径。尽管《青年路德》一书中还留有化约论的痕迹,但比起弗洛伊德的初始研究来看,则在摆脱"泛性论"的路径上前进了一大步。

自埃里克森以后,美国的"心理史学"如火如荼,其中"心理传记学"也有了长足的发展。其中固然不乏杰作,但在一定程度上也有些"泛滥成灾"。在"心理传记学"的早期著述中,存在大量硬搬生理病理学术语的现象,如"自大狂"(egomania)、"偏执狂"(paranoia)、"虐待狂"(sadism)、"迫害狂"(Mad persecution)、"臆想症"(hypochondriasis)、"抑郁症"(melancholia)、"焦虑症"(anxiety neurosis)、"狂躁症"(Manic psychosis)、"精神分裂症"(schizophrenia)、"神经官能症"(neurosis)、"强迫型人格障碍"(Obsessive-Compulsive PD)等等不一而足,其中几乎每一个词组在《医学辞典》中都涉及一大篇具体的解释和说明。自从"心理传记学"诞生的那一刻起,来自各方面的批判就未中断过。"臆想"、"武断"、"拼凑"、"牵强附会"、"生搬硬套"等等指责,不绝如缕。其中最重要的批评直指"心理传记学"的始作俑者弗洛伊德。如1975年发表在《纽约书评》上的文章甚至激愤到有失雅量:"精神分析学是20世纪最惊人的智力欺诈,是思想史上近乎于恐龙那样的绝代怪物,一个设计上根本不健全的、断子绝孙的庞然怪物。"[①] 澳大利亚学者大卫·斯坦纳德

---

① P. B. 梅达沃:《精神病的受害者》,《纽约书评》(1975年1月23日),转引自大卫·斯坦纳德:《退缩的历史——论弗洛伊德及其心理史学的破产》,冯钢、关颖译,浙江人民出版社1989年版,第214页。

(D. E. Stannard)对"心理史学"的批判最为系统。他从"证据"、"逻辑"、"理论"和"文化"四个方面展开。认为:"从最初力图创作心理史学的著作开始直至当今,那些自诩为心理史学家之人的著作中都一致地表现出对事实的傲慢态度、对逻辑的肆意扭曲、对理论验证的不负责任,以及对文化与时代差异的短见。"[①] 并以弗洛伊德《列昂纳多·达·芬奇及其对童年的一个记忆》为例,展开批驳,其中不乏贬低讥讽的明显态度。应当说,这些尖锐的评判并不是无的放矢。例如,弗洛伊德在他自己的核心著作中就曾说:"精神分析的第一个令人不快的命题是:心理过程主要是潜意识的,至于意识的心理过程则仅仅是整个心灵的分离的部分和动作。"[②] 在他的脑际中,撰主就是"患者",精神分析学说预设,任何一种看上去是不可思议,甚至是不可理喻的非理性、反常规的举动,其实都具有潜意识意义上的"逻辑"基础,而且这一人们不愿正视和极力否认的"逻辑",实际上恰是行为动机的真正源泉。只是一般人没有理解那种"逻辑",拒绝进入"患者"的精神世界罢了。这样,精神分析学说的基础预设十分清楚:其一,重要人物都是"病人"而非"常人";其二,"偶然性"在行为取向和思维动因中占有一个极其重要的位置。这样的思想在一部对美国总统威尔逊的分析作品中表现得更加直接,作者直言不讳地认为:"在人类历史上的某些时候,疯子、能见到幻象的人、预言者、神经官能症患者和精神错乱者,曾经起过重大作用,而且不仅仅是在偶然的机会使他们生而为王的时候。通常,他们都造成了极大的破坏,然而并非总是如此。某些人对他们的以及后来的时代产生过无法估量的影响,他们发动过重要的文化运动,作出了巨大的发现,也就是说,他们克服了他们的反常;但另一方面,往往恰恰是因为他们性格中的病态的特点,他们发展的不平衡,某些欲望不正常地强烈,无保留、无分别地献身于一种唯一的

---

① 大卫·斯坦纳德:《退缩的历史——论弗洛伊德及其心理史学的破产》,冯钢、关颖译,浙江人民出版社1989年版,第209页。对中译文有改动,参见 D. E. Stannard, *Shrinking History: On Freud and the failure of psychohistory*, New York: Oxford University Press, 1980, p.147。
② 弗洛伊德:《精神分析引论》,高觉敷译,商务印书馆1988年版,第8页。

目标，使他们具有力量，拖着其他人跟在他们后面，并战胜世界的抵抗。"①

但我们也要同时看到，虽然弗洛伊德这部开创性的研究中存在着明显的假想和推论成分，但时过境迁，其影响力不仅没有消失，其思想传播的范围反而越来越大，学术界对这位天才心理学家的赞叹和宽容似乎远远超过了对他的鄙视和批评。人们更倾向于认为，《列昂纳多·达·芬奇及其对童年的一个记忆》的意义不在于支持其结论的证据是否可靠，而在于它所透视的角度是否深刻，以及其初步运用的方法是否可行。换言之，弗洛伊德的贡献是他深信历史人物的无意识内容总会通过各种零乱散见的历史痕迹泄露出来，因而分析家就像考古学家那样把各种碎片收集起来，按照一种可能性规则拼凑出一个原本的面貌。这个面貌恐怕连被研究对象自己也不会承认，但这一现象正体现出了精神分析学说的精髓，因为任何人都不可能意识到自己的"潜意识"，也就是说，一旦"潜意识"获得了自身的确认，那么，此时它就已经变成了浮出水面的"意识"了。

心理历史学家面对批评也不断地进行自我规范的调整，但这一研究流派并未消失。20世纪70年代，美国学者劳埃德·德莫斯（Lloyd DeMause）提出了心理历史学作为独立学科的主张，其理由是"决定历史进程、并以某种形式影响决策者精神世界的关键，不是物质进步，而是人的心理"，由是，"心理史学作为一门研究历史动机的科学，它所关心的可以是成文历史所记载的相同事件，但它的目的绝不是记流水账。……心理史学将永远是一门以问题为中心的学科，而历史学则始终以时期为中心，两者的任务迥然相异"。② 他同时创办了《心理历史学评论》（*Psychohistory Review*）和《心理历史学杂志》（*Journal of Psychohistory*）两种刊物，在美国史学界产生了很大的影响。特别应当提及的是，1982年威廉·麦金利·鲁尼恩

---

① 转引自皮埃尔·阿考斯、皮埃尔·朗契尼克：《病夫治国》，何逸之译，新华出版社1981年版，扉页。
② 劳埃德·德莫斯编：《人格与心理潜影》，沈莉等译，上海人民出版社1989年版，第3—5页。该书原名为 *The New Psychohistory* (New York: The Psychohistory Press, Division of Atcom, Inc. 1975)。

(William McKinley Runyan)所著《生活史及心理传记：理论与方法的探索》(Life Histories and Psychobiography, Explorations in Theory and Method)；1994年艾伦·C. 埃尔姆斯（Alan C. Elms）所著《揭开生命：传记与心理学的不安联盟》(Uncovering lives, The Uneasy Alliance of Biography and Psychology)；2005年由威廉·托德·舒尔茨（William Todd Schultz）主编的《心理传记手册》(Handbook of Psychobiography)这三部"心理传记学"理论方法著作相继由牛津大学出版社出版，由此使这一领域的研究得到进一步规范化。以下是K. 哈里森（K. Harrison）2003年总结出的关于衡量"心理传记学"之优劣的几项指标[①]：

可信心理传记的标记

说服力　　　基本的诠释的说服力，例如，对陪审团的说服模型。最好的心理传记给读者留下了难以言状的"获胜"感。

叙事结构　　让结论从一系列资料中自然地导出。

综合性　　　与缺乏若干核心细节相比，诠释的问题所关照到的一个行为的多个侧面越多，就越令人信服。这对于澄清任何种类一贯"多因素决定"（"overdetermined"）之行为的事实，尤其如此。

资料融合　　越多的资料支持一个事实或一种解释就越好，其资料来源的渠道也是越多样化越好。

意外的一致性　最好的解释是使原初混乱无序的资料呈现连贯性。澄清难以理解之现象（Mystery's elucidation）是心理传记最为有益的目的。

逻辑合理性　不受逻辑不一致或自相矛盾的限制。

---

① See William Todd Schultz, Introducing Psychobiography, in *Handbook of Psychobiography*, Oxford University Press, 2005, pp. 7, 10.

连贯性	与所有的已有证据相吻合,并与有关人类功能的一般常识相吻合。
可行性	抵挡造假企图的能力。

拙劣心理传记的标识

病理翻译机	以"诊断"(diagnosis)为视角的心理传记学,以静止的心理病理范畴和症状看待撰主,降低整体人格的复杂性。
孤立案例	过分依赖一组资料所提供的解释。把最深刻的洞见堆积在一块,以此替代各种证据、由履历纪录支持的事实之间的联系。
人为建构	虚构心理事实,常常诉诸缺乏可验证资料的童年史,据此推论出没有直接证据的存在。
化约主义	完全依据早期童年经验解释成人的性格和行为,而忽略后天形成的过程和影响。但对于人格来说,童年经历无疑非常关键,但却不是永远的唯一关键。
不恰当理论	在该领域内选择使用完全缺乏实验支持或完全缺乏信誉的理论。
蹩脚的叙事	提交粗糙拙劣的结构分析,结论比仔细地引入证据占有更加优先的位置。

简而言之,由于"心理传记学"自身的性质,批评和争论必然仍会持续不断,但它的广泛影响力则是无法否认的。正如学者指出的那样,自弗洛伊德(Freud, 1910)以来,特曼(Terman, 1917)、艾利斯(Ellis, 1926)、桑代克(Thorndike, 1936, 1950)、斯金纳(Skinner, 1939, 1942)、霍夫兰(Hovland, 1940)、卡特尔(Cattell, 1953, 1963)、埃里克森(Erikson, 1958, 1969)、麦克莱兰(McClelland, 1961)、马斯洛(Maslow, 1970)、麦圭尔(McGuire, 1976)、默里(Murray, 1981)、奈瑟(Neisser, 1981)、西蒙(Simon, 1988)、塞利格曼(Seligman, 1994)

等人的研究①,都推动了这一领域研究的发展,也吸引了越来越多心理学家对该领域的持续关注。

四、哪种价值上的"意义"?

涉及"心理传记学"的意义,似乎有很多辩护性的话要说。对一个研究领域之所以还需要进行辩护,其原因可能就隐藏在对现代学术认知构成的整体评估之中。正如学者们业已指出的那样,在以"唯科学主义"为精神支柱的现代性认知框架中,"可见性实在"(visible reality)已成为接近"真知"的最佳途径。除意识形态研究之外,实验、数据、田野调查等与自然科学更加贴近的研究路径,似乎比苦思冥想的传统"哲学沉思"占有更加优越和实在的位置,而非物质主义的"精神生命"(Geistesge)领域,则被安排到"人文—社会生活"整体视域的边缘。"惊奇"被"复制"所替代,作为"发现"之基础和动力的"好奇心"也被打磨得光滑圆润,甚至已被列为"知识贵族之奢侈品"而连欣赏的兴致和价值都已荡然无存。这样,丰满复杂的"人",不是变成了一大群全身心围绕着物质消费而蠢蠢欲动的"聪明物种",就是被视为基本上与动物相差无几的"有序的、特殊的蛋白质堆积物",生物本能似乎就是冥冥众生唯一的"本质规定性"。在物质分配不平等的严重压抑下,人们已被押进"精神贫困"的牢笼之中。"知识"已成为就业的砝码,欣赏、品味、沉思、反省都显得那样的愚不可及,至少也是无暇顾念的不合时宜,以至于满眼都是"精神生命"萎缩的"单向度人"。当然,在此情此景之中,决不能说弗洛伊德已再无"用处"了,因为他实实在在地曾经是一位"诊断"精神错乱疾病的临床心理医生。质而言之,韦伯在《新教伦理与资本主义精神》最后部分所预料到的"专家没有灵魂,纵欲者没有心肝:这个废物幻想着它自己已

---

① Simonton, D. K., Qualitative and quantitative analyses of historical data, *Annual Review of Psychology*, 2003, Volume 54 (1).

达到了前所未有的文明程度"① 这一情境,在当今的世界却不幸地"实现"了。

置身于如此的时代语境下,精神分析除了"诊断"(diagnosis)的实用功能外,还能给我们每一个人带来稍许的暗示和启示吗?这是第一个问题。

如前所述,就"心理传记学"的性质而言,它毕竟是一部精英史,但在我们看来并不是所有的精英人物都适合采用这一研究形式和探讨路径。有史以来,精英人物林林总总,各色人等,但在少数值得进行精神分析的人物背后则似乎存在着一条一致性的线索,那就是:随着他们的出现,人们看待世界的认知方式被改变了!这里需要强调的是,这里所谓的认知方式,所指不仅仅是人类"知识"在深度和广度方面的进展,更主要的是指这些人物以其独特的思想洞察力,触及到了人类"精神"状态的某些"奥秘"(Mystery)。这些所谓"奥秘"对人们日常性凡俗生活的影响可大可小,但其深远的内在趋向的结构性意义则无可替代。因此,那些有意或无意地去谋求改变人类精神构成的人,其个人的精神遗产对后来的世界产生了不可磨灭之影响,这种影响已深深渗入进人们的思想和认知的内部组织中,以至于达到根本觉察不到的程度的那些人,才有资格,也有必要成为"心理传记学"的研究对象。原则上,这些具有强烈开拓性的人物都是"异端"(deviationism),都是偏离了传统常识轨迹的"离经叛道者"。或许正是这种"离经叛道",在精神承受力方面要经受过于超常的刺激,以至于来自传统的舆论压力甚至可能把人撕裂成精神碎片,因此,这种创始意义上的人往往会表现出非同一般的勇气、毅力和执著。相对于传统而言,在精神上或在政治上,他们都脱不掉"破坏者"的罪名。在一定意义上,这是一种自然和必然。这里,我们遇到了一个十分重要但又难以确解的词汇 Gnosis,它的一个释义是"intuitive knowledge of spiritual truths",中文强译可称之为"灵知"、"感悟"、"直觉"等。实际上就相当于中国人常说

---

① 马克斯·韦伯:《新教伦理与资本主义精神》,于晓、陈维纲译,三联书店1987年版,第143页。

的内心之深层体验的"顿悟"、"猛醒"和"自觉",亦即某人经长期困惑和焦虑,突然间进入了某种难以言传的精神状态,其观点、态度、信念乃至行为,由浑浊到清澄,瞬间发生了颠覆性的异变。这样,似乎越是在常规分析中分歧极大的人物,就越适合于"心理传记学"的分析,因为在很大的程度上,他们均属于广义的克里斯玛(Charisma)式人物,摩西、苏格拉底、耶稣、老子、孔子、佛陀,以至于哥白尼、路德、笛卡尔、卢梭、马克思、尼采、牛顿、陀思妥耶夫斯基、斯大林、甘地、弗洛伊德、爱因斯坦、鲁迅、毛泽东、梁漱溟等等,均属此列。不能激起社会情势之普遍信仰激情的人,换句话说,那些无意于谋求改变人类精神构成的人,不适于采用"心理传记学"的分析方式,尽管他们透视"人性"的角度千差万别。所以,"心理传记学"把"难以理解之现象"视为自己"最为有益的目的"之一。这样说来,这些人物均可视为"一次性造物",空前绝后,不可复制。

既然"心理传记学"只适用于特殊人物的研究,那么,对于一般读者又有何意义呢?这是第二个问题。

论述至此,读者将会发现,当我们把上述两个问题连接在一起时,亦即当我们把作为个体的自身融入世代的大背景之中的时候,立即就会出现一个"分裂的人"。在很大的程度上,我们已被时尚的潮流所裹胁,已身不由己。我们的确一方面声称要做一个具有独立思考的"精神自由人",另一方面又不得不在为物质消费的欲望而拼死竞争。说实话,我们似乎什么都不缺乏,只是再没有了"慎独"的余暇,失去了反思自我生命及其内在价值的动力。我们遭遇到了前所未有的时代困境和心灵困境。如果一个人不满足成为一个"无心之人"的形体躯壳,那么,读一读这些充满灵智的"特殊之人"的心理镜像,难道真的对你的深层感知就没有一点精神生命的触动吗?人们在分析别人的心理状态时,其实也在透视自己。在一定程度上,稍微从寻求"确定性"知识的框架中抽身歇息,那么,"启示性"智慧的光辉即会温暖你的心田。正如威廉·布莱克(William Blake)所说:

"普遍化只不过是痴人的梦语。"（*To generalize is to be an idiot.*）① 一万双眼睛阅读同一本书将会留下一万种不同的感悟。但当我们站在类似"恐惧是情感上的动力，而结果则是道德上的排斥"②这样的心理镜像之前的时候，将会多少被折射出我们自身的潜意识图景。在与特殊人物进行心理对话的过程中，刻意的模仿不仅适得其反，而且贻害无穷。而由此激活自我关顾、自我反思的意识，逐渐由此路径去探寻自己的潜意识空间，才是宏图正路。所以，"心理传记学"研究者威廉·托德·舒尔茨说："从杰出人物的生命经验中加以学习，所能获得的喜悦与视野的扩展，世界上没有几件事可以与之相比。理解这些人的生命，对我们自身有着很深的影响，可以帮助我们想象生活在不同的社会及历史情境下，生命是何种模样；也可以让我们对于生命的运转产生新的领悟；并且或许可以提供我们一个参考架构，让我们重新评估自身的经验、命运以及存在的各种可能。"③

因此，在原则上，"写"心理传记和"读"心理传记是两种不同的语境。在前者，我们想起了牛津大学校长 H. R. 特雷弗-罗珀在1957年11月12日一次演讲中说过的话："在人文学科的研究上，一个新的错误往往比一个古老的真理要来得更有生命力，而拿一个有成果的错误去和一个没有成果的准确性相比也是如此。"④ 而在后者，歌德《浮士德》中的名句则响在耳边："理论是灰色的，生命之树常青！"

---

① See William McKinley Runyan, *Life Histories and Psychobiography*: *Explorations in Theory and Method*, New York: Oxford University Press, 1982, p. 166.

② John Duckitt, Culture, Personality and Prejudice. In S. Renshon & J. Duckitt, *Political Psychology*: *Cultural and Crosscultural Foundations*. London: Macmillan Press Ltd. 2000, pp. 103 – 105.

③ William McKinley Runyan, *Life Histories and Psychobiography*: *Explorations in Theory and Method*, New York: Oxford University Press, 1982, p. 3. 中译文参见：《生命史与心理传记学》，丁兴祥、张慈宜、赖诚斌等译，台北：远流出版公司2002年版，第23页。

④ 此语作者曾任牛津大学校长。此语出自他1957年11月12日在牛津大学所作题为"历史：内行与外行"的演讲。转引自田如康、金重远选编：《现代西方史学流派文选》，上海人民出版社1982年版，第304页。

目 录

序 言 ··· 1

第一章　在舞台上 ·· 6
第二章　流浪者 ··· 21
第三章　渐露头角 ·· 52
第四章　诽谤与爱的世界 ··· 93
第五章　《给阿尔伯特的信》 ···································· 120
第六章　《社会契约论》 ·· 143
第七章　《爱弥儿》 ·· 167
第八章　《信仰自白》 ·· 186
第九章　逃亡 ·· 194
第十章　迫害 ·· 202
第十一章　英格兰 ·· 218
第十二章　最后的表演 ··· 246
第十三章　科西嘉和波兰：战争与和平 ····················· 259
第十四章　让-雅克·卢梭的衰落 ······························· 276
第十五章　为真理而受难 ··· 285

参考文献 ·· 292

译者后记：行走于光影和深渊之间 ···························· 298

本书主要文献缩写

为了参考方便，我按照书中出现的先后顺序列举了具体引文和注释。主要文献的缩写如下：

Annales — *ANNALES de la Société Jean-Jacques Rousseau.*

E. — J.-J. Rousseau, *Emile ou de l'éducation.* Paris：Garnier，*1961.*

C. G. — J.-J. Rousseau, *Correspondance generale de Jean-Jacques Rousseau*, ed. dufour& Plan. Paris：Colin，*1934 – 34.*

C. S. — J.-J. Rousseau, *Du Contrat social* (an editon which includes the *Lettre á M. d'Alembert*, *Lettre á Mgr. de Beaumont*, *and other works*). Paris：Garnier，*1962.*

H. — D. Hume, *The letters of David Hume*, ed. J. Y. T. Grieg. Oxford：Clarendon，*1932.*

M. — Mme d'Epinay, *Les Pseudo-mémoires de Madame d'EPINAY：Histoire de Madame de Montbrillant*, ed. Georges Roth. Paris：Gallimard，*1951.*

O. C — J.-J. Rousseau, *Les Oeuvres completes de Jean-Jacques Rousseau.* Paris：Gallimard，Bibliothéque de la Pléiade，*1959 – 64.*

V. — J.-J. Rousseau, *The Political Writings of Jean-Jacques Rouseau*, ed. C. E. Vaughan. Oxford：Blackwell，*1962.*

本书其他材料的标题在注释中偶尔会以缩写形式出现。完整的标题可以在参考文献中找到，参考文献按照字母先后顺序排列。没有详细标明页码的注释是参考了整篇文章或整本书籍。

序　言

很多生物和自然现象都对人类有威胁。但经常只是某些确定方面的威胁，或者有时会给人警告的信息，使人免于灾害。只有人类，学会了在友善的姿态下，掩饰自己的恶意。我们对魔鬼的感知源于这种能力，没有哪一个关于罪恶的故事完全摆脱了这种模式。从小红帽的故事里咧着嘴笑的狼外婆，到哈姆雷特发现的秘密——一个坏蛋可以永远面带笑容。更要命的是，虚伪比狂热、暴怒更加罪恶。

当与18世纪的巴黎社会骤然相遇时，卢梭发现了罪恶的秘密。他的第一篇论文质疑了科学和艺术对道德的影响，但并没有真正把握到科学和艺术的力量。对卢梭而言，这绝不仅仅是个科学和哲学的问题，对真理的诚恳追求与华而不实的博学表演，人真诚的自然天性与文明城市中的虚饰礼仪，这其中的区别才是卢梭真正想描绘与表达的。任何场合都有规定好的行为模式，这样的社会不仅给人戴上了面具，也开启了罪恶之门，这里，一个魔鬼可以伪装成绅士的样子。

在艺术装饰了我们的仪表，教会我们用做作的语言激情地说话之前，我们的道德是原始的，但是自然的；行为的不同在你所看的第一眼就宣告了不同的个性。人类的天性并没有变得更好，人们在可以发现彼此的安逸中寻求安全；这种优点，我们已经不能理解其价值，它带来了很多罪恶。①

在他的第一篇论文中，他试图调查人类罪恶的起源。这里，尽管谴责科学和艺术，然而他又塑造了真理的偶像，并使它等同于美德。我们无法相信，在来到巴黎之前，他从未遇到过一个有罪的人，或者，他自己从未

---

① O.C., III, p.8.

对任何人犯过错。他并没有达到他在自己身上寻找的那种完全的坦白和真诚，但显而易见的是，他有种强烈的渴望。一个人可以热爱美德，寻求个人的诚实，他可以抛弃一切外在的保护和伪饰，只显现出本来的样子——这是心理学中最为诱人的秘密。

让－雅克·卢梭是探索真实世界的少数开拓者之一，那是一个与我们日常所浮游的表面完全不同的世界。探寻到深处，一个人能看到从前未曾发现的陌生和模糊的世界。这是一幅荒谬的图景，充满了矛盾。毫无疑问，一个习惯了文明世界虚伪的人，在这种状况下，发现一切超越了他思考所及的范围，那么他只有在矛盾和悖论中漂移，无法逃脱。在这样的深度，卢梭承受了孤独，还有令人恐惧的灵魂的死亡，但他可以为人类记录下自己的经历，留下危险的警告，并期待他人理解他所经受的考验和磨难。

卢梭遭遇的问题，似乎成为现代人都必须经历的困境。科学家发现了远远超过我们接受能力的众多事实，但真理，诚实地说，反而离我们更远了。加缪（Camus）曾说，不是一个真理，而是许多。[①] 每一个民族、党派，每一种人类的创造物都抓住了其特殊事实的解决办法。这些年里，灵活的理论家们令人惊奇地把真理转化为教义，这些教义成为扩大权势的工具。让人自由的渴望成为可以输出的商品，与那些古老征服的热情相比，人类为此流了更多的血。对于性满足重要性的发现，使人们可以满意地为一切做广告，从香水到避孕药，这给广告商们带来众所周知的笑容。

我们有充分理由寻求这样一个社会，它在公共政策和私人关系中都鼓励真诚和坦白。现代文明市民们遇到折磨时，必须承受严峻的考验。乌托邦已经被抛弃，古老文明的承诺已经打破，人与社会之间那条危险的边界被舍弃。从这一点出发，我们必须有充分的理解力去解决这个时代最具挑战性的社会问题。

让－雅克·卢梭寻找并发现了个人诚实和好的政府之间的关系，打开了一扇通向崭新研究的大门。意识到这一任务需要非同寻常的道德勇气，

---

① A. Camus, *The Myth of Sisyphus*, p. 15.

他宣布自己准备好了这一冒险的旅程。站在后来者的立场上看，加上最近获得的有关人类天性的洞察，很明显，卢梭没有意识到他所面临的风险。在他努力要构建一个良好社会模型的时候，他不得不直接面对自己的弱点。不过，他的失败并非一场完全的溃败，在宽广的范围中，他推翻了他自己那个时代某些神圣的谬误。当他努力要说出关于自己和社会的真相时，他带领我们面对真理相对的本质；经由他的诚实，他向我们展现了简单的、未经深思的诚实的局限性；在他对坦白的期待中，无意中质疑了我们所有人的真诚。

  这本书最好被描述成对卢梭和他的政治理论的心理分析。但是，我曾经尝试，不管是否可能，避免使用心理分析术语。从皮亚杰（Janet）的时代开始，卢梭就是一个令人迷惑的心理分析主题，之前的著作几乎已经仔仔细细地考察过他。博洛尔（Proal）① 总结了一些研究成果，海登海因（Heidenhain）② 从精神病学的角度研究过他，斯塔罗宾斯基（Starobinski）③ 完成了一项非常敏锐和具有穿透力的研究——卢梭的观念和透明（transparency）的概念，盖埃诺（Guéhenno）④ 完成了一项传记性研究，探寻到卢梭个性的许多方面。尽管有如此众多有益的研究，关于他的心理特殊的一面依然没有充分发掘出来，而这一点，我相信，对我们时代有着独一无二的重要性。这就是他在政治领域的著作，尤其是关于政治革命的那部分。顺便提一下，我头脑中"政治"的概念比伏汉（Vaughan）在《卢梭的政治著作》⑤ 中使用的词语含义要广泛得多。在卢梭那里，几乎每一个概念都蒙上了一层政治的色彩：《爱弥儿》，一本讨论教育的书，也是他最为深刻的政治著作之一，一个人找到了控制思想观念的基础，在《关于波兰政府的思考》中，这一概念得到了更强有力的应用。由于我所解释的政治领域十分宽广，所以，我所研究的卢梭的政治著作，和伏汉相比，范

---

① L. Proal, *La Psychologie de J.-J. Rousseau*.
② A. Heidenhain, *J.-J. Rousseau: Persönlichkeit, Philosophe, und Psychose*.
③ J. Starobinski, *La Transparence et l'obstacle*.
④ J. Guehenno, *Jean-Jacques*.
⑤ C. E. Vaughan (Ed.), *The Political Writings of J.-J. Rousseau*.

围更广，但却不及他全面。比如，我研究了第一篇论文，《给阿尔伯特的信》和《爱弥儿》——这些都被伏汉忽略了——而我没有仔细讨论《山中来信》和其他卢梭零散的政治论文，篇幅的限制和必要的卢梭生平的讨论使更为细节化的研究不太能成为可能。呈现出他的生活和政治著作之间的关系，似乎比给出他政治观念的进一步例证更为重要。我试图追溯卢梭童年成长的轨迹（施虐和受虐），呈现他成年个性的道德基础。我试图把这一点作为他丰富的心理生活的基础，来解释个性和政治信念之间的联系。而很多精神病学著作和其他作者已经探讨得很详细的地方，本书都作了必要的略过。在大部分时间，我也跳过了以下一些作者的著作，比如卡西尔（Cassirer）①、休马甘（Choulguine）②、柯班（Cobban）③、德拉瑟（Derathé）④、杜尔克凯姆（Durkheim）⑤、亨德尔（Hendel）⑥，他们有效地揭示出影响卢梭政治观念发展的心理之外的重要因素，比如加尔文教和日内瓦。我还略掉了一些被卢梭批驳的学者，如孟德斯鸠和格劳秀斯，和其他一些他吸纳了其观点的学者。

我的目标不是提供对卢梭著作全景式的评价，这在之前很多人已经做过。不过，一些卢梭的热诚追随者们的表现，似乎证明他们从未阅读过卢梭的著作。卢梭讨论观念，不过，有一种流动的感受和情感回荡在他所有这些观念的背后，即使是那些他用最雄辩的语言表达出来的观念，似乎他一直告诉他的读者："不要如我所说的那样做，如我所感觉的那样做！"他的一些观点与法国大革命的领袖们直接相悖，在很多方面，他是个保守主义者——即使在他自己的那个时代。但是革命仍然把他作为一个英雄来膜拜，他的著作，在很大程度上，塑造了法国大革命的方向和情感氛围。我的观点是：革命者们了解他，他们以卢梭的名义号召的很多东西，在他的著作中是找不到的，如果单纯从智力角度去阅读的话。这也许就是为什么

---

① E. Cassirer, *The Question of Jean-Jacques Rousseau*.
② A. Choulguine, *Annales*, 1937.
③ A. Cobban, *Rousseau and the Modern State*.
④ R. Derathé, *Jean-Jacques Rousseau et la science politique de son temps*.
⑤ E. Durkheim, *Montesquieu and Rousseau: Forerunners of Sociology*.
⑥ C. W. Hendel, *Jean-Jacques Rousseau, Moralist*.

这些年卢梭就像一个谜，学者们研究其著作，整齐地排列出他的观点，而把文本从它们的语境中抽出，这些观点甚至不能吹动一个人脑袋后面的发丝。

我希望把读者带回到卢梭那个时代，让他们像卢梭一样感受，我期待他们能感觉到当卢梭面对敌人时内心的愤怒，他的骄傲和自我厌弃之间矛盾的痛苦。我希望能够传达给读者卢梭特有的卑躬屈膝的傲慢——内在的傲慢，而不是仅仅作为一个观察者，因为我确信革命者和卢梭有同样的感受，通过这一点，他们辨认出了他。

但是，我并不想仅仅局限于欣赏卢梭的感受和感觉，如果我们能够发现他在寻找真理途中是如何失败的，那么，关于他和我们自己，就还有很多值得研究的东西。运用智力和心灵理解他，实际上同样重要，甜美的空气掩饰了他强烈的敌意的冲动，这一点非常突出。他热爱人类，特别是其中的弱者，但是在甜美的面具之后，隐藏着巨大的破坏性力量，假若它经由现代武器的装扮，就有可能摧毁整个世界。我想，穿透卢梭美丽的面具十分重要，因为在今天的美国常常看到他的灵魂在游荡。在美国，有一些事情，非常美好，非常善良纯洁，就像卢梭，我们想要拯救世界，我们同情世界上不幸的人们。但是，正是这种同情中的某种东西令我感到恐惧，如果我们无法带着批判性的眼光，深刻地考察其背后的根源，并进一步审视我们对正义的追求，我不知道它将会把我们带向何处。

第一章 在舞台上

一

日内瓦，卢梭童年所在的城市，笼罩在一片宗教改革的氛围之中，尤其是被加尔文教精神所统治着。1712年，也就是卢梭诞生的那一年，加尔文已经逝世了一个半世纪，不过这个城市的法律和习俗依然在他的影响之下，宗教法院（由年长者和圣职人员组成）时时监控着人们的道德生活，并规定了市民生活最微小的细节。禁奢法令涉及很多日常事务，禁止奢华的衣服，比如丝制长袍和金饰物，限制佩戴钻石的数量、仆人的多少、任何节庆活动中客人的数量，规定好食物的样式（关于甜点有特殊的规定），还有婚礼和其他各种礼物的花费。城市中的年长者可以进入任何家庭，以确保城市的法令得到执行，如果邻居违背了这些法令，而一个人不去通知宗教法庭，那么他就背离了好市民的职责。甚至对起床和休息的时间都有法律的规定，拿睡眠来说，如果少于健康所需要的最低标准，那么在上帝眼中这是一种不负责任的自我放纵。在很多方面，日内瓦的氛围和早期美国清教徒的生活十分相似[1]，冷静、严肃、认真工作的人们严厉监视着他们的邻居，不允许跳舞、公共娱乐和专业的演艺人员存在。但是，也有一些非常显著的区别，日内瓦城是一个拥有值得尊重的传统的统一整体，由某些确定的机构统治着周围的乡村。大学，就是这些机构中的一个，从加

---

[1] See J. Parton, *Life of Voltaire*, p. 187, for a similar observation.

尔文时代开始，就对社区有很大的影响，并获得高度尊敬。日内瓦是一个工业和学术的中心，虽然萦绕在市民心中最重要的核心观念是高度警惕那些邪恶的建议和蛊惑，但是很多其他的学说都在试图扩展其影响，传播其观点，并再一次打开那些曾经封闭的问题。日内瓦是一个国际性都市，很多外国人居住在这里。在这个城市的保护之下，一些人在这里进行商业买卖，而另一些人则是为了躲避自己祖国的迫害。卢梭的祖先则是这后一种人当中的一个。

很多流亡者渐渐变成日内瓦的市民，但他们发现，日内瓦政府的专制远远超过了他们所逃离的祖国，他们为自己打造了新的锁链，但如同一个骄傲、负责的选举者那样，他们没有任何怨言，使自己适应了每一个链环。这种共和主义的骄傲中隐含着一些纯洁的信念，两百人的议会为公共政府选举了候选人，并预先确定了这种公民选举是不受指责、不会犯错的。① 日内瓦免受很多民主形式的侵扰，他们保留着"公共选择"这种未经污染的单纯信念。由于他们相信自己选举出来的官员是仁慈的，所以会毫不犹豫地把不遵守法律的邻居交给政府官员。

对一个陌生的外来者而言，这样一个严厉且到处是监控的社区，真的让人无法忍受。在伏尔泰（Voltaive）眼中，这是一个充满嫉妒的蜂箱，蒸馏着恶意而不是蜜糖。里特尔（Ritter）给我们描绘了一幅悲伤严肃的日内瓦的简明图表，他告诉我们：戴维（Daivid），卢梭的另一个祖先，因为在家中拉小提琴和跳舞而遭到严厉的惩罚；苏珊娜·贝尔纳（Suzanne Bernard），卢梭的母亲，由于无人护送而装扮成一个农民去了附近一家戏院，结果引起一场诽谤和中伤。但是在法律文献和公共条例之外，日内瓦还有一种品质。如同卢梭告诉我们的那样，这里有讨论和争论的社会氛围，公园里有公共晚餐，临时的摔跤和拳击比赛，大街上有舞蹈，到处芬芳流溢的美酒。② 他讲到偶尔的醉酒和伴随而来的亵渎神圣的聚众行为，大众对这些行为则能够宽容和接纳。理性的市民们不会宣扬他们社区的这一面，

---

① E. Ritter, *Annales*, 1927 – 25, XVI, pp. 47 – 50. Ritter is one of the great Rousseau scholars of another generation.

② *Lette à M. d'Alembert*, pp. 232 – 33, found in C. S.

卢梭试图讲述日内瓦人能够快乐享受生命，但遭到严厉的指责，然而他的描述，和大部分旅行者对日内瓦呆板严酷的印象，形成了有趣的对照。

　　日内瓦是一个在很多相互矛盾力量影响之下的城市。在欧洲阴谋的中心，日内瓦的政治显示出一定的单纯和简洁。虽然献身于上帝，但这里的市民却培养了一种精明的商业意识和在这个世界上繁荣发达的显著能力。虽然生活在西方最严厉和细致的道德控制之下，这里的人民却有一种自发的、孩子般的快乐。虽然公共机构的官员由地方贵族选举，但是居民们却保持着他们是自己主人的感觉，并且坚信：一个正直的人除了上帝以外，应该无所畏惧。这就是让－雅克·卢梭的城市。

二

　　卢梭的妈妈在他出生八天以后就去世了，不过她的形象弥漫了他整个童年。在他能够理解"妈妈"这个词语含义的年纪，她已经成为家庭的神话传说。她，在他心目中，已经成为一个迷人、智慧而且有教养的女神，拥有女性所能拥有的神秘、敏感和直觉的精华。从里特尔（Ritter）对日内瓦早期纪录的研究中我们知道，在宗教法庭眼中，苏珊娜·贝尔纳是一个普通的女人，而不是女神——这可能比日内瓦的老人们的评价还要高些。她的美貌和魅力在她对文森特·萨拉森先生那不可抗拒的吸引力中展露无疑，他36岁，已婚，并有两个孩子，为了阻止他去见贝尔纳小姐，宗教法庭严厉警告过他许多次。在文森特这一方面，当被宗教法庭质问时他非常惊讶，因为他已经与牧师高迪讨论过这种麻烦的吸引力，并决定中止他们之间的关系。

　　很明显，他的期待一点没有成功，不久为了见迷人的苏珊娜一面，他弄破了贝尔纳家门后面的篱笆，但只见到了严厉的贝尔纳牧师，他回到前门敲门，但被警觉的爸爸中途拦截。文森特认为这是倒霉的一天，就放弃努力回家去了。当被宗教法庭传讯的时候，这个发狂的情人编造了一个疯狂的故事，他说他考虑要购买隔壁家的屋子，里里外外地检查了一番；他知道贝尔纳小姐不在家，并且和她多疑的父亲已经解释过他不是来找苏珊娜的。宗教法庭的成员觉得他的话实在难以相信，严厉地责备了他。苏珊娜也没有逃脱名誉败坏的厄运，尽管她的父母和亲戚们都强烈抗议，但宗教法庭坚持认为，这样一个虔诚的仰慕者，一定是至少受到了非常轻微的鼓励和诱惑。①

　　苏珊娜，除了迷人之外，还拥有其他的品质。在她出入剧院时，我们已经意识到她对法律的轻蔑和挑衅。当她被传令解释其行为时，她拒绝前往而不得不被采取强制措施，宗教法庭记录下了这一点。② 可能她的美貌和心灵同时引起伊萨克·卢梭（卢梭的父亲）的注意。

　　伊萨克非常古怪，漂泊无定，并且缺少规划。他做了很短时间的钟表匠的学徒。由于不耐烦那么长时间的准备，他放弃这份工作，成了一名舞蹈教师。在日内瓦，这样一个职业使他沦落到社会的底层和边缘，他只能教一些外国人（有教养的日内瓦人是不学跳舞的），但他的事业并不成功。他旅行过许多地方，看到了日内瓦之外的世界，最终完成了他的学徒生涯，成了一名专业的钟表师。

　　卢梭没有提及他的爸爸是怎样遇到苏珊娜的，不过他把他们的婚姻描述为"爱情的胜利"，他说，他们完全深爱彼此，但是命运阻挠他们的姻缘。最终，苏珊娜的哥哥加布里埃尔·贝尔纳（Gabriel Bernard）爱上了伊萨克的姐姐泰奥多（Theodora），泰奥多拒绝嫁给加布里埃尔，除非她的哥哥娶了苏珊娜，"爱情成全了一切，同一天举行了两个婚礼"。③ 很不幸，对于他的神话，里特尔在宗教法庭的记录中查到另一个版本，加布里埃尔和泰奥多的婚姻被认为是可耻的，因为他们的儿子出生于1699年10月19日，庆典后的第八天。可能因为两个家庭之间的联姻，苏珊娜遇到了伊萨克。五年之后，他们结婚了。

　　婚姻并没有熄灭伊萨克内心深处对旅行的热切渴望。在他的第一个儿子弗朗索瓦出生之后，他踏上了一次长途旅行，去君士坦丁堡。这可能是

---

① Ritter, pp. 81–82.
② Ibid., pp. 82–83.
③ O.C., I, p. 6.

由和岳母之间的矛盾引发的,她一直同他们住在一起。六年之后,1711年,在他妻子母亲死后不久,他回到了家。① 让－雅克·卢梭出生在1712年7月28日,"归来的悲哀果实"② 预示着他母亲的死亡。伊萨克被突如其来的悲伤猛烈地袭击,他失去了自己的妻子,一个他刚刚重新获得的人,在未来的漫长时光中他都无法宽慰。这种失去的痛苦是小卢梭和他父亲之间特别强烈而矛盾的感情的源泉。伊萨克对卢梭的爱总是伴随着眼泪,还是孩子的卢梭感觉到"伴随着他的叹息和痉挛似的拥抱,总有痛苦的悔恨混杂在他的爱抚和亲吻中"。③ 这种关系中,不仅混杂着爱与痛苦,老卢梭还期待着从酷似母亲的儿子身上追寻他逝去妻子的影子。他不断告诉年轻的孩子,他对于他不仅仅意味着一个儿子。当他拥抱儿子时,小卢梭强烈地感觉到,他悲伤的强烈实际上强化了他爱的感受。"把她还给我,"老卢梭会哭泣,"为她安慰我。"④ 好像他需要年轻的儿子扮演她的角色来弥补他失去妻子的痛苦。这样,小卢梭因为他母亲的死而有着一种很强的负罪感,他的父亲不断描绘着她的美貌、天赋、美德,在他充满眼泪的爱之中,不断地提醒儿子,在这个世界上他承受了多么可怕的失去,而这一切都在无形中加重和强化着小卢梭的负罪感。⑤

因为卢梭不能真正感受到他失去了母亲,他的负罪感必然会使他更加痛苦。她是一个他从来不知道也不了解的人,但他希望能为她哭泣,好像同父亲一样,直接和温暖地记得她所有的爱。当父亲建议谈论她,小卢梭会回答:"非常好,爸爸,不过我们会哭的。"⑥ 似乎是这些痛苦的回忆和眼泪,激发了老人给予卢梭最伟大的爱。这里,在卢梭童年的早期,我们发现了那种主宰了他一生的幸福和折磨之间的强大纽带的最初标记。

虽然伊萨克是个脾气急躁、严厉苛刻的父亲,但对小儿子的确有一种天然的溺爱和纵容。在卢梭的回忆中他的哥哥弗朗索瓦经常被忽略和责

---

① Ritter, p. 111－12.
② O. C. , I, p. 7.
③ Ibid.
④ Ibid.
⑤ See R. Laforgue, *La Psychopathologie de l'échec*, p. 23.
⑥ O. C. , I, p. 7.

罚，卢梭断定只有他对哥哥怀有温柔的感情，即使他学了很多坏毛病，并且很少能在家附近看到他。弗朗索瓦，也给了他许多的爱——一个浪荡挥霍者所能给予的最大限度。① 很显然，在这兄弟般的温柔友爱中，卢松的回忆有很大保留。真实情况是，其中的一个可能唤醒两个男孩子之间严酷的竞争。② 但是卢梭，只记得爱和同情。在《忏悔录》中，卢梭记录了弗朗索瓦被他爸爸殴打，而他试图拉住他的手臂来阻止，他哥哥却打了他一拳。③ 在团体中受折磨的感觉，在他与表兄亚伯拉罕（Abraham）关系中，很快又一次出现了。

弗朗索瓦经常不在，并且不像父亲那样优雅，使得老卢梭与他的第二个儿子的关系更加密切。他们成了亲密的伙伴，他们花去一个又一个小时读卢梭母亲留下的浪漫小说，似乎可以通过她喜欢的书来获取她的形象。有时候他们会一直读书到黎明，当伊萨克听到早晨的云雀声，他会忽然不好意思地宣布，他自己比小卢梭更像个孩子。④

当他们读完了苏珊娜留下的书，就开始读卢梭外祖父的书，很明显那是更硬线条的书籍——比如普鲁塔克（Plutarch）和奥维德（Ovid）。年轻的卢梭深深迷上了普鲁塔克和英雄的故事，他母亲的浪漫小说使他把所有的历史都看成伟大浪漫的历险，他也开始想象自己是一个英雄的领袖。他同父亲时不时地沉溺于故事当中，为主人公哭泣和叹息，他对经受苦难的英雄有一种特殊的偏爱。因此，毫不奇怪，尽管他读了非常多的小说和历史，只有一个英雄他记得曾在孩童时候模仿过，那就是罗马战士斯凯沃拉（Scaecola），当波塞纳（Porsena）威胁要把他活活烧死时，他把手伸出放在燃烧的火焰之上，表示他对痛苦的轻蔑和毫不在意。在一次晚饭时分，

---

① O. C., I, p. 9.
② C. Klingerman, *Psychoanalytic Quarterly*, 1951, XX, pp. 237–52.
③ O. C., I, 10. 这种童年记忆在很多地方都很有趣。它显示出卢梭否认自己与兄长的竞争心理和不友好的感情，而且也表明他对自己受宠位置的某种内疚。即使还是个孩子，他对父亲经常在争论中偏向他而感到不自在，他觉得只有和哥哥一起受惩罚才能达到某种亲密。这种联系参见弗洛伊德的文章：《一个被打的孩子》（A Child Is Being Beaten），见《弗洛伊德选集》（*Collected Papers*）。
④ O. C., I, p. 8.

卢梭为家人朗读斯凯沃拉的故事，他忽然间抓起一个烧热的盘子，模仿他心目中的英雄。他曾说过，他的家人对这样的行为惊异万分，但并没有提到曾经有任何形式的惩罚和责备。①

还有一件令人惊奇的特别事件发生在他的童年，表明他有能力获得别人充满赞许的注意，甚至能从他传达悲伤哀婉的才能中获得益处。有一天因为一个小恶作剧，他的爸爸命令他不得吃晚饭，直接上床睡觉。卢梭穿过了厨房，因为他必须在那里和全家人说晚安，然后，他站在一大块牛肉面前，手中拿着薄薄的一片面包，用一种可怜的音调说："晚安，烤肉。"②这个小小的表演为他赢得了一顿丰盛的晚餐，伊萨克所喜爱的儿子那充满感情的表演让他很容易就控制住了自己的怒气。

卢梭的姑姑苏珊很快在家里取代了母亲的地位，她是一个非常温柔的女人，几乎完全不约束年轻的雅克。很明显，她的溺爱和温柔的照顾唤醒了雅克对失去的母亲从未表达出来的痛苦渴望。在他对姑姑的态度中，出现了一种奇特的温柔感情，这贯穿在他一生与其他女人的关系当中。他记忆中关于童年的事情很少，但他总能回想起姑姑教会他的那首歌。那首歌，他从来没有不哭泣着唱完——即使在他老年的时候。

回顾卢梭童年的经历，人们可能感受到某种戏剧性的效果，一些事情听起来并不像他真实的早年生活。人们看到一个小男孩在舞台之上，一直为了赢得他家庭的喝彩而表演，在泪流满面的布景下夸张地表演，似乎为了得到爱，他必须一直继续自己的演出。尽管他坚持自己是父亲和姑姑的宠儿，但人们依然能在他的表演中感觉到强烈的不安。似乎他一直都关注着自己的出生给家庭带来的可怕灾难，他试图用自己戏剧性的表演分散他们的注意力，让他们不再记起自己的罪恶。毫无疑问，他和父亲一起阅读过的浪漫故事教会了他方法，但强烈而敏锐的负罪感则是所有行动背后的驱动力。"演员卢梭"在他的书里出现过好多次，像很多其他演员一样，他如此投入而频繁地出演自己的角色，以至于他相信，那个角色就是他本人。

① O. C., I, p. 9.
② Ibid., p. 32.

三

在卢梭被送到舅舅家不久后,他那个过分激动和情绪化的父亲卷入了一场与法国中尉的争论。为了避免被逮捕的污辱,他父亲决定拆散自己的家庭,离开小镇。卢梭的舅舅把他送到朗拜尔西埃(Lambercier)牧师那里"学习拉丁文,那个以教育的名义存在的微不足道的垃圾"①。他的表兄亚伯拉罕和他一起被送到牧师家里,成了他最亲密的伙伴。在这里,在朗拜尔西埃牧师的妹妹那里,卢梭第一次体会到他自己渐渐觉醒的性别意识。朗拜尔西埃小姐是一个可爱的女子,她允许两个男孩子和她一起睡,但她同时也是一个严格的纪律执行者。

朗拜尔西埃小姐对我们怀有母亲般的爱,她像妈妈那样行使权威。有时候我们犯了错,她会像惩罚孩子那样对待我们。很长时间里,她满足于吓唬我们,这种我从未经历过的惩罚让我觉得十分害怕。②但是事实总没有预想中的那么可怕,奇怪的是,这样的惩罚增强了我对她的喜爱之情,也需要用我全部爱的力量和天性中温柔的感情才能阻止我以进一步的不服从来寻求她同样的对待。因为,在这种痛苦中,在被责打的羞愧里,性的感觉中的某些成分,让我渴望而不是害怕被她责罚。谁会相信,这种孩子气的责罚,一个30岁的女子施

---

① O.C., I, p.12.
② 在纳沙泰尔(Neuchâtel)的一份手稿中——这份稿件明显是《忏悔录》的注释——卢梭描述了同一事件。这里他说道:"在受到惩罚前,我对它的恐惧超过对死亡的恐惧。"这在他是很典型的。所有还没经历的痛苦和快乐都会被他的想象力放大。在这种强大的恐惧中,他最终获得惩罚时是一种真正的解脱就不难理解了。赖克(Reic)在《现代人的受虐》(*Masochism in Modern Man*, p.11)指出恐惧是受虐幻想和随之而来的性感受的起源。关于童年不同寻常而记忆鲜明的受罚事件,卢梭描述说:"我有很好的理由可以推测,在这些受罚的特殊事件中,其实我是无意识渴望惩罚,甚至有意用淘气来刺激它。换句话说惩罚并非本性发展的原因,而是结果,是童年的发明。"这种渴望惩罚的内在动力是可以理解的,如果我们注意到卢梭已经学会用眼泪和可怜的表情来换取爱,而惩罚正给了他眼泪和可怜的表情。

加于一个 8 岁男孩子身上的责罚①，竟会决定了我的品味、渴望、激情，还有未来整个生命中的自我，在一个与自然天性完全不同的方向上发展。每当我的热情燃烧，激情的渴望看起来似乎要误入迷途，但实际上我从未寻求超越早年经历的东西。尽管在我的血液中沸腾着性感，但我一直抱守着自己未受污染的纯洁，直到最寒冷和冷漠的岁月。不知为何，在漫长的时间里我经受着痛苦的折磨，我用热切的眼睛贪婪地注视那些美丽的女人，通过想象力不断回忆着那些形象，只是为了寻找我心目中的朗拜尔西埃小姐。②

许多作者反复提及的这个被鞭打的景象，显然是卢梭成年个性发展中的一个重要因素。③ 当然，许多孩子都被妇女抽打过，我们注意到的不仅是事件本身，通过这一过程，卢梭已经体会了如何从痛苦中获得快感的基本艺术。他父亲神经质般的拥抱，斯凯沃拉的故事片断，这些从前的经历让他整个童年逐渐发展出一种受虐的趋势。④ 朗拜尔西埃小姐的鞭打，那个允许他睡在身边、甚至唤醒了他性意识的女人，可能仅仅是他不断扩展的自我激情的一个缩影，而这种感情他已经在与父亲那带有痛苦的关系中感受过了。

由朗拜尔西埃小姐的鞭打带来的性的快感可能持续了一段时间，在她还没有怀疑卢梭喜欢她的惩罚之前，她说自己筋疲力尽。虽然这只是借口

---

① 当时，她 41 岁，而卢梭 11 岁。
② O. C. , I, pp. 15 – 16.
③ 在评论卢梭生命中这一事件时，弗洛伊德（Complete Works, VII, p.193）说："屁股上疼痛的刺激是残酷自虐的一个情欲上的根源。"他说教育家已经得出正确结论，这种鞭打"不应该施加在任何儿童身上，在之后的文化教育中，他们的力比多更倾向于进入其他间接领域。"看来弗洛伊德不恰当地强调了身体鞭挞对未来文化教育的影响，就像患者自己倾向于强调童年的某些记忆，某些重要的事故。弗洛伊德后来对作为性格和精神性问题的主要形成因素的"关键事件"持怀疑态度。
④ 弗洛伊德（Collective Papers, II, pp.172 – 201, 266）描述了卢梭自虐发展的细节和模式，赖克（Reik）《现代人的受虐》（Masochism in Modern Man, 16 – 21）分析，自虐者幻想中统治的女人是父亲的代表，而受害者则等同于母亲。幻想中性角色的交换是必要的，以此可以掩饰同性恋倾向和避免被阉割的恐惧。

和托词，但她不再进行这种监管，也不让两个孩子睡在她房间里，而是给他们找到了自己的房间。但是另外一个让卢梭遭受惩罚的机会很快到来，如果不是因为他从这样的惩罚中得到愉悦，这种情况可能不会比他童年遭受的不公正给他带来的影响大，他被指控弄坏了朗拜尔西埃小姐梳子的几个齿，在质问和恐吓下，他不断申明自己的清白和无辜。他的表兄也被指控犯有"更严重的罪行"①，他们两个都不断辩解。在确凿的证据面前，两个孩子的顽固否认给他们带来更严厉的惩罚。卢梭的舅舅被叫来，他主持了这一次惩罚。这一次非常严厉，让人万分痛苦。

现在画面中出现了新的情况。身体惩罚的主持是一个男人，之前从中获得的性满足由于剧烈的痛苦而减少了。相反的，由于正义的愤慨，在他胸中涌起一股骄傲而狂热的喜悦。这一次，因为纯洁和无辜受到损害，他获得了真正的满足——那是一种类似于圣徒为了自己的信仰而受苦受难的崇高的感情。

> 身体的疼痛，虽然强烈，我却几乎感觉不到了；我只感觉到愤怒和绝望。我的表兄，与我的情况十分相似，为一个无意的过错而受到惩罚，好像那是有预谋似的。他看到我的样子，也被激怒了，和我一样激动。我们在床上，拥抱彼此，浑身颤抖，几乎窒息了。当我们能够渐渐平静下来，我们的愤怒的时候，我们坐在床上用尽全部的力气无数次高声叫喊：刽子手，刽子手，刽子手！②

写到这里，我感到，我的脉搏跳得很快；即使我活到十万岁，也不会忘记当初的情景。第一次暴力和不公正的感觉如此深地铭刻在我的灵魂里，以至于每一个不公正的观念都会让我回想起最初的感受。这种感情，仅仅起源于我私人的经历，却远远超出个人利益，发展出一种一贯和巩固的特性。每一个不公正的景象和故事，都会让我热血沸腾，就好像这些不公正发生在我自己身上，而无论受害者是谁，在

---

① O. C., I, p. 19.
② Torturer.

哪里发生。①

卢梭在这次的责打中承受了很多痛苦，但也获得了很多愉悦。受到不公正对待的无辜之感，在他的想象中，远超过他的折磨。这个经历代表了他自虐冲动的重大转折，从一种性的自虐转向道德的自虐。这为他提供了一个可以憎恨的父亲，一定程度上，释放了他在现实中所压抑的对自己父亲强烈的敌意。更进一步说，他的憎恨帮助他掩饰了性方面受虐的情感倾向。从前，当他被惩罚时会感到羞愧，但现在，痛苦给了他一种纯净的美德的感受。身体的痛苦减少到最低，但逐渐发展出一种改变和提升社会的感情。美好而高贵。当他扮演圣徒角色时，能够完全不在意他对其他人的敌意和侵略性的感情，只要他认为其他人在迫害他，那他就可以相信自己完全没有错，而良知则完全在休眠之中。这样他不断安排和想象着人们迫害他的场景。

但这一幅受苦的肖像只是卢梭诸多复杂性的一个方面。隐藏在他童年背后的是一种很强烈的攻击性。普通男孩子的冲动，打仗、征服、恨自己的敌人，这些都被跨越了。他被爸爸和姑姑宠爱和保护，从来不跑到街上和其他孩子一块玩，他像暖房中的植物一样长大，在压抑的愤怒中接受教育。但是，一旦他的负罪感减轻，愤怒就会爆发出来。在第二次鞭打事件后不久，卢梭在街上为了保护表兄而打架。他为失败者而进行战斗，这种情形下，侵略和攻击从没有困扰到良知。只要能抓住那种受到伤害的无辜者的感情，他就能允许自己完全的报复。他基本是个腼腆胆怯的年轻人，但一旦被正义的愤怒点燃，他就会万分勇敢，尽管他时时夸耀自己善良和温柔的天性，但私下里很不喜欢胆怯和懦弱，他期望自己可以克服这样的弱点，对正义的激情给了他机会。在被叔叔打以后，他像我们描述了他的感受，他告诉我们他的血液会怎样为不公正的故事而沸腾，他会怎样把自己想象成受害者，痛恨迫害者。从受害者转变成迫害者只有一步之遥。失败者和受到损害的人变成了专制者。事实上，卢梭下面的文字是：

---

① O. C., I, p. 20.

当我读到暴君的残酷,或者一个卑鄙牧师的隐秘暴行时,我希望去刺伤这些人,即使为了这些行为我要死一百次。我常常大汗淋漓地追赶一只鸡、一头牛或一只狗,并向它扔石头,因为它们折磨其他动物,而且仅仅由于它们觉得自己更强壮。①

如果有人看到一个小男孩在街上追着一只受惊的公鸡,一边跑一边扔石头,他只会认为这个小孩很残忍。他必须认真考察这个孩子头脑中所想,这个孩子认为公鸡是一个有罪的独裁者,但是即使这样,对残酷作出判断也一点都不困难。弗洛伊德(Freud)研究发现,施虐与受虐是一枚硬币的两面,是同一种冲动的两种表现形式。这在解释卢梭的个性时,再适用不过了。②

温柔和甜美生物所内含的残酷性揭示了一个古老的命题:善和恶混杂在一起。当我们最为相信自己公正无私的时候,我们天性中被抛弃的一面悄然浮现。这是让-雅克·卢梭的故事,他为了追求真理和美德,同恶意的敌人战斗,展现了人类精神中所能出现的最艰难的斗争。当我们意识到这是一场黑暗中的战斗时,面对着不可知的袭击者,就更应注意——卢梭从来没有意识到或者承认他残酷的攻击性冲动。他在所有地方寻找神秘的敌人,但除了一个地方,那里他从来不敢探寻。

---

① O. C., I, p. 20.
② 弗洛伊德(Basic Writtings, Krafft-Ebing, Ellis)和其他人的著作都指出虐待的事件表现了自虐和施虐的冲动。这是通常情况都有的,但是性格中主导的一方面压制了另外一面。被压制的冲动只有在不经意的时刻才会出现,比如在危机中,或者在一个人生活经历中那些更微妙曲折的方面。
但是在我们遇到的卢梭的虐待事件中,我们看见这与为了性目的而折磨人和动物很不一样。就像他的自虐冲动被转化成更高的道德受难的愉悦一样,他的残酷冲动也表现在他希望统治和摧毁更高的道德目标。如果不是以下两种特点,就会很难辨别卢梭的侵犯和其他通常意义的侵犯,(1)伴随他行为而来的正义的狂欢,(2)一种对受害者和无辜生命的认同。卢梭决不会为了自己的道路把人推开。他从不承认自己有权力的渴望。相反,他必须首先把自己想象得非常弱小、卑贱,受到那些知道自己在做什么却折磨他的人不公正的对待。然后,迷恋上自己的痛苦,他就可以完全发出愤怒的吼声。他的愤怒不是对令人沮丧的环境的回响,而是一种本能的冲动,来自他不受控制的天性。如果他必须控制,就不会快乐。这种没有限制的品质,证明了幼年时代最初的性虐待倾向(参见 O. Fenichel, *The Psychoanalytic Theory of Neurosis*, p. 73)。

四

还有两个卢梭童年的经历,似乎是他成年之后许多人际关系的模型。这是在卢梭大约 12 岁时,发生在他与高登小姐(Mlle Goton)和沃尔森小姐(Mlle Vulson)之间的事情。他在《忏悔录》中介绍了这两个女人的故事,他讲述了自己如何控制和独占沃尔森小姐,如何完全顺从于高登小姐。他与沃尔森小姐之间的关系是典型的一个年长女孩被一个命令她的男孩所吸引的故事。她喜欢和卢梭在一起,为了吸引更大一点的男孩子而对卢梭十分友善。但对卢梭来说,这是很严肃的一件事,当他知道她要结婚时,心都要碎了。他们的感情有某种柏拉图主义的特征,蕴含的那种冷静,把它和卢梭的所有其他事件区分开来。"我像一个兄弟那样爱她,但我的嫉妒和爱一样多"。①

他和高登小姐之间则是一种性占绝对主导地位的关系,卢梭没有说出她的年龄,但似乎她比沃尔森小姐要年轻一些。这可能是他生命中唯一的一次遇到一个能感受到他需要的女孩,她满足了他的期待,夹杂着一些自己的渴望。卢梭把她描绘成一个骄傲的、爱发号施令的小女孩,他们两个一起做游戏,他扮演一个学校里的小男孩,而她则扮演学校的训导员。这种关系非常类似于他和朗拜尔西埃小姐的关系。

关于她,最奇怪的是一种难以想象的勇敢和胆怯的混合。她对我而言有完全的自由,却不允许我有同样的权利,她像对待一个小孩那样对待我,这让我相信,她不再是个孩子,或者恰恰相反,她只是一个在危险中做游戏,什么也看不到的小孩。②

---

① O.C., I, p. 28.
② Ibid., p. 27–28.

他提到的"自由"的含义始终是模糊的,他仅仅只是提到,她准许他可以趴"在她的膝盖上"①,并且他对她完全服从。但是,他的渴望和期待则是无疑的:他喜欢她轻轻地抽打他,这样的渴望令他万分羞愧以至于无法公开说出来,但在《忏悔录》中他仍然承认这是他最终的性体验。

> 我孩子气的嗜好,并没有随时间而逝去,这和其他一切联系如此紧密,以至于我无法把它同我的感觉所激发的任何渴望区分开。这种疯狂,加上我天生的腼腆,让我在女人面前几乎没有任何的主动表现,我从来不敢要求,也从未得到过自己所渴望的,因为我所渴望的幸福——所有一切幸福的顶点——既没有得到,也没有被可以给予这种幸福的人猜到。这样,我在对自己最爱事物的沉默渴望中度过了一生,从来不敢提到我特殊的爱好,但至少我从别人建议的关系中获得了一些满足。②

很清楚,一种能说明他隐秘渴望的就是他与那个骄傲的小"训导校长"之间的关系。她可以恫吓他,向他发号命令,可能还会时不时鞭打他,至少她让他热切地期待这样的鞭打。每次当她出现时,他都会因渴望而颤栗。与高登小姐在一起的幸福经历如此强烈,几乎让他觉得恐惧。他意识到如果她命令他做一件极其危险的事情,他也会毫不犹豫地去做。当他不能继续与她在一起时,觉得十分害怕。"我的整个心脏似乎停止跳动,几乎窒息了"③,卢梭的哥哥很快发觉他们的关系超出了孩子气的游戏,很快两个人分开了。但是,和一个命令他的女子在一起的经历深深印刻在卢梭的个性中,以后,他特别能接纳一个假装要控制他的女人。

"假装"这个词在这里特别重要,在以后他和女人们的关系中,这个

---

① O. C. , I , p. 28.
② Ibid. , p. 17.
③ Ibid. , p. 28.

词有非常重要的内涵。① 卢梭仅仅想和女孩子们做游戏，只要双方都明白这只是个游戏，他会在任何尺度上扮演自己的角色。但是，如果一个高贵出身的女子，由于她的社会地位而试图命令他，或者提醒他对她所应尽的义务，关系就会立刻改变。卢梭的道德感刺激和激发了他作为受害者的感受，他会关注她哪怕是最轻微的不耐烦的迹象，然后，指责她的专制统治。一旦女人严肃地对待命令他的权利，他会立刻处于攻击的状态。

在卢梭的生命中，很少有女人能够感受到他的需要，同时有能力在他们的关系中撞击出正确的音符。似乎总是那些有一点孩子气、喜欢游戏的女子能够迷惑他，获得他的忠诚而不触怒他。当被人提醒对别人负有责任和义务时，他总显出异常的敏感和脆弱，但他将在更宽广的范围内作出回应，他将证明：他对任何人都没有义务。他可以对孩子和小狗表现出彻底的友善和自然，因为它们不向他索求任何东西，当他感觉自己不会被它激怒的时候，他就会表现出它们期待的友善。

---

① 卢梭希望和女人保持一种游戏的关系有很多原因。他害怕太深陷入和太过依赖。他没有做好为自己行为负责的准备。但一个最重要的原因是他想保持自己的纯洁。一个游戏的关系是纯洁的关系，而且他潜意识中感觉到，在这种关系里发生的任何事，他都不应该受到指责。

第二章 流浪者

一

　　充满负罪想象的童年，还有过分封闭和保护的环境，使让-雅克·卢梭渐渐形成了羞怯、隐秘的性格。同时，他是一个外在很吸引人的青年，能够拥有某些开放的、自然的友谊。他会很快宽恕一些伤害，只要他相信这些不是故意的。当他与其他人在一起感觉比较安全的时候，他会显得很雄辩，滔滔不绝。他开始逐渐显露出非凡的智力，但是一个没有父亲和母亲的年轻人不可能付得起昂贵的教育费用。很快，他的叔叔就开始为这个额外的负担寻找差事。雅克先被送到城里一家政府登记员那里学习计算账目，但他觉得那里的乏味简直无法忍受。一段时间训练后，他被认为根本不合格，于是叔叔决定他应该当一段时间雕刻家的学徒。这样，在还有两个月就到他13岁生日时，他去了一位年轻雇主阿贝尔·杜康曼（Abel Ducommun）那里，在那里生活了五年。他童年的自由生活忽然间结束了，雅克发现阿贝尔是一个十分粗鲁的人，脾气很坏，几乎不用任何借口就可以经常打他。对雇主的鄙视，让卢梭失去了对这个行业的兴趣，一个敏感的孩子，很容易被责骂被伤害。在新环境中，他觉得耻辱，整个人几乎要被碾碎了。他忘记了历史学的兴趣，学习和寻找能够欺骗雇主的方法。他开始学会偷食物，有的时候，还藏起来雕刻些东西，自娱自乐，这些东西对阿贝尔没有什么用。阿贝尔会因为他的偷窃、懒散，或者任何其他看起来适当的理由而打他。很快，卢梭对这些殴打变得麻木了。他接受了这些，认为是他生活不可避免的一部分，就像一个遭受耻辱的秘密战士接受禁闭。在他的新职业和生活中，他一点也没有被那些粗俗的同伴所吸引，但以同样的顺从态度接受了他们，参加他们的活动，形成了一种粗鄙和懒惰的性情。但是，尽管他接受并采纳了那些年轻同伴的生活方式，却无法真正喜欢这样的新生活。这些朋友的行为让他很厌烦。很快，他逃离到自己的世界中，在那里他可以阅读，并把自己想象成一个浪漫伟大的英雄。他怀着同样贪婪的感情，阅读能找到的所有东西，从廉价的小说到哲学论文。为了在工作时间偷偷阅读，他受了很多鞭打，受到的鞭打越多，他读书的激情也变得越强。他把所有的钱花在书籍上，为了一些珍贵的书，他甚至用自己的衬衫、领带和其他衣服去换。逃离到那个书籍的世界中，他仿佛重新寻回了那已经失去的他和父亲之间的联系。那些他和父亲一起阅读的时光，那些他能感受到独一无二的父爱的年月，在眼前这孤独而充满压迫的日子里，奇迹般的复活了。

在这些年里，卢梭常常逃离乏味无聊的雇员生活，和他的同伴一起，徘徊在日内瓦城门外的郊野。一天晚上，他快到城里时，发现面前的城门已经关了，他以前也碰到过这种情况，知道他没有在太阳落山之前回去一定会遭到一顿毒打。他决定不回去了，而是在这个世界漫游，寻找冒险的人生。那时他只有 16 岁，在灵魂的光芒照耀下，他接受了这个新的决定。在游荡中，他十分确信某位非常善良的女士会走过来给他帮助。脑海中怀着这样的想法，他在悠闲安逸的场所漫游、唱歌，经常在城堡的窗户下停下来，希望某位可爱的女士会被他的声音吸引。一位神父建议他寻求华伦夫人（Mme de Wavens）的庇护，华伦夫人是在安纳西的天主教皈依者。他接受了老人的建议，开始了旅程。

卢梭拥有活跃的想象力，期待着一个想象中的未来，并有着在想象中寻找快乐的能力，这一直是他个性的突出特点。这能够解释他幸福的感情和冒险的感觉，即使当他离开了唯一的雇佣工作，而且面临可能找不到其他事情可做的前景时，他还在公路上一边走一边唱。他在人生中的这一段时间旅行了很多地方，这是他对自然界强烈热爱的开始。不过，在这一切历险中最让人惊奇的是他在周围世界中建构自己幻想空间的能力，他看到的比真实世界多得多。

> 我的心中充满了……青年的热情、迷人的希望、光芒闪耀的前途。我所看到的一切，似乎都是我未来幸福的保证。我想象着家家举办乡村的盛宴，草地上愉快的奔跑，小溪边的散步、洗澡和垂钓，每一棵树上都挂满美味的果实。在树的斑驳阴影下，人们亲密幽会，山上有一缸一缸的牛奶和奶油，到处洋溢着悠闲、平和的气息，我幸福得不知去向何处。①

很不幸，在许多年以后，同样活跃的想象力让他发现针对他的阴谋。不过，回到之前我们的故事，我们已经提到了华伦夫人，一个对卢梭生命有重大影响的女人。

从神父对华伦夫人的描述和他给卢梭提出建议的宗教语调中，卢梭内心描绘出一个庄严的老妇人形象。令他非常高兴的是，他看到的是一个28岁的迷人的年轻女子，她身上有一些孩子般的不负责任和突如其来的热情，这使她看上去更年轻。她和"仆人"克洛德·阿奈（Claude Anet）一起住，他也是她的情人，尽管在华伦夫人出现时，他表现冷静而且得体，但不久以后，卢梭就开始怀疑他们之间的关系。

一开始就很清楚的是，华伦夫人对卢梭的吸引力，很大程度上因为他们很相似。② 她也在一出生时就没有了母亲，和他一样，她也非常冲动地离开了自己不喜欢的环境（她的丈夫和宗教），生活在维克托－阿玛迪斯（Victor-Amadeus）国王的庇护之下。国王念及她对天主教的热忱，给了她一笔年金。卢梭描述他们第一次见面时，不厌其烦地讲述她的生活、个性，以及和他自己的相似之处。他甚至提到，她有一张和我相像的嘴巴。③ 选择相似的人作为爱的对象，这种趋向似乎是卢梭个性的一部分。他和女人之间所有重要而持久的爱情关系，似乎都展示了这种类型的吸引力。

---

① O. C., I, p. 58.
② In his play *Narcissus* (O. C., II, p. 957) the hero falls in love with a modified portrait of himself.
③ O. C., I, p. 50.

不过，华伦夫人性格中另外一个同等重要的因素是那种游戏的感觉，在这种感觉里走进生活，就像卢梭形容的那样，"用宏大的尺度观察自己的目标"。① 生活对她而言就像一个游戏，她在舞台的中心，构想着伟大的计划，被仰慕者包围。她在商业上的买卖没有一个是成功的，但这丝毫不妨碍她开始新的投资。在同样的精神下，她承担起卢梭的教育和成长费用，当起了他的妈妈和老师。实际上，这样的经历就好像两个孩子在房间里做游戏。

想象的特性使我们无法完全弄清楚他们的关系，华伦夫人给卢梭描述了自己想象中的少女时代和成年早期，或者卢梭根据自己的幻想歪曲了夫人的描述，这一切都不清楚。无论如何，卢梭在《忏悔录》中描述的华伦夫人早年的生活都不十分可信，卢梭把她描写成一个不被丈夫理解的敏感女人，他说她被自己的哲学教师塔维尔（Tavel）引诱，他只是教给她那些能达到自己目标的信条。据卢梭所说，"他用一种诡辩的方法攻击了她，成功地向她证明，那些联系在她同其他人之间的责任和职责，只不过是一些孩子话，只是用来哄小孩子的"。② 实际上，这个故事充分地契合了卢梭自己的信念，考虑到过分理想化的危险，我们有理由仅仅因为其基础，而怀疑这个神话。更进一步而言，蒙泰（Montet）指出华伦夫人和塔维尔关系的若干环境，这可能也可以推翻卢梭的论断。③

蒙泰指出她离开丈夫并不是因为什么"家庭纠纷"，在这些方面她一般处理得很好，而是因为她诱惑丈夫投资于她的一桩商业冒险——一家丝袜工厂（这是她与拉峰先生合伙开的），她不承认自己的冒险是一个失败。债权人吵嚷着要收回他们的钱，她本来应该从工厂中拿一些私人投资来解决这场危机，但她没有，而是选择了自己逃离麻烦，留下她丈夫一个人面对那些讨债者。④ 她装载了很多行李，里面放着她丈夫的金表、金条、家

---

① O. C., I, p. 51.
② Ibid., p. 197.
③ A. de Montet, *Madame de Warens et le Pays de Vaud*, pp. 47–48, 203–41.
④ Ibid., pp. 56–82.

庭图书馆里最好的藏书，还有很多她和丈夫的共同财产①，来到萨瓦的温泉疗养。她带着丈夫的祝福离开了家，而他还期待着妻子的归来。在萨瓦她遇到了维克托国王，她声称自己是新教迫害的流亡者，很快投身于国王的庇护之下。

当卢梭遇到华伦夫人时，她正依靠国王给的一笔不多的年金生活，为此，她需要时不时地关心一下那些有希望皈依的人。她承担起教育卢梭的责任，就像教育自己一样，轻松而又无忧无虑地寻找各种知识：在森林里采集植物，与镇上有教养的男人们闲聊，阅读。早年卢梭和父亲在一起时，就是个狂热的阅读爱好者。华伦夫人鼓励他的这种追求，很可能还提高了他的品味。她对卢梭的宗教观念也有一定的影响——尽管不是在她的天主教老师所满意赞赏的方向上。她的宗教观念的性质和起源一点也不清楚，她可能从一位虔诚派运动的领袖马哥尼（Magny）那里获得了一些指导，她丈夫认为这个影响是决定性的。② 不过，她教导的内容③，现在看来是值得怀疑的。④ 她的天主教信仰似乎只是一个权宜之计，而不是内心的信条。她那种顺应"自然天性"的想法，拒绝接受任何宗教权威的姿态，可能最为深刻地影响了卢梭。她怀有一种十分单纯的信念：上帝是善良的，如果她所做的一切都是出于善良愿望，上帝可以理解她的所有行为。

不仅她的宗教观念是反传统的，在其他很多方面，她似乎都是卢梭最初反叛的导师。在她还是孩子的时候，她不满女孩子的教育，阅读了父亲的医学和自然历史书籍。她一直被认为独立而顽固，痛恨男人们的统治，她不满和同时代的大部分妇女一样，扮演顺从的女性形象，尽管在幕后掌握着统治权。她更加倾心于商业冒险和其他追逐，而这些在她的那个时代是男人们的特权。显而易见，只有当她确信自己高于某个男人时，才会放心让他管理自己的事务。她的三个情人都比她年轻，并在社会地位上低于

---

① A. de Montet, *Madame de Warens et le Pays de Vaud*, pp. 165 – 70.
② Ibid., *p.* 22.
③ P. M. Masson, *La Religion de J. -J. Rousseau*.
④ F. Mugnier, *Mme*, *de Warens et J. -J. Rousseau*.

她。① 克洛德·阿奈在成为她的情人之前，很长一段时间是她的仆人。②

不过，强调在华伦夫人事件中幻想的成分很重要。她并不是一个充满男子气概，想要摧毁男人的统治并取而代之的人，实际上她完全不可能做这件事。命令他人的幻觉，而不是真实的统治，占据了她生命的中心。正是这种游戏的精神，使得她在卢梭眼中分外迷人。他会把自己想象成一个可怜的流浪汉，置身于一个善良女神的保护之下，他想自己会永远服从她。

二

尽管他们彼此吸引，但卢梭第一次和华伦夫人待在一起的时间很短。当卢梭讲起自己流浪的故事，还有他离开日内瓦的情景，她显示出极大的同情，许诺给他建议和帮助。他感觉到，其实她想要催促他回到日内瓦的家和自己的宗教当中，但又不敢公开说出来，以免教堂里的人听到这些异教徒的话，剥夺她的年金。但是，出乎他的意料，他被送往都灵的一家专门为天主教皈依者建造的旅馆。这里他第一次经历了同性恋的感受，对方是一个自称摩尔人的年轻的天主教信徒。这次经历让卢梭很厌恶，所以这个年轻人永久地从他头脑中删除了。他试图告诉别人这一次历险，但人家跟他说这种事一般是不该拿出来讨论的。这次历险，让他感到所有的信徒都是不真诚的，而牧师对待自己的职责更加无情和冷漠，这些都让他对天主教产生了一种深刻的厌恶。但是，他感觉自己再也见不到华伦夫人了，除非假扮成信徒，否则在天主教领域他哪里也去不了。这种情形深深困扰着他。于是，他最终悲哀地离开了那家旅馆，对整个事件感到很负疚。他本来期望可以通过皈依获得一个小小的职位，但是却怀揣着20法郎离开，

---

① H. Ellis, *From Rousseau to Proust*, p. 24.

② 克洛德·阿奈是华伦夫人在沃韦（Vevey）时园丁的侄子。他们几乎在同时离开沃州地区（Pays de Vaud.）去了安锡（Annecy），因此可以推测在她离开沃州地区之前他们就是情人（Mugnier, pp. 118–19）。

走上自己的路。

　　一旦离开了周围沉闷的环境，他很快又充满了兴高采烈的冒险激情——一种没有责任和义务的完全的自由，他第一次离开日内瓦时就感受到这一点，并且他确信很快就会碰到幸运。他年轻时经常感受到这种自由，并且无法忍受任何固定的、把他限制在一个地方的单调工作。他是难以被控制的。一旦可以把责任扔在一边，他会感觉自己似乎卸下了一副肩膀上的重担。他几乎从来没有可以维持一个星期的钱，但这似乎没有困扰过他。他强烈地感受到生命的伟大，无限广阔的可能经历，还有自然的美丽。他觉得，在一天的大部分时间，强迫他的头脑专注于一些低级琐碎的事情是不公正的，因为他只有一次生命，而又有那么多东西要看，还有那么多事情要做。

　　从旅馆解脱后，他在都灵城里四处游荡，观察站里的哨兵，观赏宫殿。当他饿的时候，就走到牛奶场，在那里会得到两片面包和一点奶油。他为这个简单的晚餐和得到它的简单方式而欣喜。他继续在城市里四处巡查，一直吃得很简单，慢慢地花掉身上的法郎。他的味觉没有经过高级调味品的培养，也没有什么特殊的期待。

　　但是，卢梭并不仅仅依靠他的单纯而生存。他是一个很英俊的年轻人，尽管在女人面前非常腼腆害羞，但一个小小的善意举动就能够鼓舞他。他的羞怯在他遇到年老女人时是个优势，这些女人经常被他吸引，因为他身上那种被遗弃孩子的气质是她们母爱的最好对象。每次他被注意，她们都能感觉到他沉默而充满激情的爱慕，因为他几乎会爱上每一个对他和善的女人。很快的，这种母亲般的感情混合淡淡的恋爱薄雾，就在吸引力中增添了特殊的温柔。一些人感受到他的羞涩和保守，主动发起了性的进攻。其他人则等待，等待他在沉默的爱恋中自己表达，后者一般都会失望。这样的故事就发生在卢梭和一位年轻主妇的身上。他已经用完了身上的钱，开始一家一家公司的跑，看能不能找到一些雕刻的小活计。巴西尔太太（Basile），一个小店主的妻子，邀请他到自己的店里工作，并提供早餐。她的丈夫出门经商，而卢梭很快发现她不可抗拒，到处跟着她，并向惊慌失措的店员发出长长的叹息，这个店员是在她丈夫离开后负责监视她的。最终，当卢梭单独和正在绣花的女主人待在一起时，他跪在她的脚边，他因为渴望而颤栗，但强烈的恐惧阻止他进一步做什么，而仅仅吻了她的手。巴西尔太太被他强烈的激情惊醒了，而她却完全没有经验，以至于无法给予这个男孩他所需要的鼓励和指引。这样，没有发生任何事情，只是在她丈夫回来的时候，店员向他汇报了自己的怀疑，于是他让卢梭离开了他的家。尽管作为一个情人失败了，卢梭还是获得了道德上的价值，他在《忏悔录》中总结了这段故事，加上了以下的评论：

> 从来没有过像我这样强烈却同时又这样纯洁的热情。从来没有过这样温柔、这样真实、而又这样无私的爱情。我宁肯为我所爱的人而千百次地牺牲自己的幸福。她的荣誉比我的生命还要宝贵。即使我可以享受一切快乐，也决不肯破坏她片刻的安宁；因此我在自己的行动上总是特别小心，特别隐秘，特别谨慎，以至于一次都没有成功。我在女人跟前经常失败，就是由于我太爱她们了。①

总的说来，卢梭把他和女子关系中极端的迟疑，归结为他生活在一个严厉的环境。当然，新教的日内瓦处于十分严密的道德氛围控制之下，更重要的是，在日内瓦，男人掌握主动权。更进一步而言，卢梭，朗拜尔西埃和贝尔纳家比日内瓦一般的家庭少一些控制和束缚，老卢梭是有些冲动的人，而卢梭的姑姑和舅舅则因为"促进婚姻"而被宗教法庭传讯，朗拜尔西埃因为一个邻居牧师彭特维尔②散布的谣言，说他早晨进入妹妹的房间帮她穿衣服，被宗教法庭警告以后不要这么轻浮。他还被指控过分饮酒，追赶农妇，所有这些指控都没有被宗教法庭证实过，法庭的人只是很明确地认为，他缺少一个牧师所应有的那种庄重的态度。

这样，要了解卢梭为什么在对女人采取主动态度的问题上犹豫不决，就需要考察比他自己创造出的道德气氛更多的东西。在卢梭沉默和激情的

---

① O.C., I, p.77.
② 同一个牧师把卢梭介绍给了华伦夫人。

表白失败后，巴西尔太太可能会十分生他的气，卢梭的自我控制越来越显示出不是出于爱，而是惧怕伤害。这种害怕伤害女人的感情其实是病态的。他必须相当自信她们需要他，要绝对的肯定。在他行动之前，必须完全不再怀疑，清除自己的负罪感。这里我们又要提到他父亲暗含的指责，他应该为母亲的死和一切痛苦负责，这种想法让他变成一个孩子。女人在卢梭眼里是脆弱和优雅的花朵，看上去很美却容易被摧毁。我们一次又一次地在卢梭的人生中发现，他一直抗拒着自己的温柔、柔弱和对女人的爱，同时他又无法抗拒地伤害她们，使她们遭受痛苦。我们会进一步考察这两种对待女人的完全不同的态度。

遇到巴西尔太太后不久，他得到了一个职位，做维尔塞里斯（Vercellis）伯爵夫人的男仆，伯爵夫人是一个因癌症奄奄一息的寡妇。这一段故事不大重要，但是在这个女人死后，他将要离开她家的时候，一个女仆的丝带丢了，如同卢梭所说，他可以轻易隐藏一件小事。很快在他的东西中找到了丝带，当被询问时，他说，是一个名叫玛丽昂（Marion）的女仆给他的。她和卢梭一起被叫到了法官面前，这个法官是死去女人的侄子。他决定查出谁真正有罪。在法官面前，卢梭再一次指控那个女仆，她完全被突如其来的指控弄糊涂了。卢梭记录到，她"用那可以解除魔鬼武器的眼光"看了我一眼，但是，他又说到"我野蛮的心灵在抵抗"①。她请求他说出真相，但他的指控则更加明确，她开始哭泣，说她一直相信他是个好人，要求得到公正，但卢梭一直毫不动心。最后，法官释放了他们两个，他说，有罪的人会被自己的良心惩罚。他当然很正确，这桩小事的记忆折磨了卢梭剩余的生命。他说他梦到那个女孩在梦中打他，想象着由于耻辱和不公正的对待，女孩遇到接踵而来的各种各样的灾难。

卢梭解释说，他这样做是为了不被惩罚，他说，之所以诬陷玛丽昂，是因为当他想转嫁怀疑时，她是第一个出现在他面前的人。表面上看，这是一个胆怯、毫无个性的年轻人行为的合理解释。但我们已经学会观察卢梭解释表面之下的东西，他说，胆怯是他指控的原因，但勇敢的表现使他

---

① O.C., I, p. 85.

看起来更像是个起诉的律师。他不能从这件事回忆起任何的快乐，但是这种快乐，如果存在的话，也隐藏在由于玛丽昂的羞辱而带来的负罪和恐惧的面具下。

从他对玛丽昂的描述中很容易看出，她是个迷人的女孩，拥有娇嫩鲜艳的皮肤，"一种谦逊和甜美的气质，没有人见了不觉得可爱"。① 从他描写的玛丽昂受到伤害后的单纯和无辜的感受，可以感觉到，在想象中描绘和辨析她的情感的能力，给他带来一定的满足。他同情怜悯这个纯洁甜美的女孩，当他讲故事时没有意识到现代心理学的分析，这很大程度上表达了对受害者的性的吸引力。他无法理解自己的行为，但怀有热切的渴望，通过能回忆起来的所有情感，把自己的真实图像传达给后人。他充满内省的纪录是如此完整，几乎只通过他的描述，就可以作出分析。"当我嫁祸于那个可怜的女孩，"他说，"友情才是这一切的原因，说起来很奇怪，但却是事实。"② 只有当整个事件结束时，他才因为自己的暴行有一种强烈的负罪感。

玛丽昂事件，让卢梭的传记作者十分困扰和苦恼。一些人指出，肯定是卢梭夸大了自己的反常行为。③ 米勒·勒麦特甚至不相信这件事曾经发生过。④ 那些接受这件事的人告诉我们，这只不过是应该忘记的短暂而不健康的行为，因为作为一个成年人的卢梭，并不残酷。但是，我们有理由相信，这个对玛丽昂来说非常痛苦和清醒的事件，对卢梭产生了重大的、甚至决定性的影响。在他生命的后一个阶段，他花费很多时间进行道德改革。可能由于忽然记起早年的罪恶，唤起和鼓舞了他后来对美德的热情。很明显，这是一件让人烦扰的事，因为，也许是第一次，他忽然之间毫无差错地看到了自己天性中残酷的潜能。而这最好被看成探索他灵魂秘密的

---

① O. C., I, p. 84.
② Ibid., p. 86.
③ J. Lemaître, *Jean-Jacques Rousseau*, p. 20.
④ 参见 Starobinski, *La Transparence et l'obstacle*, p. 213。这个事件并非与卢梭受虐的性格不符合。在受虐的位置上，他是被指控的，他最大的愿望就是让自己跪在美丽女子的面前寻求原谅。在施虐的位置上，他是一个控诉者，一个控告代理人，这是在他第一、二篇文章中表明的重要姿态，一种逐渐形成的和朋友间的关系，特别是和休谟的关系，一种很强的施虐受虐的联系。

一个激励。

三

在卢梭离开伯爵夫人家之后，他经历了更为紧张的自我虐待。玛丽昂事件的刺激，和他渴望惩罚的感受联系在一起，产生了无止境的性幻想。他被自己的渴望所折磨，但又害怕告诉任何人他所需要的东西。很快，他游荡在小巷和街道上，脱下裤子，把屁股对着来来往往的女人，希望其中的一个会走过来，抽打他的屁股，这是他心中热切的期待。在一群女孩子被惊吓得尖叫，一个男人追赶他、抓住他、嘲弄他以后，他放弃了这种行为。

他很快在德·古丰（De Gouvon）伯爵家里找到一份工作，在那里人们发现了他的杰出才智，伯爵开始把他装扮成家庭中重要的一员，但是，当他追求伯爵的孙女遭到拒绝后，他很快失去了对新工作的兴趣。虽然前景光明，但他看到在自己面前有一段长长的卑微旅程，这让他几乎无法忍受。他梦想着伟大的历险和征服，很快一个来自日内瓦的年轻人巴克勒（Bâcle），加入到他的幻想中来。两个年轻人开始讨论旅行，卢梭描绘着自己曾经游历的山川、河流、田野，同时，他似乎看到在不远的将来，他有机会发展自己和华伦夫人的关系。忽然之间，除了年轻的自由以外，他的职业看起来如此乏味无聊，而光明的未来也似乎不会有任何结果。这样，他在阿尔卑斯的旅行中离开了伙伴巴克勒，最终去了尚贝里，再次来到华伦夫人的门前。在一阵激情和眼泪中，他跪倒在她面前，亲吻她的手。"可怜的小孩"①，她说，并欢迎他到自己家里来。从这个时刻起，卢梭和华伦夫人之间的母子关系似乎已经确立，她一直叫他"小孩"，而他则一直叫她"妈妈"，她自己照顾卢梭，给他找到另一份工作，而卢梭，虽然每次都会努力去做，但很快又会回到她身边。他和她住在一起，一起吃

---

① O. C., I, p. 104.

饭，阅读她图书馆里的书，和她谈话。经常，他会找到一些借口去旅行（一种需要疗治的想象的疾病，他亲爱的"妈妈"的差遣），但他很快会回来。

不久，"妈妈"就坦白地承认，她的仆人克洛德·阿奈是她的情人。低调沉默的克洛德似乎是她的奢华最适当的补充。她容易激动，而他则表现理智和谨慎，当他们在一起时，他似乎时时检查她的幻想，而她则尊重他的判断。她是一个充满热情的植物学家，经常徒步到山上寻找植物，卢梭陪着她，有时候克洛德也在，有时候他则不在。偶尔他们会带上吃的东西，在山上野餐。她还是忙着为这位新伙伴寻找适当的位置，但是她的顾问则认为卢梭没有什么天赋，而他不断变换工作似乎也证实了他们的判断。最终，他以疾病为自己辩护，一种奇怪且不可忍受的病痛，耳朵里轰鸣作响，伴随着心悸、胸部的收缩和急速奔流的血液。病的症状时不时地改变。① 他把这归结为自己过分的激情，燃烧着的没有对象的爱情，那真是让人筋疲力尽。无论何时，当有一个美丽可爱的脸庞在身边出现，或者冒险的道路向他敞开，这些症状就会消失。华伦夫人怜悯他，很快就放弃了为他找工作的想法，鼓励他追随自己的兴趣。

音乐在他生命中一直有非常奇妙的吸引力，她给他一些音乐书籍，鼓励他学习。在当地唱诗班的帮助下，他发展了自己音乐的才能，很快他的生活成为一连串美妙的冒险，时不时的旅行、阅读和学习，但最大的快乐是陪伴他的"妈妈"数小时地聊天。他对任何打断他们谈话的来访者都很嫉妒，在客人走后他会急迫地想要见到她。卢梭占据了这样一个持久的位置，使得华伦夫人任何私人的计划都不可能不让他知道，而任何计划都会激起他的好奇心，因为他想知道关于她的一切事情——分享她的整个人生。当为了萨丁尼亚国王而被派遣到巴黎执行一项秘密任务时，她觉得有

---

① 这种疾病的历史很难确定，其症状也很不同。并不是简单的神经衰弱、耳鸣、心跳加速、胸口紧缩、强烈压制的愤怒和恐惧，或者这些都有。这种症状在他发现华伦夫人和克洛德关系时出现了。还有一次是他们到达修养地，这个时候卢梭病得很重，以至于想要离开"妈妈"去疗养。他离开是制造机会，部分上是希望唤醒华伦夫人对他的感情，但是其最初的原因，可能来自于卢梭处理糟糕情形的无能，他不能容忍他的竞争者和自己强烈的愤怒。

必要不让她的"小朋友"知道，他被送去陪伴乐师麦特尔（Maitre）去唱诗班①，路程和去里昂一样远。他很不情愿地顺从了她，不过，他发现一离开她，就想回去。当麦特尔在路上因为癫痫病发作而很无助时，卢梭去寻找帮助，他写下了他们住的旅馆的名称，然后回了家。

当卢梭回到家的时候，他只看到华伦夫人的女仆，因为华伦夫人已经和克洛德一起去巴黎了。没有见到他心爱的"妈妈"，卢梭忽然被一股懊悔的痛苦击垮了，因为他是匆忙离开里昂的。他感到尖锐的痛苦，感受到那个可怜的麦特尔在癫痫病中恢复过来，发现孤独一人在一个陌生城市的那种痛苦。在《忏悔录》中他把这次逃亡看成第二次重大的罪过，和那次丝带事件一样，很显然，当他的美德被整个欧洲赞扬的时候，这些罪过再一次回来折磨他的心灵。

但是安纳西正是 6 月时节，到处都是可以触摸的夏天，空气里都充满了夜莺的歌声，泥土上长满了青草和鲜花。他很快又涌起了流浪的渴望，（1730 年）6 月末，在小镇边的一个山谷散步时，他遇到了格拉芬丽（Graffenried）小姐和加蕾（Galley）小姐。这次相逢，尽管在《忏悔录》中占了比较小的篇幅，但似乎给他留下了很深的印象。在描述这次小小的冒险经历时，卢梭传达了一种敏感的、完满的、未经探测的年轻感受，充满了无限的浪漫可能，在他的想象中，这一次相遇成了他浪漫故事的无尽源泉。

他在小溪边散步的时候，发现两个女孩在过河时控制不住自己的马。他曾经在拜访华伦夫人时见过格拉芬丽小姐，那个女孩喊他的名字请求帮助，卢梭把马牵过了河，正准备离开，听到格拉芬丽小姐喊："不，您不能就那样离开我们，您是我们的俘虏，已经被抓到。"② 这是能令卢梭快乐的情景，接受一个漂亮女孩的命令。很快，加蕾加入到游戏中，"是啊，战俘，快上马，坐在她后面，我们要拿你作个交代。"卢梭没有丝毫犹豫就服从了。他们三个人很快穿越了乡村，为了在马上坐稳当，他轻轻地搂

---

① Le Maistre.
② O. C., I. p. 136.

着格拉芬丽小姐的腰,他们骑马到了加蕾家的公寓。这个房子被废弃很久了,只有农夫和他的家人租住在那里。她们款待了卢梭,整天都在树林里嬉戏玩闹,她们戏弄他,毫不拘束地和他调情,几乎一直在一起玩。卢梭还是非常害羞,没有任何进一步的发展,尽管他们在一起很快乐、亲密,还有美丽的自然风光,这都让他感觉到一生中再也没有过的单纯的幸福。

  我们在农夫的厨房吃饭,两位女友坐在长桌子两端的椅子上,她们的客人则坐在她们中间一只三条腿的凳子上。多么迷人的回忆!如果一个人付出这么一点点就能享受到如此纯洁和真实的幸福,何必去追求别的欢乐呢?巴黎所有的晚宴没有一次赶得上那次的午餐。我这些话不仅仅指欢乐和单纯的幸福,也是指肉体上的愉悦。

  午餐后,为了节省,我们没有喝为午饭后准备的咖啡,以便更好地享用她们带来的奶油和蛋糕。为了保证良好的胃口,我们还到果园,摘来樱桃和蛋糕一起吃。我爬上树,连枝带叶地扔下去一串串的樱桃,她们扔给我很多石头,把樱桃从枝头上打下来。当加蕾转过头,握紧她的围裙,我刚好可以把樱桃扔到她怀里。我们笑得多开心啊!我心里想:"为什么我的嘴唇不是樱桃!要是把我的两片嘴唇也扔到那同样的地方,那该有多美啊!"①

正是和这两个年轻女孩在一起经历了那种情景,卢梭一生都在希望再次寻回。这种感情,他试图在《新爱洛伊斯》和《爱弥儿》中传达出来,青春的纯洁的吸引力,永恒的孩子般的爱,从未被有关肉欲的知识所玷污。对他来说,对女人的渴望绝不仅仅意味着占有,其内涵要丰富得多,那似乎是一种精致和优雅的痛苦,他期望能够在他头脑中延续、细细琢磨,然后倾诉给别人听。他乐于想象自己所爱的人已经准备好屈从于他,但在最后关头,有一些原因阻止了她这么做,他经常把自己想象成一个失

---

① O. C., I, p. 137.

败者，遭到剥夺的人，在其中他获得了满足。① 另外一个原因是，他接近任何美丽的女子都会有一种很强的负罪感，他感觉和一个女人有性关系在本质上是野蛮和残暴的。他理想中的那种纯洁的、充满年轻活力的爱情，成为浪漫主义运动的核心概念。这种感觉最典型的描述，是有一次他单独和加蕾小姐在一起的时候。

这一天完全是在无拘无束的嬉笑中度过，但是，我们却始终规规矩矩。没说一句暧昧的话，也没开一个冒失的玩笑，而且我们这种规规矩矩绝不是勉强的，而是十分自然，我们心里怎样想，也就怎样表现出来。总之，我十分拘谨（别人可能说我这是愚蠢），由于情不自禁而做出的最大的放肆行为就是吻了一次加蕾小姐的手。说真的，当时的情况正好使这种小小的喜悦具有了特别的价值。房间里只有我们两个人，我感到呼吸急促，她也不抬头，我说不出一句话，就匆匆地吻了一下她的手，她轻轻地把我吻过的手缩了回去，望着我，并没有显出一点怒容。我不知道当时要和她说什么，这个时候她的女伴走了进来，在这一刹那间，这个女伴看上去很丑。

读到这里的读者，当他们发现我所有的爱情冒险，经过那么长的序幕之后，其中最有希望的，也只不过是吻一下手就算完事，他们对此一定会大笑特笑的。哦！读者们，请你们不要弄错了！在这种以吻一次手而告终的爱情里，我所得到的快乐，比你们最低限度以吻手开始的恋爱中所得的快乐还要多。②

很快，他们发觉天快黑了，而他们必须在太阳落山之前回到镇子里。他们三个人带着懊悔遗憾分开了，计划着未来重新见面，虽然卢梭经常在加蕾小姐家前面的小街上散步，但他再也没有见到过她们中的任何一个。

---

① See T. Reik, *Masochism in Modern Man*, pp. 59–71, 91–105, 113–28, where the masochistic suspense is discussed in detail.
② O. C., I, pp. 137–39.

四

在卢梭青年的这一时期，他也和一些走进他生命的男子们建立起了亲密而充满感情的关系。他们都是一些像他一样失去父亲的男人，冲动而狂妄自大，自由自在而不负责任的年轻的流浪者。巴克勒就是其中的一个，另外一个是流浪的法国音乐家，他把自己叫做冒险者德·维伦纽夫（de Villeneuve），他显然没有接受过任何音乐训练，但却能轻易地唱出歌曲，这一点很让卢梭着迷。他的谈话总是充满诱惑力，很机智，面对女人时很勇敢，就像卢梭描绘的那样，"即使最谦逊谨慎的女子都会奇怪自己竟然能这样忍受他"①。卢梭很快就被他冲昏了头脑，他如此轻易地获得所有的成功，轻松地征服一切，让卢梭相信每个人都可以做得和他一样好，只要排除自己的怀疑。卢梭试图模仿他的聪明机智，在一个场合，他把自己看成一个叫德·维伦纽夫的流浪音乐家。但是，当他为一个法律教授崔道仁（M. de Treytorens）在家里举办的音乐会作了一首曲子，而表演却成了一个可怕的声音大串联时，他明白，像一个音乐家那样演奏并获得成功，他还是远远不够的。②

因为一直期待着可以找到他的"妈妈"，他旅行到了沃维，她出生的地方，又回到洛桑，到了纳沙泰尔，在那里他度过了冬天，通过教授音乐而学习音乐。他在空闲时间继续在乡村游荡，一天，他碰到了神父阿特纳秀·保路斯，一个希腊的修道院院长，正为了整修圣葬地而募捐。因为神父只会讲意大利语，他需要在法语国家内找一个翻译帮助他，正好卢梭没

---

① O. C. , I, p. 125.

② Ibid. , p. 149. 另参见 Starobinski, *La Transparence et l'obstacle*, pp. 71 – 73。斯塔罗宾斯基（Starobinski）这样评论这场演奏，他被卢梭的行为和一般冒名顶替者之间深刻的心理差别震动了。不像那些冒名者害怕自己的身份被揭穿，卢梭欢迎一个检测他能力的机会。他的角色和催眠状态差不多，就像催眠状态，他不会打破咒符，除非咒符自己打破。也不像冒名顶替者，他无法从自己的角色中逃脱，而必须到最后接受惩罚。我们知道，如果一个演员在舞台上扮演一个非常强大的角色，演员舞台下的个性经常和他舞台上扮演的角色相似。看上去卢梭不受限制，但是遇到强有力的角色，他就会像羽毛一样被卷入漩涡。这种现象也可以在他追逐自己制造的魔咒"自然人"中看到。

有别的更好的事可做，就答应陪伴神父完成他的使命。但是神父发现要获得募捐的许可十分困难，他经常被明令离开所进入的地区。在苏略尔，一个法国大使德·波纳克亲自去看了神父，明确告诉他，他的行为是个错误，希望他赶紧收拾行李离开。很快他把注意力转向卢梭，这个声称自己是个翻译的年轻人跪在他的脚下，表明了自己的真实身份和在这个事件中扮演的角色，一个很小的角色，的确。大使宽恕了他，在一段时间内，把他安排在自己秘书的庇护之下。从苏略尔回到了纳沙泰尔，卢梭发现很难找到小学生可以容忍他的音乐指导。因为记起来华伦夫人在巴黎，他向大使求救，在城里获得了一个工作，担任一个瑞士陆军上校侄子的同伴。但是，当他1731年6月到巴黎时，任命变成了做这个年轻学生的仆人，卢梭拒绝了。他的旅行，似乎没有任何收获，因为他得到消息，华伦夫人已经离开巴黎，去了瑞士或者萨瓦。

他又踏上了去萨瓦的旅程，步行，在任何可能的地方睡觉，因优美的景色而快乐。考虑到他年轻迷人的外表，友善坦诚的态度，和陌生人打交道时的轻松愉快，那么，他再一次遭遇同性恋事件，就一点也不奇怪了。①一天晚上，一个男人靠近他说希望和他一起"找乐子"，建议他们一块手淫，卢梭非常害怕，他飞快地冲出门去，想象着那个男人可能追赶他。我们不知道卢梭到底给了这个引诱者以什么样的鼓励，但这件小事给他留下了很强的负罪感，他很惊慌，很长的一段时间里放弃了手淫的习惯。

在同样的一段旅程中，他掉进了一个神父的圈套和阴谋中，他看到卢梭睡在凳子上，就邀请他睡他的床。晚上，当神父试图让卢梭兴奋时，他害怕得浑身发抖，假装不知道这个男人想干什么，他把这一切归因于前不久刚刚经历的一场不愉快的同性恋事件。他用如此明显的厌恶语调描述那一次遭遇，这让神父放弃了他的企图，第二天，他们友好地分手了。这样，尽管有那些男人和女人们的诡计图谋，卢梭还是纯洁而未经玷污地回到了华伦夫人的怀抱。

---

① 卢梭不知道在哪里放置他的这个生活插曲。这件事可能发生在更早的阶段。参见 O.C., I, 165。

五

当卢梭查找心爱的"妈妈"所住的地方时,他发现她搬到了尚贝里的一个新家里,于是下定决心回到她身边。她以惯有的善意、温暖和任性的态度欢迎他的归来。她注意到,毫无疑问,卢梭已经成为一个有经验的旅行者,一个充满魅力的青年男子了。他已经21岁了,但还没有固定的工作,他对教音乐有种马马虎虎、可有可无的期待,大部分的时间用来在乡村里漫游。华伦夫人给他找了一个账目管理员的工作,但他完全不能接受仅仅为了谋生而去从事一件非常没有意义的工作。他开始花更多的时间阅读和学习音乐,他答应她,他很快又会成为一个音乐教师,他的那个纵容和宠爱他的"妈妈"最终被说服了,原因是卢梭的认真和坚持,而不是他的争辩。

最终,他自由地从一家到另外一家,教女孩子们音乐,讨好她们的妈妈。当卢梭向华伦夫人谈论那些冒险的经历时,夫人开始关注他了,为了把他从和他在一起的那些诡计多端的年轻女孩那里拯救出来,她决定把自己给他。一点也不奇怪,羞怯的卢梭的第一次性经验是同一个比他年长的女人在一起。但是,持续了这么长时间的"母子"关系让华伦夫人很难达到自己的目标。他们之间所有的亲密很容易转化为一种母亲般的爱抚。尽管卢梭热切地爱着她,但从来没有把她当成性的伴侣,除非在幻想里。而且,她自己本性上也不是那种卖弄风情的女子,虽然她是一个热情又易于动感情的人,但实际上并不性感。由于在某种程度上她把自己看成一个哲学家,她决定用逻辑引诱卢梭,如果我们也可以把这说成引诱的话。她向他解释到,他已经是一个男人,应该像其他男人一样了解女人。她用了许多婉转的陈述,阐述了原因,但最终明确说了她的计划。在一种异常严峻的气氛中,就像讨论一桩商业事务,她给他八天的考虑时间。

卢梭被整个想法惊呆了,这是一个他从未寻求过也无法理解的冒险。最终,他决心听从她的决定,尽管并不想冒犯"妈妈"。这个经历,实际上似乎虎头蛇尾，即使在一种性的拥抱里，她的温柔的母爱还是超越了激情，他感觉到自己似乎犯了乱伦的罪行。这一经历使他和华伦夫人、甚至克洛德，都更加接近，她毫无隐瞒地向另一个情人坦白了这种关系——但她这种利用逻辑的引诱，让卢梭对理性的意义产生了深刻的怀疑。他对正确应用的理性保持着很大的尊敬，但他也是最早发现，理性也有可能被那些隐藏在他们真实感情后面的人歪曲和滥用。他试图原谅华伦夫人的行为，把这种引诱的责任归于塔维尔，但毫无疑问，他对她错误地使用理性真的很愤怒。

  我再说一遍，她的一切过失都在于她缺乏判断能力，绝不是出自她的情欲。她是上等家庭出身，心地纯洁，她喜欢正派的行为，她的性情是正直和善良的，趣味也相当高雅。她生来就是为了做一个具有完美品德的女人，她也乐意这样做，但是她没有能遵守这种品德，因为她一向听从的不是把她引向正路的感情，而是把她引入迷途的理性。当许多错误的道理引她走入迷途的时候，她的正确感情一直在抵抗。可惜的是，她喜欢炫耀自己的哲学，因而她凭自己的见解所创立的道德原则，往往破坏了她的心灵启示的持身之道。①

在卢梭和华伦夫人的新关系开始不久后，克洛德去世了，卢梭成了家里的主人。可能是强烈的负罪感让他在这个新的位置上感到无能为力。②尽管他和华伦夫人的关系已经改变，但他依然是她的小孩，她不会认真地对待他提出的要节俭的警告，因为小孩子没有和克洛德一样的权威，他发现自己控制她的努力完全是徒劳的。她会嘲笑他，喊他"小顾问"③，继续

---

 ① O. C., I, p. 197.
 ② 研究《忏悔录》的学者对卢梭这里所说的事是否属实产生了分歧。卢梭说克洛德的死因，是由于在高山上寻找药草而发烧。穆尼尔（Mugnier）指出（他认为克洛德死于1734年3月13日）一个人不可能在那个时候去山上采集芬芳的药材。（参见 Mugnier, *Mme de Warens and J.-J. R.*, p. 120.）有人怀疑克洛德是因为卢梭和他情人的关系而死于自杀，如果是这样的话，卢梭的《忏悔录》就不单纯是错误，而是虚构。这和他的性格似乎不符合。
 ③ O. C., I, p. 206.

她的奢侈生活。他试图为了让她省钱而把钱藏起来，不过她很快发现了这个小贮藏室，为他更换了一个更大的，这让他觉得非常难堪，很快放弃了自己的努力。

当然，并不是卢梭依赖的天性，让他开始负责管理华伦夫人家的财务。他自己有很多热切的渴望，特别是旅行所需要的费用和基金，这远远超过了对于单纯生计的考虑。旅行中他给她的信息是提到他需要钱，经常暗示他的钱袋空空的。读到这里，人们会发现一个男孩子的典型态度，他还不想接受自己在家庭中的男人角色。他最终推论说，既然她可以以各种方式为一个陌生人花钱，他无法控制她，那么她也可以为任何一个爱她的人花钱。在他自己疯狂的幻想里，他可以成为音乐家和作曲家，很快会获得成功，这样就可以供养她。由于这样肯定，他可以毫不犹豫地为自己的小小计划花她的钱，毫不困难地说服华伦夫人他的冒险很快就会有所回报。

作为一个喜欢控制男人的女人，华伦夫人被卢梭那种可能让别人恼怒的羞怯和敏感所吸引，这是一个她完全可以掌握其生存的生物，她像对待一个婴儿那样纵容他，她激起他的渴望，用幸福的保护紧紧地包裹起他，她用自己的书籍和观念教育他。她唤醒了他萌芽的性感，又用自己的身体笼罩着它，使其冷却。她日日夜夜占据着他的思想和感受，直到她渗透进他的皮肤，没有她，他无法生存，如果没有她存在，任何的娱乐都不能带给他快乐。他是一个完全被吞没的人，已经感觉不到自己的存在。

这是一段完全拥有"妈妈"的时光，卢梭享有了无上的幸福。他完全是属于她的，她的儿子和情人。这是一段美妙的时光，他们在乡村野餐，在山上采集植物，他可以在早晨亲吻她起床，和她一起喝好几个小时的咖啡。实际上，当这一切已经结束的时候，这些美好的时光仍一直持续存在于卢梭的想象之中。

因为卢梭健康的原因，华伦夫人在夏尔梅特乡间租了房子，在那里两个人继续着田园诗般的美妙生活。他记述这次搬家是在1736年的夏天[1]。然后，我们知道为了治疗而去蒙彼利埃的一次旅行中，他和一个女人同

---

[1] O. C., I, p. 224.

行，由于对"妈妈"不忠诚而产生的忽如其来的负罪感，让他返回夏尔梅特，但他发现自己的位置已经被一个年轻强壮的金色头发的理发师所代替，他的名字叫温费里德（Wintzinried）。这就是卢梭在《忏悔录》中讲述的故事。

实际上，租赁期和华伦夫人的一些私人信件显示出，夏尔梅特直到1738年的7月6日才出现，卢梭浪漫的乌托邦在温费里德到来之前就已经结束了，后者完全取代了华伦夫人对卢梭的喜爱。在写《忏悔录》的时候，他身边没有任何信件，看上去似乎是和华伦夫人一起，在夏尔梅特的乡间度过了前一个夏天。他转换自己幸福生活场布景，这很自然，需要进一步解释的是，温费里德实际上是逐渐获得优势地位的，而这又被卢梭的想象延迟了很久。他一贯擅长于在头脑中创造一个自己喜爱的世界，并有足够充分的理由相信，他可以赢过这个新来者。曾经也有过很多的拜访者，他们也都从华伦夫人那里获得了很多的礼物和赏赐，但没有一个人可以代替他的位置，这个新闯入的理发师一开始可能仅仅被看成一个令人厌烦的人。要说明这个事件，最好不要单单看《忏悔录》中的记述，也有必要查阅一下这一时期卢梭写给华伦夫人的信件，信中提到了对于他的位置可能会被陌生的来访者占据的忧虑。在以下的篇幅中，我们将回溯这一阶段的故事，会很明显地发现，他从旅行中回到华伦夫人身边，主要是因为害怕失去她，因为他忽然间意识到温费里德已经成为她的情人。

六

在温费里德到来不久后，卢梭想象他患上了一种致命的心脏疾病。可能他模糊地感觉到新来者对于他幸福的威胁，希望一个病人的角色会唤醒华伦夫人已经渐渐冷却的热情。不过她太熟悉这种小伎俩，鼓励他去旅

---

① 参见 Mugnier, *Mme de Warens and J.-J. Rousseau*, pp. 160–61。关于他们隐居的具体日期和夏尔梅特（Charmettes）的重要性曾经得到详细的讨论。参见 O. C., I, p. 1338, 也可以参见 A. Schina, and I. Lawrence, *Revue d'histoire littéraire de la France*, 1928, XXXV, pp. 85–91。

行，寻找治疗的方法。这样，他出发去了温泉和蒙彼利埃的医生那里。

在去罗纳谷的路上，他遇到了第一个真正给予他性经验的女人。拉尔纳日夫人（de Larnage），一个刚刚离开丈夫的40多岁的女人①，发觉卢梭很有魅力，因为他们旅行的方向一致，所以很快便熟识起来。为了掩饰他省里的出身，卢梭假扮成一个英国人，他和夫人在一起的种种行为，在许多方面都是未来他与上流社会女子关系的预兆。他坚持认为，实际上她根本不喜欢他，只是为了取笑和玩弄他才同他在一起。尽管他很自负，有很多关于自己美德的名言，但很清楚地把自己的地位看得很卑微。他认为自己是工人阶级，失败者，感觉任何时髦的巴黎女人都只会轻蔑地看待他。和拉尔纳日夫人在一起令他浑身颤抖，因为性的吸引力，但同时也因为感觉到她高高在上的社会地位。

拉尔纳日夫人不是那种轻易气馁的人，她继续与他调情，试图让他明白这不是戏弄，而是一种交易。卢梭发现，和她在一起的时间越长，他病症的感觉就越轻，因为温费里德在华伦夫人生活中占据了重要地位而产生的那种严重心病，开始渐渐消失，取而代之的是一种新的心悸。最终，拉尔纳日夫人决定引诱他，建议一次散步，并躲开自己年长的旅行伙伴。当他们漫步到小镇的护城河旁边，她忽然变得异常的温柔，并暗示说，自己的期望是没有错的。"当然，她还是在戏弄我，"他想。如果他错误地评判她的感情，会发生什么？如果他听从自己的激情而享有不正当的自由，会怎么样？然后，令人厌恶的是，他肯定会得罪她。

坚决的拉尔纳日夫人并没有被他的沉默击退，她继续努力着，拍他的手，伴随着温柔的关心和尊重，把他的手放在自己的胸脯上，这对卢梭来说已经太多了。他现在很确定她让他激动只是为了事后嘲弄和指责他。性的兴奋转化为一种愤怒，他开始生气了。之前和女人的种种经历并没有让他在这次事件中表现得很好，无意识间，他依然在寻找一种痛苦，充满负罪感的感情。

但是，这位女士对爱情的艺术熟练而专业，她并不了解卢梭，但很明

---

① L. Aurenche, *Annales*, 1907, III, p. 74.

确知道自己的需要。很快她环绕着他的脖子，亲吻他的嘴唇。剩下的旅程中，他们是情人。熟悉以后，卢梭开始丢弃自己的羞涩，她从来没有和卢梭建立过一种母子般的关系，这使他享受到一种和华伦夫人在一起时没有的无拘无束的愉悦。"这要归功于拉尔纳日夫人，她使我在离开人世以前能够领略到此中的乐趣"。① 她很快把自己的女仆送到了卢梭的马车里，让他好好地享用她。"我可以肯定地说，"他说，"这样的旅行是不会使我们感到厌烦的，至于沿途都有些什么风景，那我就很难说清楚了。"② 这是很少有的时光，卢梭的注意力会离开大自然的美丽和伟大。

这种经历，如果继续的话，可能会改变他在性关系中自虐的倾向。和华伦夫人在一起持续的"小男孩"的态度给了他一种持久的负罪感——乱伦的感觉。他们的关系被一种"心灵的秘密的苦恼"所笼罩。③ 他经常为伤害她而自责。和拉尔纳日夫人在一起的感觉是这样令人惊奇的不同，他这样描绘道：

> 在拉尔纳日夫人身旁则完全相反，我为一个男人所能享受到的幸福而感到自豪，因此，我可以愉快地、放心大胆地纵情欢乐。我还可以分享我给予她的同样的欢乐，我的心情是相当安定的，我以无限的虚荣心与快乐感来欣赏我的胜利，并企图从这个胜利中得到更大的胜利。④

拉尔纳日夫人这方面，则是模糊不定的，但非常满意地继续着与他的关系。她急切地期待和他一起在圣昂代奥勒镇度过冬天。如果他对华伦夫人的爱更为确信的话，他会充满自信地离开，但她的信已经渐渐稀少，态度越来越冷淡，卢梭将会面对不确定的环境和经济来源，也不能忍受失去她的爱。尽管他有着冒险的灵魂和小说般的许多观念，但仅仅在爱情中，

---

① O. C. , I, p. 253.
② Ibid. , p. 254.
③ Ibid.
④ Ibid.

他是个保守主义者。他强烈地希望回到熟悉的和旧有的感情中——即使是和华伦夫人的那种带有负罪感的感情——当他感觉到自己有可能失去这一切时。和她在一起，他体会到一种奇异的感情，他知道自己绝对不可能再找到一个像她那样的"妈妈"。在他找到她之前，寻找了多久啊。为了和拉尔纳日夫人保持一种更自然的关系，他需要完全确定，当他需要的时候，可以回到自己熟悉的依赖和共生关系中去。

拉尔纳日夫人和卢梭在蒙彼利埃分手，她相信只要自己准备好，卢梭就会到圣昂代奥勒镇陪伴她。但是，当卢梭一个人沉静下来思考时，对华伦夫人的爱很快征服了他，他不安地给她写信，但基本得不到什么答复。她变得越来越冷淡，口气中充满责备和批评，她已经开始厌烦卢梭可爱的小男孩角色，她建议说已经是他该长大的时候了。卢梭这一边，却依然还记得那些她鼓励他做她的"小男孩"的时光，他被深深地伤害了。整个童年他都热切地渴望一个自己从来没有见过的"妈妈"，华伦夫人似乎满足了他的愿望和需要。她是妈妈、情人、教师和朋友。她是他的整个生命，但现在却要离他而去了。他被一种孩子般的绝望击垮了，他用尽所有力量重新抱怨自己的身体和疾病，希望能够唤醒她母亲般的保护的感情。这是他唯一知道的把自己和她联系在一起的方式，也是痛苦时刻他唯一可以应用的策略和伎俩。在 1737 年 10 月 23 日，他从蒙彼利埃写信给她：

> 我到蒙彼利埃已经一个月了，但没有收到您的任何消息，虽然我已经通过不同渠道给您写过好几次信。您必须知道这对我来说并不轻松，我的境况一点也不令人愉快。但是，我向您抗议，用我最大的真诚，我的担心源于害怕您遭到了什么意外的事故。

接下来就是详细描述通过怎样的渠道她可以给他寄信，还有她应该寄信的日期，紧跟着是他的签名。然后，有这样的一段附录：

> 如果您想通过里昂的商人寄给我什么东西，或许可以寄给韦普斯女士，那样我能够同时收到他们的和您的信。

夫人，在这个月的12号，我收到您的信就会停止写信。我不相信因为做事缺少稳妥，我就应该受您那样的指责。从我离开夏尔梅特，从没有超过一个星期不给您写信。其他的，我想对自己诚实，尽管这对我来说相当的困难，我所收到的您第一封信中的所有指责，我承认都是我应得的。夫人，您能让我说什么呢？当我做一件事的时候，我认为自己是在做这个世界上最美好的事情，现在突然都变成了愚蠢：我认为这的确是真正的自己。我想，有必要在未来防止这些愚蠢，更加注意自己的行为。

根据阿尔诺先生的信，您知道，夫人，这似乎是对我比较好的一个建议。我明白这是您的想象，因为我在蒙彼利埃，可以更直接地看到一切和作出判断。夫人，我希望您意识到，除了我房间的房东以外，我不可能有任何其他联络，也不可能知道任何蒙彼利埃以外的世界。您把我在这里的生活描绘得那么美好，实际上，我不知道怎样才能纠正，只是确定无疑地请求您以相反的眼光来看待这一切。我不敢再希望自己可以恢复健康，因为身体似乎比我离开夏尔梅特时还要坏，但是，如果上帝把一切还给我，我会尽量不让您担忧，像一个善良和温柔的儿子和一个感恩的学生那样侍奉您，除此以外，别无他求。夫人，您劝我，在这里一直待到6月21号，即使他们用黄金覆盖我，我也不会这么做。在我整个生命里，从来没有发现一个比这里更让人厌烦的村庄，比在蒙彼利埃更无聊和单调的生活。

由于拉尔纳日夫人已经离开了，他对说出一切事实毫不迟疑，但一阵负罪感忽然刺痛了他。然后他加上：

我知道您不相信我。来过这里的人都向别人描绘了这里的状况，您觉得我生活得很好。我的健康没有好转，一点也不奇怪。首先，我的食物没有营养，根本就相当于没有食物。我从不说话和开玩笑。这里的酒太烈，总是让人心烦意乱。面包是过期的，实际上，没有牛肉、牛奶和黄油，能吃的只有羊肉和充足的鱼，所有的东西是都在腐坏的油里烹调。① 尝一下送到我们房间里的汤和炖菜,简直让人不得不呕吐。

我不想讲更多的话,因为如果我把一切都告诉您,我会得到比所期望的多得多的同情。第二点,这里的空气不适合我,这种矛盾的话,似乎比前一个原因更加不可信,但是,这是真的。谁也不能否认蒙彼利埃的空气纯净,尤其在冬天很温和芳香,但是,接近海洋使那些胸部有问题的人很害怕,这里已经看到有一些结核病人。这里时时吹来的海风加重了雾气,充满了危险的盐和辣味的颗粒。因此,我在这里,比在夏尔梅特还要经常感冒、喉咙痛和染上扁桃体炎。我们不要再讨论这些,如果我再说下去,您一句也不会相信。但是,我坚持,所有这一切都是真的。②

写这封信的时候,卢梭 25 岁,显然是一个非常稚嫩的年轻人。这些写给华伦夫人的信,几乎所有都包含着对钱的需求,和其他对于爱的保障的渴求。这揭示了卢梭在《忏悔录》中极力掩饰的一面——他完完全全的、毫无掩盖的、赤裸的依赖。当我们看到卢梭,一个成年人,一个激烈、独立的哲学家,一个决不从任何人那里接受礼物,甚至拒绝国王年金的男人,我们就能够更好地理解他与之战斗的秘密的渴望。

华伦夫人对他恳求的回应,很明显,没有多少温情,她一定向他暗示了她和温费里德之间的关系,因为,不久他忍不住对她哭诉(12 月 4 号):

看在上帝的份上,不要让我在绝望中死去。我赞成一切,我服从一切,除了一种情形,那种情形我无法忍受,即使我是最大痛苦的受害者。哦,亲爱的妈妈,您还是我的妈妈吗?几个月的时间是否太长了?

您知道,只有一种情形下,我可以满怀喜悦地接受这样的事情。

---

① Olive oil.
② C. G., I, pp. 60 – 64.

不过，这个情景是独一无二的，您知道我的意思。①

"一种情形"，可能是指在他自己、华伦夫人和克洛德之间曾经建立起的那种关系，一种让所有一切都变得更加容易接受的境况，但是事实上，一切已经在那不可挽回的过去被埋葬了。他决定立刻回去，恢复他从前的位置留给他的任何东西。

如果他拒绝怀疑妈妈和温费里德之间无比的亲密关系，那么在他回到家的时候，他的恐惧被证实了。华伦夫人，用她不经意的、直接的态度，把他叫到一边，向他介绍新来者的地位。"我会因为这而死的，"② 他哭着说。但她向他保证没有人会因为这样的事情而死，他应该学习和他的兄弟分享，就像克洛德曾经对待他那样。但是，克洛德是一个安静、内向的人，在冷静的面具下掩藏了自己被伤害的感情，卢梭则年轻气盛、容易激动、充满激情，并有强烈的占有欲。他努力想用一种哲学的态度对待此事，注定以失败而告终，他希望按照妈妈的期待容忍一切，决定喜欢他的兄弟，尽管后者经常是一幅大声咆哮的样子。在他们搬到夏尔梅特后，他几乎确信自己并不讨厌温费里德，还试图教他一些有用的东西，就像克洛德曾经教他的那样。不过，这个新学生似乎对他的指导没有任何的热情。毫无疑问，在指导教师温柔的语调背后，卢梭感觉到自己的厌恶和愤怒，他决定以后尽量不和他打交道。卢梭告诉我们这个入侵者是一个喧闹、苍白、愚蠢的青年，"有一张和他的灵魂一样丑陋的脸"，他戴着女人的头发四处游荡，夸口说他引诱过她们所有人，"他是这个世界上最为空虚、愚蠢、无知、傲慢无理的年轻人"。③ 这些话大约是事情发生 30 年后写下的，即使那时，很明显，他依然无法面对自己痛恨的温费里德。

当卢梭谈到早年和华伦夫人在一起的生活，他说有时候为了享受那种思念她的快乐，他会离开她一段时间。毫无疑问，在夏尔梅特那些孤独的时光中，他以自己喜欢的方式想象着他的妈妈——只爱着他，真诚地，时

---

① Ibid., p. 73.
② C. G., I, p. 263.
③ Ibid., p. 262.

时刻刻关心着他，分享他的所有想法。尽管他一个人徘徊和流浪、读书、驯养鸽子和蜜蜂，培养出一种哲学的思考和批判的能力，他依然以自己期待的那种方式，在想象中拥有她。1738—1739 年，她和温费里德一起回到了城镇，而卢梭一个人，陪伴着自己的梦想，留在了夏尔梅特。

他继续写信给自己的"妈妈"，但是也渐渐开始接受自己目前的处境，他看到自己再也无法得到她关心的那一天在渐渐逼近。在一个冬天的晚上，他写信给萨瓦的长官申请一笔年金。他把草稿寄给她，期望得到某些修正和鼓励。这封信没有什么结果，但是人们在他对这件事的评论中发现，他努力在自卑和傲慢的语调中间寻找正确的平衡——这是他过去从来都没能够下定决心使用的自己观念的真正开始。即使在早年的这些岁月，他一直把自己看成一个很有潜力的人，比那些他向其寻求帮助和恩惠的人要高贵，但是，他发现自己必须表现出一定程度的自卑，才能从他们那里获得帮助。评论这一努力时，他对华伦夫人说道：

> 如果我能写出什么杰作，这份文件，在我眼里就是。它并非创生于伟大的艺术，而是那个你给予他儿子尊荣的人，用一个男人所应该持有的感情写成的。当然，在这样的情形下，荒谬的骄傲当然不适合我，不过，我一直相信，一个人应该拥有骄傲，不贬低他自己，这才能在不幸和恳求时保持一定的尊严，这更适宜获得一个诚实的人所应该有的优雅，而不仅仅是一个卑鄙的懦夫。①

"骄傲的"代替了"不带傲慢的"②，表明在他卑微地寻找帮助的时候，还有其他的很多想法聚集在年轻的雅克心里。卢梭，即使在他最屈从于别人的时候，也有一种强烈的骄傲隐藏在表面之下。这并不是一种来自于自信的傲慢，而是一个感觉到被抛弃、误解，而且不被爱的年轻人的燃烧的愤怒。失去华伦夫人而留在他心里的伤口渐渐溃烂，他感觉到，他内

---

① O. G., I, p. 102.
② 在法语中，这种区别不能简单地归结为匆忙等简单机械的原因。卢梭用了 avec 而不是 sans，这封信的原文不可获得。杜佛（Dufour）采用了德波（De Boubers）编辑的卢梭书信。

在出众的天赋、优美的灵魂不可能传达给别人,而这些命中注定将在未被发现的时候就静静消亡。

我们没有证据证明卢梭写给长官的信发了出去,无论如何,他都没有因自己的努力获得年金,华伦夫人发现要供养他变得越来越困难。温费里德是新的主人,是更受宠爱的一个,当卢梭和他发生争吵的时候,都被迫向他道歉。为了不完全失去"妈妈",他强迫自己这么做,但很快他发现,他们两个人没有他会更快乐,而实际上,是他成为一个闯入者和打扰者。他决定离开,华伦夫人表示鼓励,为他找到了一个家庭教师的职位,在里昂最大的教务长德·马布利(De Mably)家里。

卢梭认为自己有足够的知识来承担新的工作,但他没有把马布利家几个男孩子的活力和独一无二的秉赋计算在内。他们在卢梭眼里就像野人一样,他所有温柔和美好的决定和计划对他们完全没有效果,他很快就变成了一个疯狂的魔鬼。他找到办法拆穿他们的诡计,但很快就成为另一个阴谋的牺牲者。最终,他决定逃开他们,躲到房间里喝从地下酒窖里偷来的酒。他小小的偷窃很快被马布利发现了,但是善良的主人只是没有提到任何原因就撤换了酒窖的管理员。

在《爱弥儿》中卢梭显示了一个作家的天赋,他生命中所有的失败,在他按照自己体系所写的著作中都变成了一种优势。在那个故事里,他只有一个孩子要管理,而且他的聪慧远远超出其他孩子。头脑冷静、掌握着支配权的爱弥儿专横的家庭教师,用一种毫不费力的逻辑,管理了年轻人的生活,完全不顾及他们的自我,教育他们。

现实生活却不是这么美好,他很快发觉自己的性格并不适合做教师。孤独一个人躲在屋子里,他为自己失去的伊甸园和现在的状况而悲伤。可能,他想,自己夸大了华伦夫人的冷酷,温费里德并不是更受宠爱的一个。再见到他,她会很高兴,在离开这么久以后,再回家应该很甜美。他决定离开这个悲惨的地方,寻找自己的家。但是当他回去以后,发现一切和离开的时候没有什么区别,他是一个陌生人,一个人侵者,尽管华伦夫人热情地欢迎他,但是他发现自己已经不在她心里了。他整天在自己的屋子里,阅读,学习音乐,发明一种新的音乐符号,用数字来代表音阶的变化,而不是划线。在这件工作上花费的力气越多,他越有信心这能够给他带来好运。过一些日子,他会回来,作为一个严厉但依然忠诚的情人,把她从贫穷中解救出来。怀着这样的期待和幻想,他在1741年去了巴黎。

这是卢梭最后一次离开家。现在他真正一个人,并为自己的生存负责。最终他不得不承认,华伦夫人已经不再关心他,他再也不能依靠她生活。他的青年时代在忽然的震荡中结束了。在《忏悔录》中,他记录下了这一段离开天堂的日子。

> 我依然年轻,但是那些存在于年轻人生命里的关于希望和幸福的甜蜜感情永远离开了我。在后来的岁月里,如果在我的渴望里还出现过幸福的景象,那也已经不同了。我发现即使我得到它,也不会真正感觉到幸福。①

七

在这些卢梭童年和青年的最显著的故事里,很多细节被遗漏了,比如说去巴黎的路上,和苏珊·萨瑞(Suzanne Serre)之间的故事,还有其他的很多小事件。在其中卢梭把自己看成一个高贵的、自我牺牲的情人。尽管每一个小事都有其目录,但这些是否能代表卢梭独一无二的个性,则是值得怀疑的。如此多的构成了他人生的经历都被遗忘了,也许我们最好在这里停一下,注意一下他那种强烈的被爱的渴望——一种主宰了他一生的渴望和需求,在信件的字里行间都能感觉到的气息。随便打开所收集到的他的信件,都可以看到他乞求一个朋友不要忘记他,表达不被理解的恐惧,一直想要抓住某种更深程度的亲密,一种与他人灵魂的更深刻的联系。他早年与父亲和华伦夫人在一起的经历,塑造了这种渴求。而最终失去"妈妈"则让他确信,他没有能力留住任何一个朋友——其他人会很快

---

① O. C., I, p. 263.

失去对他的兴趣而离开。这种恐惧深深地根植于他的强烈占有欲和私人关系里，他渴望一个朋友知道他的一切缺点，毫无保留地接纳他。他最根本的渴望是完全开放和坦率地对待他人，而他却没有能力达到这种坦诚。

18世纪40年代的巴黎，他将要去的地方，是被另外一只手所塑造的城市。这是一种与他的性格和天性如此不同的东西的产物，而他几乎找不到比这更让人厌恶的环境。他一生中都强烈地厌恶任何形式的嘲笑和戏弄，而挖苦、逗趣则是这个文明城市打发时间的最主要方法。乡村生活的背景，对真诚和诚实的强烈渴求，这一切似乎都使他成为一个巴黎道德和风尚的最适合的、独一无二的批评者。投身于时代的文明生活之中，被时代迷惑的同时，他也开始反叛。曾经经历过的不公正遭遇，和他天性中固有的那种激情，一起发酵和催化了他那从未尝试过的雄辩，一阵反叛的呼喊惊醒了西方世界。

第三章　渐露头角

一

在当代流行的心理学文本里，"调整"（adjustment）是个需要特别强调的核心概念。卢梭对自然人的寻找，以及他把社会描述为"不自然"的，似乎是对自己不适应的社会的一种抗议。当然，卢梭没有调整好，他从来没有和自己置身于其间的法国社会相协调。从人类关系的角度看，这个由路易十四创立的，由被执政者和路易十五、路易十六延续的社会是非常不自然的。特殊的、扭曲的虚饰遍及了从凡尔赛宫廷大臣到乡村农民的每一个人的身上。每一个人都被时代的氛围和环境所逼迫，变成了历史舞台上的演员，扮演着自己都不相信的角色。

乡村贵族离开了他们宽敞的公寓和仆人，来到宫廷阴暗、狭小的隔间，做起了大臣。他们用虚伪、夸张、肤浅的态度取悦国王，假装对皇家尊贵的膳宿非常满意。农民们，主宰着富饶的乡村，被迫藏起任何看得出来的财富，装出一副卑鄙的痛苦和贫穷的样子，因为他们害怕收税人因为供应的减少而敲诈勒索哪怕一个苏①。

路易十四创造了卢梭在巴黎所发现的那种社会生活。虽然他已经死了，但他的影响力还笼罩着法国。习惯、习俗、态度，他创造的这一切，一直持续到一场巨变的到来——被压抑的愤怒突然爆发。

---

① 苏是法国古钱币的名称，1法郎=20苏。——译者注

可能没有其他任何国王，能够不仅在自己的人民当中而且在敌人的社会里，鼓舞同样大规模的模仿。但是，区别认同和模仿之间的不同很重要。一个儿子从父子亲密的私人关系中，辨认出了自己的父亲，同时吸取了父亲的自信心和自己的嗜好。不仅是口味和谈吐，还有个性，他都像自己的父亲。重要的是，伴随着路易十四个性的光芒闪烁，他的社会中的个性闪烁消失了。他的嗜好、谈吐、走路的样子，还有他的态度，都被奴隶般的摹仿和复制了，但是他个人统治的天赋，和激发起汤因比①称之为"模仿"的权力，则没有遗传给任何人。

路易十四认为，他自己时代的古典主义传统支持这种形式，但是他为之增加了一种特殊的强调和精确，延续到了后来的几代人。在他的影响下，宫廷礼仪控制了巴黎。这些礼仪和习俗如此繁琐，以至于需要一生的学习。

> 比如，谁能想到，在凡尔赛敲门是一种极坏的态度？你必须用左手的小小的指甲抓门，为了那个目的必须让指甲长长。如果一个有社会地位的人的仆人给你一封信，你必须站在那里、光着脑袋才能接受？你必须记住事实，你不能敲门。如果你第一次拜访乡间的一家人，你抓门：又错了，你应该敲。你急忙又敲了一次，而一个优雅的过路人会轻蔑地问你，你怎能如此无知，不知道在一个有身份的女士门前，只能敲一次？
>
> 谁在谁面前应该坐下，坐在什么上面，或许是取笑和戏弄的最好资源。三把椅子之间未停止的战争：有扶手的椅子，没有扶手的椅子，只有三条腿的凳子。这一点如此重要，两个重要人物，因为坐什么样的椅子才合适的问题，可能见面之前就会发生冲突。一位夫人，法国人的妻子，想要去看自己的女儿，洛林的公爵夫人，洛林的公爵声称在她到来时，自己应该坐有扶手的椅子。这个问题迅速变成了国际间的事务，在法国和洛林外事办公室进行了很长的谈判，最后没有

---

① A. Toynbee, *A Study of History*.

解决,只有取消这次会见。①

这样的一个社会会变成什么样子?生活在各种传统和规范包围之中,什么是他这种热望的根源?为什么在他的时代,他会对社会生活有这样一种私人的兴趣?

路易十四的政策摧毁了贵族的特权。他和父亲,路易十三,都生活在贵族强大的压力之下,他们都几乎因为公爵和男爵们的反叛而丢了自己的王位。路易十四决定一次并且永久地粉碎这些贵族和绅士们,但是,他基本上想要通过影响时代的社会结构来达到自己的目标。封建时代,贵族就意味着权力。他们拥有一支可以保卫王室、为国王而战斗的军队,但军队首先对命令自己的贵族负责,在贵族利益遭到损害的时候,也可以用来反叛国王。在路易十四时代,这个体系已经被动摇了,而士兵基本上成了一种职业。但路易十四还是害怕贵族,尤其是那些依然住在省里、照看管理者的领地、拥有大众支持的贵族。最终的结果是、在路易时代,乡村的贵族被看成傻瓜和呆子。② 乡村的绅士被人们取笑和嘲弄,因为他们的衣服早已过时,不知道宫廷里的消息——最糟糕的是,他们的举止和习惯中犯了数不清的错误。他会被嘲笑为一个傻瓜,如果他让自己的继承人在自己面前坐有扶手的椅子;如果他以不合理的态度轻慢了某个高贵者,会被看成没有教养的野人。这样,在法国社会保持自己地位的唯一方法就是进入宫廷。

路易精心培育了这一切,从那些住在只有一个窗户的宫廷小壁橱的人中,寻找自己喜欢的对象。最终的评判,皇室的高贵的反对意见,用他的话表达出来就是:"我从没有见过这样的人。"这样,贵族们处处留意关注着他,拥挤在他房间外面狭小的接待室里,希望自己有幸成为被选中的少数人,可以参观他的服饰,跟随他在宫殿里四处走动,翘首企盼能记住他

---

① W. H. Lewis, *The Splendid Century*, pp. 39 – 43.
② 路易十四没有那么聪明可以"创造"一个社会摧毁乡村贵族。社会是自己逐渐发展形成的,他给予那些奉承他自己品味和想法的势力鼓励。但是很难说他多么有意识地创造了这个社会,而他的前辈又为他做了多少。

的几句话，以便于向那些没有特权瞻仰皇室仪表的普通人重复。

这就是路易个人的吸引力，很快，剧作家和戏剧演员就开始戏弄那些被凡尔赛礼仪搞糊涂的外省人，或者那些在巴黎诈骗的人。在他统治期间，法国城市之间的交流大大强化了，对乡村的忽略和毁弃则是一个明显的结果。

通过用行政管理者代替绅士的方式，路易彻底摧毁了乡村贵族。① 官员们，直接代表王室，为国王管理税收，根据法律实行统治。有时候，一个贵族领主甚至发现，他会被一个自己的农民带到法庭。托克维尔②（Tocqueville）所指出的很多后革命时代的现象——管理的集中化，贵族权力的摧毁，公共服务的兴起——实际上在旧的王朝体系下也很显著。奴隶身份被取消了，农民可以自由地离开领主的领地。出卖自己的商品，他们身体的、经济的、社会的身份流动性大大增强了。贵族失去了权力，也失去了要对农民的福利负责任的感觉。他们不再觉得自己有义务照看农民，关心他们是否被教育从事有用的职业，或者他们的生活状况是否令人满意。每一年，议会都为省里分配一些钱，用来救济贫穷的人，钱由当地的管理者发放。这种大范围的福利分配和为了一个遥远的恩赐者收税的状态，大大减少了省内管理者身上人性化的成分，在歉收或者其他灾难面前，官员们更倾向于为自己的救济失败而推卸责任。农民有了一种做自己主人的骄傲，但是也忧虑地感觉到除了自己和自己的努力，没有任何东西可以依赖。③

农民反叛和焦虑的最大原因，可能在于加在他们头上的各种各样、无穷无尽的税收。贵族大部分的税是免了的，农民则成了压榨和攫取钱财的对象，因为他们最没有能力保护自己。他们一遍遍地被压榨，以致生产的动力渐渐消亡，所有的热情和能量都用来在收税者面前扮演一幅完全贫穷

---

① 这一程序开始于亨利四世。

② A. de Tocqueville, The Old Regime and the French Revolution, pp. 22–77. 现代权威并不支持托克维尔（Tocqueville）对于管理者的指责。参见 L. Gershoy, From Despotism to Revolution, 22。Gershoy 认为管理者是被启蒙的大众公仆。

③ 关于这一现象的心理学分析参见 E. Fromm, Escape from Freedom.

的模样。在路易十四、路易十五和路易十六统治时期,税收官员都期望侦查到农民的财富的秘密基地,但是狡猾、诡计多端的农民都在藏东西上非常有经验,并且技术娴熟,那些派去收税的官员几乎得不到任何满意的结果,他们收到的税最终都远远低于预算。收税者被迫掏自己的腰包来弥补这中间的差额,或者进监狱。在他的位置上,任何怜悯和同情的理解都是致命的。结果,这个位置越来越不受欢迎,最终落到了共同体中那些最残忍、最不谨慎的人手中。税收的方法和勒索抢劫没什么区别,那些收税的人也与土匪和强盗差不多。事情成了这个样子,自然使逃税变得令人尊敬了。

税收对法国农民的影响,卢梭有过直接和私人的体验。他告诉我们,有一次他在森林里散步,决定在一家农户门前停一会,要一些吃的和喝的东西,而且会付钱。那家农户的房子看起来非常破旧,一开始,农民非常怀疑地接待了他,给了他一些废弃的牛奶和极为粗糙的面包,说自己只有这些了。卢梭狼吞虎咽地吃着自己的食物,看上去胃口很好,那个警惕的农民开始相信,他不是派来搜查农民财富的间谍,然后他钻进自己秘密的储藏室里,给他带来很好的面包、火腿,还有一瓶酒,并且拒绝收客人的钱。这个小事件给卢梭留下了极深刻的印象。在《忏悔录》中他说道:

> 我心里逐渐发展起来的对于不幸的人民遭受痛苦的同情和对压迫他们的那些人所抱的不可遏止的痛恨,就是从这时萌芽的。这是个殷实富足的人家,却不敢吃自己用血汗挣来的面包,而且只有装出和周围的人一样穷困,才能免于破产。我从他家里走出来,心中又愤慨又激动,不禁为这一肥沃地区人们的悲惨命运而叹息,大自然慷慨赐予的一切,竟成了残忍税吏的掠夺对象。①

在文学的世界,巴黎依然活在那些伟大的古典主义作家的荣誉中:高乃依(Cormeille),莫里哀(Molière),鲍修哀(Bossuet),拉封丹(La Fontaine),圣西门(Saint-Simon)。但是,17 世纪的古典主义已经被 18 世

---

① O. C., I, p.164.

纪的新古典主义所取代,以前形式和规则塑造了品味,现在其地位却被篡夺了。随着科学狂热的流行,分析成为一种时尚。上流社会的女士通过做科学实验来娱乐自己的客人,在巴黎的沙龙里会出现小型的爆炸和化学药品的泡沫。社会中的男人和女人都成了业余的哲学家,在科学、文学、艺术领域,业余爱好者远远超过了专家。在友谊的价值和伟大的美德中,含有过多的智力要素。所有的行为都被认真仔细地考量,人们因为成为"一个高贵的朋友"或者"一个有美德的人"而获得荣誉。

这就是卢梭到来的巴黎的社会氛围,巴黎在一个萨瓦乡村来的男孩心目中留下的印象,在《新爱洛伊斯》中充分地表达了出来:

> 并不是这里的人没有真诚地欢迎我,也不是他们没有给予我一千个礼貌态度,恰恰是这些,是我抱怨的原因。你怎样才能和一个完全不认识的人一下子就成为朋友?由于诚实的人类的兴趣,自然而然流淌的坦白的灵魂,这样说出的话和虚假的礼貌表达完全不同,后者只不过仅仅出于文明社会的礼仪和习俗。我很害怕,一个人在见我第一面的时候,看起来就像一个20年的老朋友,而一个认识20年的朋友,在我有重要的事情找他的时候,却似乎是个陌生人。当我看到这么多的绅士对待如此多的人都有这样温柔的感情,我可以明确地肯定,他们其实对谁都不是真的感兴趣。①

二

由于卢梭的音乐符号系统,法兰西科学院认识并雇佣了他,但是他的工作看起来没有什么希望。这个音乐系统似乎太难学了,并且,以前有一个神父已经发明了相似的体系。但是,他和法兰西科学院形成了密切的关系,他经常拜访学校和参加考试,让他结识了很多巴黎非常有名的、优秀

---

① O. C., II, pp. 231-32.

的文学家和科学家。他和狄德罗（Diderot）之间结下了亲密的友谊，经常一起讨论未来的计划。

卡斯太尔（Castel）神父，卢梭经常去拜访的一个牧师，建议他向一些女士们求助，这样，他终于获得了一点点成功。他被介绍给了德·布洛伊（de Broglie）夫人和其他几位巴黎非常著名的夫人，包括杜潘（Dupin）夫人，卢梭很快就爱上了她。但是卢梭写给她的情书都只得到很冷淡的回应，夫人的养子建议他尽量少来拜访。这里，他没有找到那种在傲慢和怯懦之间保持平衡的有效方法，已经假设了很多次，最后他觉得必须道歉，他那激烈的、没有任何控制的骄傲，现在必须一起投降。1743 年的 4 月 9 日和 10 日，他向杜潘夫人和她的丈夫写了两封信，心中表达了自己的懊悔。① 在第一封信中，他请求杜潘夫人原谅自己给她写信的厚颜无耻，请求宽恕。他的第二封信是写给杜潘先生的，间接地请求他妻子的原谅。他向杜潘先生说自己决没有自负盲目地认为会对他有什么用处，他坚持说，在恳求之外，他没有任何的天赋和美德，他提到了夫人对他明显的厌烦，希望她可以忍耐他的存在。简洁地说，他从能与杜潘一家平等相处的短暂假设迅速转变成了一个仆人的态度。这种在骄傲和顺从之间古怪的摇摆不定是他性格的一个重要方面。他感觉到了自己伟大的力量，但不知道如何前进，在前进中渐渐相信自己的无能，准备在别人指控他之前忏悔自己的罪过。

他同德·布洛伊夫人的交往更加谨慎，也更加成功。她在驻威尼斯的法国大使德·蒙泰古先生那里为卢梭保留了一个秘书的职位。卢梭到威尼斯不久后，大使就发现了他的才智，很快给他指派了很多的任务。然而，另一方面，卢梭却对大使毫无敬意，很快觉得自己才是大使馆的中心。他因为草案和自己的雇主争论，制定自己的计划，显示他的机智和高效，这更加突出了大使的无能。毫不奇怪，他们两个人的争论会升温，卢梭最后没有拿任何工资就离开了。整个事件持续了一年，他又一次没有了收入。

他在威尼斯期间，一些朋友带他去妓女那里，不过他非常恐惧传染病，并被自己同伴极微小的生理缺陷所困扰，所以这些经历一点都不愉

---

① O. G., I, pp. 184–88.

快。从童年开始,他就可以从手淫和幻想中获得性满足。他的想象似乎比一个没有吸引力的妓女更加让人愉快。一次,一个女孩带给他一阵强烈的兴奋感,但她乳头上一点点难看的地方就足以转移他的注意力。那个女孩结束了整个过程,建议他以后放弃女人,去学习数学。

卢梭从威尼斯回到了巴黎,希望以此坚持他与蒙泰古先生争论时自己的立场,并拿回大使拖欠他的工资。他最终还清了在威尼斯的债务,完全恢复了过来,但却不可能在巴黎养活自己。最终,他决定从音乐中寻找成功,他在旅馆住了下来,学习和写作。他开始以法国模式创作一个剧本。在这个小旅馆里,他遇到了泰雷丝·勒瓦瑟(Thérèse Levasseur),一个女仆,后来成了他的情人。她是一个害羞的文盲,被很多作家描写成智力上有缺陷的人。卢梭和泰雷丝之间持久的关系得到了传记家的很多关注,在她身上堆满了批评,卢梭因为选择了她作为终生的伴侣,被人们批评为品味粗俗,很多人把这个选择看成是卢梭性格的很多神秘因素中的一个。武利亚米(Vulliamy)解释这个事件说,卢梭需要一个性工具,也需要一个人为他做饭。他认为这个选择一点也不神秘。

> 说到卢梭与泰雷丝的结合,我们并不像那些正直、自负、敏感的人们那样,因为他们的不相配而过分悲痛,没有人傻到会认为,一个男人在女人身上寻找的是智力上的旗鼓相当。[1]

然而,卢梭之前和女人们的联系,是为她们的聪明才智而着迷。并且,他在《忏悔录》中承认,那些做女仆和店员的姑娘根本不能吸引她,他会被更加复杂、精致、优雅的上流社会女子所吸引。[2] 那么,泰雷丝对他的吸引,我们必须更进一步寻找解释。

当卢梭辨认出弱者和无助者时,会表现出极大的爱意,这些人提醒了他自己的位置。他喜欢和孩子们聊上几个小时,只要不需要对他们负责

---

[1] C. E. Vulliamy, *Rousseau*, p. 88.
[2] O. C., I, p. 136.

任。他也喜欢狗，在以后的岁月里，他热切地关注自己小狗的幸福，以至于几乎拒绝了英格兰国王的接见，原因是他的狗会太孤独，会等他，或者跑丢。世界上的弱者对他意味着很多，他们是他力量的源泉。与女人的关系中，卢梭表现出了同样混合的感情。他喜欢在了不起的女子脚下恳求，为了自己的渴望而颤栗，但也热爱那种保护弱者的正直情感。一个伟大的女人不会是弱者，只能满足他的一部分需求。她们可以激起他的自卑感，但不能刺激起他所谓的一个圣战英雄的那种狂热的保护的欲望。

他和泰雷丝相遇的环境，让她扮演了一个毫无自我保护能力的弱者的角色，而这激发了卢梭的同情。保护她，让卢梭又一次感受到了支持弱者、与不公正抗争的那种骄傲。

  第一次在餐桌旁边看到这个女孩，我被她那种谦和有度的举止震惊了，还有那我以前从来没有见到过的生动温柔的眼睛。餐桌上的其他人在调戏这个可怜的女孩，我站出来保护她，这样嘲笑就直接转向了我。即使我从来没有自然而然地喜欢那个可怜的女孩，同情和挑战也使我开始接近她。我一直尊敬人们语言和行为上的正直，尤其是异性。我成了她公开的同伴。我发现她被我的保护感动了，而她的容貌，被那种不敢说出口的感激所鼓舞，变得更加动人。她非常腼腆，我也是，我们的亲密关系，那种看上去似乎已被排除在外的共同约定，很快建立起来了。①

卢梭提到，他在泰雷丝那里寻找到了一颗"简单而又温顺的心灵"，那正是华伦夫人曾经在他身上发现的。② 在这里，认同和辨认是完全和一贯的。这正是卢梭对自己估量的一种反映，一个无助的生物需要拥抱和保护。虽然他从未教她最便捷简单的读和写，但是她会做饭、缝纫，能够照顾他所有生活上的需要。他们之间有很多争吵，但在所有的关系中，只有

---

① O. C., I, p. 330.
② Ibid., p. 331.

泰雷丝陪伴他度过了所有苦难和遭受迫害的时光，考虑到他尿道的疼痛症，长期的疯癫——这都在未来的岁月里阻碍了任何亲密的性关系——泰雷丝则是一个引人注目、坚韧持久的伴侣。不幸的是，在遇到女儿的同时也碰到了他的妈妈，这个老妇人是个真正的泼妇。她让很多的亲戚分享他微薄的收入，不断提醒他还没有付的账单，背着他从他的朋友那里接受金钱，从来不放弃用这样或那样的方式羞辱他的机会，在他的朋友面前把他描述为一个残酷的专制者。狄德罗，一个喜欢在美德上给人建议的人，听了老妇人的抱怨，劝告他多留心和注意。狄德罗过分好奇的关注，酿成了他和卢梭之间第一次的疏远。

为了基本的生存，卢梭做了杜潘夫人和她的继子的秘书，夫人已经原谅了她的鲁莽。他赚来的钱足够维持基本的生活，因此他有大量的闲暇时间继续在音乐领域的工作，在黎塞留（de Richelieu）先生的邀请下，他校订了伏尔泰的一部戏剧著作。卢梭自己的剧作《勇敢的缪斯》也终于在 1745 年上演了，但是这部戏让拉莫（Jean-Philippe Rameau）感到很惊愕，他觉得根本没有任何价值。狄德罗把卢梭介绍给很多文学界的朋友，例如著名的霍尔巴赫（Holbach）的圈子，那里无神论和美德是他们最喜欢讨论的主题。这种充满教养的谈话给卢梭个性带来的提升让他感受很深，他决定改变自己爱冲动的天性。一个检验他决心的机会很快来到了。因为父亲的死亡，他收到了一笔遗产，卢梭发现自己用最大的耐心等待这笔钱的到来。当支票最终到他手里的时候，他狂热而急切地抓住信封，开始撕开它。但是，他立刻就停了下来，决定不做一个自我利益的奴隶。他把信推到了一旁，直到第二天早晨才打开，之后，他给华伦夫人寄去了一些钱。这是他第一次认真的努力，为了形成自己新的性格，而不是和巴黎社会的准则和理想保持一致。

但是，对卢梭来说，改革的含义远远超过对于美德的欣赏。用一个陌生的外来者特有的清晰眼光，他看穿了沙龙里的浅薄：双重的含义，到处的调皮话，在应该有智慧的地方却只看到小聪明。虽然他已经和这些典型的哲学家们接触过，并受到了他们深刻的影响，但是他不能接受他们那种轻松愉快的自由改革。尽管他胆怯、优柔寡断，但是他决定要超越他们那种只有善良感情的夸夸其谈。日内瓦男孩的血统、早期的宗教经验（教会了他在自己内在生命中寻求罪恶），取悦他人的渴望，他的煽动性，自虐的气质，所有这一切结合在一起，使个体完整性和社会改革的这些基本观念，发生了独一无二的、最基本的扭曲和旋转。

德·弗朗西维（de Franceuil）先生把卢梭介绍给了埃皮奈（Epinay）夫人，一个在他的未来扮演极为重要角色的女士。她是弗朗西维的情人，因为一次和他的雇主一起在她家里吃饭，卢梭卷入到一场深入的关于爱、性格和个性价值的谈话。被巴黎的那种热爱美德的激情深深打动的敏感的卢梭，拒绝为埃皮奈夫人向弗朗西维传递一封秘密的信件，因为这违背了他对后者妻子的忠诚职责。接着，他通知埃皮奈夫人，如果她想要在他身上作同样的努力，他再也不会去拜访她。埃皮奈夫人没有被卢梭的行为激怒，而是赞扬了他的忠诚，他们的友谊得到了增强。

经历了这次事件，卢梭在他的同伴中获得了很高的精神赞誉。他的圈子扩大了，除狄德罗和弗朗西维之外，还包括康迪拉克和德·阿尔伯特（D'Alembert），以及其他霍尔巴赫圈子里的常客。他完成了自己第一部成功的剧作《乡村卜师》，为狄德罗和阿尔伯特的百科全书词典写了一篇音乐方面的文章。但是，他那些有远见的朋友经常碰到法律上的麻烦，因为《盲人信件》（Letter on the Blind），狄德罗不久就被逮捕了。卢梭被他的痛苦所打动，经常去看他。在一次偶然的拜访中，他在路上一边向文森尼拘留所走，一边读《法兰西信使》，他的眼睛忽然瞥见了第戎科学院的有奖征文，题目是："科学和艺术的进步更多的是提高还是腐化了人的道德？"这个简单的提示，成为他灵感诞生的伟大时刻的催化剂，他在写给马尔泽尔布（Malesherbes）总监先生的信中这样描述：

> 如果有什么事情像是突如其来的灵感，那么，当我读到它时就的确发生了。霎那间，我的头脑中闪烁着上千个想法和启示，一群生动的观点朝我涌来，在同一时刻，一阵强力和混乱把我扔进了一种无法表达的骚动之中。我觉得自己头晕眼花，像是处于陶醉中。一阵强烈的心悸使我无法动弹，我的胸高高抬起，但走路时依然无法呼吸，我

在林阴道边的一棵树下坐下来,在那样兴奋的状态中度过了半个小时。站起来的时候,发现自己的衬衫前面,被不知道何时落下的泪水打湿了。哦,先生,如果我能表达出自己在树下感觉的四分之一,那么,我将会怎样清晰地让人们看到我们社会的矛盾,怎样有力地揭露出我们制度的弊端,怎样简单地说明,人类的本性自然是好的,而社会则使它变坏。①

卢梭很快完成了第一篇论文的草稿,回答了学院告示上的问题,把它拿给狄德罗看,他建议作一些修改,鼓励卢梭去竞争奖金。② 他这一次努力的成果——论文《论艺术与科学对道德的影响》,赢得了学院的奖金。这篇论文奠定了他以后文字的基本风格。在很多方面,学院提出的问题对科学和艺术而言是一件不幸的事情,因为卢梭的主要争论不是在文化领域,而是针对他自己时代的一些社会发明。

重构他这一充满灵感的经历的心理背景是很难的,但还是有一些因素值得描述一下。卢梭早期对弱者的认同,由于反抗任何压迫而获得的正义的愤慨,以及那种幸福的颤栗,我们已经提到过了。他对泰雷丝的认同,渴望保护她不受痛苦的侵害,还有他对法国农民的同情——因为他们不能享有自己劳动的果实,这些都是他这一倾向的典型例证。然而在这些经历中,他并没有发现自己在去文森尼拘留所途中察觉到的那种狂喜。为了找到一个可比较的经历,我们必须回到最早他被贝尔纳舅舅鞭打,而他和表兄结成联盟的故事。这个经历的激情和情感的性质同他在树下感受到的很相似。从他对和表兄热烈拥抱这样情景的描述中,明显可以看到,两个男孩子因为共同的不幸遭遇而很亲密。尽管他害怕同性恋,但是卢梭依然渴望着同一个男人之间亲密的联系,爱上一个男人对他来说是令人厌恶的事,他需要另外一种卷入情感的方式。在《忏悔录》中,人们感觉不到他

---

① O. C., I, pp. 1135 – 36.
② 狄德罗的女儿重复了他的声明,他认为卢梭第一篇论文的想法来自于他(Diderot, D. *Mémoires*, p. 62)。尽管狄德罗可能提供了建议,但是风格和内容毫无疑问都是卢梭的。亨德(Hendel, *J. -J, Rousseau, Moralist*, pp. 25 – 26) 也表明了同一观点。

和狄德罗之间的感情,直到后者突然入狱,卢梭提到"没有什么可以表达因为朋友的不幸我所承受的痛苦"。他相信自己会因为关心狄德罗而发疯,当他路过拘留所门前时,感觉到一阵强烈的心跳。当他最终有机会见到狄德罗的时候,"跳到了他身边,忍不住哭出声来,我的脸贴着他的,温柔地拥抱他,只用我的眼泪和呜咽同他说话,我几乎因这温柔和喜悦而窒息了"①。他拼命地为把自己和狄德罗联系在一起而奋斗,感受着他的感情,在痛苦中安慰他,每隔一天去看他一次。很清楚,他又进入了一种类似于和表兄在一起的狂喜状态。② 他需要另外一种指控或者鞭打,把他和亲爱的狄德罗联系在一起。狄德罗因为他的哲学、煽动性的言论而入狱,为什么卢梭不能因同样的经历而遭受痛苦?而在什么地方可以找到这样的媒介,他可以表达自己最终的信仰和爱?就在这个时候,他读到了学院对外公开招贴的问题。

卢梭并没有因艺术和科学而遭遇特别的委屈和痛苦。他没有接受过正规教育。他曾经学过化学,并希望成为一个作曲家,同时他深深地尊敬法国的文学和历史。但是,他已经如此紧密地把自己和狄德罗受到伤害的美

---

① O. C., I. p. 350.
② 在18世纪的法国文化界,同性之间表达温柔感情是一种时尚和风格,如下面一篇狄德罗信件中的引文,是表达他对旅行归来的格里姆的感情的:

怀着热切的爱我们拥抱彼此。我的心在跳,不能说话,他也不能。我们拥抱不语,我流泪了。我们没期待他回来,当他通告我们时,我们正吃甜点,"是格里姆,是格里姆。"我起来,泪水夺眶而出,我跑向他,把自己吊在他脖子上。他坐下来,我相信他吃得很少。对于我来说,我无法张开嘴吃饭或说话。他在我旁边,我握着他的手看他。(Diderot, D. *Mémoires*, p. 148)

一个男人对一个同性朋友的过分占有和爱不但是被接受的,也是被允许的。那时的法国女人也是一样。描述18世纪法国妇女的龚古尔(J. de Goncourt)兄弟写道:

被品味和年龄所鼓励,她和一些时尚的妇女结成了热烈的友谊,用狂暴的爱,过分的热情拥抱这种感情。她会发誓一生的奉献,用叹息和拥抱、轻声的甜言蜜语和喜悦来表达和证明。离不开她,没有她无法生活,每天早上给她写信,我的甜心,我的爱,我的王后,你必须把头倾向她,用温柔的声音叫她的名字。你使用她使用的颜色,治疗照顾她的病痛,为她担忧,在她耳边说千万个秘密,你只能去你们都被邀请的晚宴,邀请你意味着要带着她……所有的谈话必须关于迷人的友情;你骄傲地宣布你们亲密的友情,你迷人的朋友的肖像必须一直挂在你袖口上。(J. de Goncourt, *The Woman of the Eighteenth Century*, pp. 91–92)

德联系在一起,在他心里又涌起一股对非正义的愤怒——这种感情刺激了他袭击的冲动。正像在论文中提到的,"我并不是指控科学,而是捍卫美德"。① 他扮演美德的捍卫者,把艺术和科学描述成"道德的腐化者","把花环扔在铁锁链上"②,给人以重压。把他从为了人类自由而奋斗的印象中转移出来,那里人被当成了奴隶。卢梭很明显也被他自己的主题所困扰,他想说的是:社会是错的,社会习俗是虚伪和愚蠢的,社会道德是一种堕落,权力中的人是罪恶的,不公正遍及各处。尽管他感觉到社会已经是道德退化,尽管他讨论的主题是科学和艺术对道德的影响,但是他不能很好地说明道德如何才能被提升。这样,他特别的和混乱的袭击,不但遭到了知识界的批评,而且也遭到那个时代最有影响的权威的指责。

这篇论文的主旨是,尽管科学和艺术有很明显的进步,但是道德却没有什么提高。他指出,人们转移了对真正道德的兴趣,都是因为艺术的引进带来的精致化礼仪,还有过分的社会化,结果就是人们用了大量的精力学习如何取悦他人,而不是关心真正的美德。

卢梭对于科学和艺术的攻击,并没有今天这种方法所暗含的反自由主义的含义。在18世纪的巴黎,成为"知识分子"是一件很时髦的事。"知识分子"这个词,因为暗含着"书呆子"的贬损意思,是不常用的。翻译卢梭的第一篇论文,他的陈述根本毫无取悦"知识分子"的意思③,所有的"知识分子"都不过永远地列队表演,炫耀自己的才气④。这两个句子实际表达的是"虚饰的才气",在他的论文中是讽刺的用法,不过预先把知识分子看做一个群体而加以指责和批评。⑤ 简单地说,卢梭并不是为了取悦、谄媚当权者而攻击知识分子,他攻击知识分子,是因为他们无法成功地激励人民的反抗,而是隐藏在闲谈和俏皮话背后,在改革社会中十分失败。在卢梭之后的作品里,他反复地说,他并不是反对受过教育或者有

---

① O. C., III, p. 5.
② O. C., III, p. 7.
③ *Social Contract and Discourses*, ed. G. D. H. Cole, p. 144.
④ Ibid., p. 150.
⑤ V. Brombert, *Partisan Review*, 1960, XXVII, pp. 480–502.

学问的人，而只是反对虚伪炫耀的学问展览，那不过是一种娱乐形式，反对知识者脱离最重大的社会问题。

还有另外一个原因，让卢梭切断了所有支持的来源，漂泊无依。如果一个殉道者拥有整个知识界在背后的支持，他就不是一个真正的殉道者。他对学院贴出的问题的消极回答，很大一部分出于他想成为孤独挑战者的渴望——一个像狄德罗一样的人，攻击现有的权威和大众接受的流行观念。① 这种异教行为可能遭受的惩罚，他已经明确地在序言中指出：

> 我预感因为自己所持的立场，将不会被轻易宽恕，把自己放置在今天人们所崇拜的观念的对立面，所能期待的只有普遍的指责。②

渴望成为一个受难的殉道者，解释了卢梭第一篇论文的煽动性的本质，但并不能告诉我们为什么他会受到有关科学和艺术的话题深刻的刺激，也不能揭示他的这些论辩的心理基础。

激发他第一篇论文创作的经历，在作品和文献里的记录并不是独一无二的。卢梭自己的描述类似于圣徒神秘的狂喜或者强烈交汇的感情冲撞。③ 而其他的描述则记录为"广阔无边的觉悟"。在卢梭这方面，人们应该感觉到，他没有在自己真实的感觉之上附加任何东西。对于这样一个充满想象力的人来说，这一点很明显。对卢梭而言，这是一个神奇的情感经历，但是他并没有和超自然的力量有什么交流，也没听到外界的声音，他感到的东西完全是发自内在。究竟是何原因使他产生了这样的喜悦，以至于产生了精神上的迷狂？到底是什么东西隐藏在背后，当他发觉艺术和科学奴役人，竟能产生如此不可控制的喜悦？

格林（F. C. Green）④ 曾经用"酸葡萄"机制来解释其中的原因。卢

---

① 在狄德罗被捕的那一段时间，他所写的论文很明显是对权威的挑衅。温沃（Francis Winwar）(*Conscience of an Era*, 195) 有一个很有趣的说法，卢梭在那一段时间做任何自己可能被捕的事情，包括给蓬巴杜（Mme de Pompadour）夫人写信要求和狄德罗关在一起。我无法找到这封信件。

② O. C. III, p. 3.

③ R. M. Bucke, *Cosmic Consciousness*.

④ F. C. Green, *J. -J. R: A Critical Study of His Life and Writings*, pp. 101–2.

梭在那个时代的艺术和文学世界中寻找成功,但是却遭遇到厚厚的失望之墙。他的音乐符号的设计被忽略了,他的戏剧基本上没有获得什么认可,似乎在剩下的职业生涯里,他只能是个不入流的作家和一个音乐抄写者。如果他命中注定在艺术的世界里失败,这就真的意味着他自己一文不值么?当然不是!公开的成功表演,似乎并没有考虑到人的美德的任何迹象。他说服人们和他自己相信,那些他没有获得的成功其实并没有什么价值。格兰(Gran)[1] 提出了同样的观点,但强调卢梭在巴黎的失败让他忽然记起了快要遗忘的日内瓦,还有日内瓦严格的道德氛围。

斯塔罗宾斯基(Starobinski)[2] 把卢梭第一篇论文中描写的人的堕落,与他自己从破损梳子事件开始的堕落,作了一项对比。这里,年轻的雅克第一次发现,人类个体纯洁的知识不能充分地抵御罪恶的考验,每个人的良知都是一个孤立的整体,无法与其他人彼此传达。这是他孩子般单纯的美好世界的粗鲁的突破口,他从对大人们上帝般智慧的天真信仰,进入到一个不确定的、时时变幻的世界。"如果是这样该有多美好,"当第一次察觉到这令人悲伤的发现,他哭着说,"如果我们每个人的外表都永远和内心的想法一致"。[3] 这就是当卢梭走在路上,那个狂喜的时刻传递给他头脑中的讯息。如果一个人可以回到那个坦率、纯真、开放的时代——在一切的欺骗、矛盾和表里不一之前。这些童年岁月的简洁单纯代表了自然天性的美好、甜蜜和顺从,这些发生在压迫的感觉诞生之前,而永恒的权威带来人的奴役之感。

但是,文学、艺术还是科学中的什么东西唤醒了这种隐匿的感觉?用另一种方法简洁地表达学院的问题,那就是:文学、艺术和科学对道德的影响是什么?文学和卢梭过去的生命有着深刻的联系。当他的父亲读书给他听的时候,那是童年纯洁的岁月,也就与一种奴役的状态有关。这里我们可以假设,在学院的问题当中,卢梭只回应了"文学"一词,而艺术和科学则隐藏在他情感经历的背后。

---

[1] G. Gran, *Annales* 1911, VI, p. 11.

[2] J. Starobinski, *La Transparence et l'obstacle*, pp. 1 – 14.

[3] O. C., III, pp. 7 – 8.

作为一个孩子,他扮演了母亲的角色,他给父亲读书,学会以顺从和被动来对付自己狂风暴雨般的、古怪的个性。在这种关系里,他牺牲了很多活跃、自主、奋斗不息的男子汉的特性,目的是为了寻求和平与安全。成年以后,他模糊地意识到自己曾经是个自愿的奴隶。虽然并没有完全理解自己的经历,但他觉得他的感觉有普遍的意义。当他忽然看到学院招贴的问题时,突然被触动,释放了自己对于禁欲和自由,学问和奴役之间关系的混乱和幽闭的感受,而把自己童年的经历放在所有人类的身上,他说道:

(艺术、文学和科学)窒息了人们为之而生的自由,使他们热爱自己的奴役,这样把他们塑造成文明公民。①

比起其他任何一篇论文,他的第一篇论文更像是真正的私人纪录。每一次提到主题,他都会说,文明、艺术还有科学,代表了一种女性般的服从。

装束的繁复可以显示一个人的富裕,优雅可以显示出一个人的品味:人的健康和强壮则靠其他的标记来识别;只有在乡村劳动者的习惯中,而不是在宫廷朝臣的穿戴里,我们才能发现身体的力量和生气。奇特的服装并不与美德隔阂与陌生,它是灵魂的生气和力量。最诚实的人是乐于赤膊上阵的运动员,他嘲笑一切卑鄙的装饰,因为这只能阻止他使用自己的力量,并且这种装饰大部分只是用来掩盖身体上的某种畸形。②什么样致命的奢华继承自罗马?这门外语是什么?这些娇气的习惯是什么?③哪儿的男女都不敢赞赏与另一方的胆怯相称的东西。……告诉我们,伟大的伏尔泰,为了这些错误的优雅和细

---

① O. C., III, p. 7.
② Ibid., p. 8. 奇装异服会掩饰什么样的缺陷?或许是他的柔弱状态。
③ Ibid., p. 14.

致，我们牺牲了多少强健的、男子气的东西？① 学习科学只是让人们更加柔弱和娇气，而不是坚强和勇敢。②

在一阵灵感之后，他突然攻击起奴役。他断言自己那种迄今未被怀疑过的男子汉气概，明确表示（如果我们没有怀疑的话）父亲纵容的结果不仅仅产生了他童年时的顺从和甜蜜。我们知道老卢梭在公开争论时，脾气经常很急躁，会打自己的大儿子，直到他离开家。雅克可能非常害怕这样暴力的场景，经常听到临近屋子里哥哥的叫喊。这样的情景下，一个富于想象力的孩子自然会在头脑中描画发生在哥哥身上的恐怖图景。为了回应这种恐惧，他毫不犹豫地采取了服从的态度，学会喜欢自己新确立的位置，而忘记其原因。

一旦接受了这种被动的位置，他就安全了。他被自己的父亲接纳和宠爱，像一个从不犯错和伤害别人的小孩那样被纵容。纯洁无辜的状态持续了一段时间，而破损的梳子事件结束了他童年的天堂。用斯塔罗宾斯基的概念来解释就是：一个透明的时期结束了，卢梭开始面对自己灵魂的障碍和不透明性，和他人交流自己内心的无能之感，不公正的恐惧感觉。不过，通过一种性格的特殊组合，这种障碍带给他强烈的和紧张的愉悦，远远超过以前的透明生活所能提供的。他拍着表兄的手臂，两个孩子在痛苦中大哭，但感觉自己充满了美德。

在卢梭揭露这一切的时候，正好去探望一位因为不公正被拘留起来的朋友，他抓着对方的手臂痛苦哭泣，就像当年与表兄在一起那样，辨认出自己的朋友带给他一阵愉快。在路上，他突然看到那个让他思考文学在美德发展中作用的问题，他又一次感觉到了自己曾经经历过的义愤填膺的无辜和清白。但这一次，可以断定，有某种完全不同的煽动性的因子，他不再满足于为美德而受苦。人们可能会怀疑，他开始回忆，自己第一次决定在父亲面前扮演一个顺从的宠物时的感觉。愤怒、反抗不公正的权威的感

---

① O. C. , Ⅲ, p. 21.
② Ibid. , p. 22.

情淹没了他。这种深深压抑了多年的、对父亲充满竞争性的恶意的感情，是否会让他感到害怕？如果这种感情存在，可能会很快征服和压垮他，但是很明显，这里有一定的疏解和发泄，而最终，愤怒占了上风并显现了出来。

事件的记忆很快就被隐藏了，卢梭忘记了他在树下的大部分想法。但他的确回想起一些感情，而在他的论文里为其披上一层帷幕。这个时期的批评家们都被他的勇敢、愤怒和表述中的"男子汉气概"所震撼。①

但是，这一反叛发生的同时，论文也表达了对失去了的童真的渴望。愤慨和乡愁，都是论文的一部分，给了整篇文章一种强烈的反讽味道。这两种矛盾的感情持续存在于卢梭的一生，存在于他未来所有的文章中，使得他的风格和意思显示出奇怪的、似乎无法解释的纠结。他已经接受了反叛者的角色，作为一个拥有美德的人，他抗议不公正；但他绝不能忘记那些早年的岁月，那个时候，善是如此容易，没有抗议和纷争。他觉得，自己完完全全得到了全知全能的双亲的爱和理解。

三

卢梭认为自己的第一篇论文是匆忙草率写就的、缺乏深思熟虑的著作，没有什么价值。② 他只拿给了狄德罗看，这是他和朋友密切联系的方式，即让文章成为他们共同的私人经历的一部分。当学院通知他获奖的时候，他几乎已经把这篇论文忘记了。

人们可能会问，卢梭怎样获得这样的认同，他的文章没有逻辑，也不连贯。实际上，第戎是拥有地方学院的省城之一，模仿巴黎著名的法兰西学院。法国社会的各个阶层都拥有一种智力上的好奇心，在很多方面，寻找原创性和独一无二的见解占据了学者们的头脑，而逻辑便退居其

---

① M. Grimm, *Correspondance littéraire*, III, p. 53.
② O. C., I, p. 352.

次了。

而且,卢梭的论文不仅仅是具有创见。他拥有任何人都不具备的驾驭那种风格的天赋——一种嘲弄并精确描绘习惯和习俗缺点的能力。这是他论文中的一段引文:

> 如果我们每一个人的外表和内心的想法永远保持一致,那该有多么美好;如果正直是唯一的美德,我们的格言指导我们的生活,真实的哲学和哲学家们的标题密不可分,那该多么美好!但是,这些美好的品质几乎凑不到一起,在这样辉煌的典礼里也看不到美德。
>
> 今天,更细致入微的研究和更精致的品味,使艺术仅仅沦落为取悦礼仪的工具,我们的风尚流行着一种邪恶而虚伪的一致性,每个人的精神都是在同一个模子里铸出来的:礼节不断地在强迫着我们,风气又不断地命令着我们;我们不断地遵循着这些习俗,而永远不能遵循自己的天性。我们不敢再表现真正的自己。①

很明显,卢梭这里所指的艺术是社会中流行的优雅。尽管他尽其所能地猛烈攻击科学和艺术,但这些论辩是论文中最大的弱点。他说,科学是懒散无事的产物,并且产生出大量的无所事事。但是,在他的论文中,正是社会洞察力唤醒其读者反叛那个时代的道德松懈。卢梭这些早期的文字也拥有一种警句的风格,这种便于引用的品质让他的句子拥有了真理的语调和回音。

> 文明人教育自己(用科学和艺术):快乐的奴隶,你们那些精致和优雅的品味归功于它们,使得商业顺利进展的城市习俗和甜美的性格,也归功于它;在一个看上去充满美德表象的世界里,实际上空无所有。②

---

① O.C., III, pp. 7-8.
② Ibid., p. 7.

那个时代的法国社会，实际上，变化非常剧烈。人们嘲笑过分精致化的礼仪和习俗，嘲弄法国的贵族，但是卢梭依然很生气。他对轻松的讽刺并不满意。他要领导攻击和指控，尽管他的追随者在非常遥远的未来才会出现，他却是摧毁旧政权时代生活方式的第一位重要人物。

四

我们几乎很难记起来，让-雅克·卢梭，一个对法国历史有如此重大影响的人，是一个日内瓦人，在涉及道德的问题上，他有着传统的日内瓦人的严肃和庄重。虽然乐于享受美好时光，一个礼拜去两次剧院，但他坚定地相信一个社会最有价值的是人民的美德。和身为加尔文教徒的祖父一样，他认为那些只在口头上宣扬美德的教义，但对各种罪行都一概容忍和温和纵容的宗教，没有什么价值。他也不会满足于写一篇正规的讨论友谊及其地位的论文，来提升人们的道德。他不会被任何弥补性的措施所激励，他渴望彻底的改革。对以巧妙犀利的讽刺来攻击和调笑社会并取悦同时代的人，他不感兴趣，他携带着巨大的有刃斧头，砍向法国习俗和道德的根部。

卢梭的同代人都认为他缺少幽默感，他的文章传达出的不仅仅是缺少幽默感这么简单。他的风格中所包含的直接的真诚，让读者感觉到他要把心都掏给他们。他表现得像在一群说谎和诡计多端的人中的唯一诚实者，这种姿态非常有说服力。在他的文章里加上幽默感会削弱其有效性。正是这种直接的风格、缺少幽默的诚实，给卢梭带来了比同时代任何作者都多的敌意和愤恨。比如说，卢梭所攻击的很多东西，在他之前人们已经用开玩笑的语气说过很多次。也许，最引人注目的明显例子就是，当卢梭和格里姆同样攻击法国音乐时，人们截然不同的回应态度。

卢梭很久以来一直迷恋意大利音乐，他的一部广受关注的戏剧《乡村卜师》，就是背离了法国古典风格，走向更活泼的意大利音乐。《乡村卜师》在巴黎上映前不久，一个意大利戏剧公司访问了这所城市，并给人们留下了深刻印象。很多文学和艺术界的杰出人士都对意大利音乐怀有极大的热情,认为它比法国音乐高明。这种状况为卢梭《乡村卜师》的上映做好了准备,并保证了他的成功。但是,法国音乐和意大利音乐的支持者之间的争论开始升温。卢梭,以其特有的方式,描述法国音乐的支持者更强大、人数更多,由那些重要的和有钱的人,还有女士们组成,而反对者则是一个很小的团体,真正有天赋和天才的人,音乐的真正爱好者,简言之,一些弱者。① 意大利音乐的支持者聚集在剧院的王后包厢里,而他们的反对者则以国王包厢为总部。很快,论战的小册子到处飞舞,格里姆(Grimm)和卢梭都卷入了这场争论。但是,格里姆的小册子《小先知》(The Little Prophet),是一个取笑和娱乐的版本,用调笑的、玩世不恭的语言写成,而卢梭的《论法国音乐的通信》(Letter on French Music),则是致命的严肃,一点一点进行攻击,袭击了缓慢的、不入调的法国语言和法国风格的心脏。他的攻击震惊了巴黎,如此多的反对声音涌向他,以至于他确信自己将会被暗杀。格里姆发现法国人可以原谅任何人对他们的嘲笑,但是当有人试图证明法国语言不适合且无力进行音乐创作,法国没有音乐,并且永远也不会有音乐时,这种粗鄙的野蛮一点也不会让他们觉得快慰。②

非常讽刺的是,卢梭,以他执拗的方式,满怀深情地爱着自己强烈攻击的人们的音乐、习俗和文化。伏尔泰,一个崇拜英国自由的法国人,卢梭,一个景仰法国的日内瓦人,二者形成鲜明的对比。法国的戏剧和文学给他留下了深刻的印记。但是,他特殊而又复杂的天性,使他不可能爱上任何事物和任何人,而不带有相反的挑衅的冲动。这种爱和恨的矛盾,温柔的愤怒,在他的著作中导致了很多明显的矛盾和前后不一致。有一次在《忏悔录》中他非常坦率地表达了自己的感情:

> 我的心因为它的(法国的)微小胜利而喜悦跳动,而它的失败也使我感到痛苦,好像是自己在承受折磨一样。如果这样的愚蠢只是转

---

① O. C., I, p. 384.
② Grimm, II, p. 307.

瞬即逝的事情，我也不会不厌其烦地在这里提到，但是却没有任何理由就深深根植在我的心里，后来在巴黎我扮演反专制和骄傲的共和主义者。我感觉到，自己有一种秘密的偏好，正是这个我想要服从的国家，却佯装批评它的政府。具有嘲讽意义的一面是：我因为内心的感受违背自己的格言而觉得惭愧，我从不敢向任何人坦白这一点，我嘲讽法国的失败，但我的心在为此流血，远超过法国人自己。我肯定是唯一的一个人，生活在对他很好的人民当中，而他也尊敬他们，但却只给予严厉的指责。我发现这种倾向是如此的强烈、频繁、不可抗拒而无私，即使我离开了这个王国，即使它的政府、官员还有作家争先恐后地对我谩骂和嘲讽，即使用不公正和不义征服我成为一种潮流，我也不能疗治自己的这种愚蠢。我爱他们胜过我自己，尽管他们如此恶意地对待我。①

这段引文，一定程度上洞悉了卢梭那有悖常情的天性。他并不能接受自己所遭到的一切谩骂指责都只是对及煽动性言论的回应的事实。他一直觉得，其他人应该读懂他的心，看到他真实的感情，而忽略外在的行为。他仅仅意识到自己对民众的爱，希望他们以爱作为报答，但从未意识到理解他所激起的愤怒。

五

论文的获奖使卢梭变得声名卓著。大约同时，他真正成功的音乐剧作《乡村卜师》开始获得大众的认可。这两项成功，使他得到同时代有教养的人的关注，尽管他的朋友圈子在渐渐扩大，但他依然把狄德罗和格里姆当做最亲密的伙伴。当格里姆第一次到巴黎时，他很孤独，没有朋友。富有同情心的卢梭自然承担起帮助他的责任，把他介绍给城市里有影响力的

---

① O. C., I, pp. 182–83.

博学文雅的人。格里姆因为向一个女演员求爱失败而陷入深深的绝望之中的时候，卢梭和阿贝瑞整日整夜地陪着他。两个朋友最终成功地将格里姆从绝望里解救出来。格里姆一恢复过来，卢梭就发觉他们已经不像从前那样亲密了，同情是卢梭表达友谊的最重要的手段。他第一次被格里姆吸引，因为他是一个陌生人，身在巴黎的德国人。当格里姆渐渐获得社会成功后，两个朋友见面越来越少，最后卢梭对他说：格里姆，你忽略了我，但是我原谅你。当喧嚣的成功带来的陶醉过去后，你会发现它的空虚，那时我希望你能回到我身边。目前为了不束缚你，帮助你摆脱义务，得到自由，我会一直等待你。① 格里姆，毫无疑问，在卢梭宽容的姿态后看到了屈尊俯就和占有欲，他们的关系似乎从这个时候开始恶化。另外一个让格里姆和狄德罗逐渐疏远卢梭的原因，是伴随成功而来的卢梭性格的新的变化。

1752年，在卢梭文章流行的早期，他遭到了严重的疯癫症的袭击，尿道收缩带来了巨大的疼痛，几乎使撒尿变得不可能。杜潘夫人找到医生莫兰，他就卢梭的病情给了一些建议。当话传到卢梭那里，他以为自己只有6个月可以活，于是决定在剩下的生命中过一种第一篇论文里所说的有美德的生活。他曾经说人们应该自然地生活，应该蔑视社会发明，因此，他决定根除自己行为中的一切虚伪和伪饰，在和其他人的关系中保持完全的诚实和真诚，避免卑屈的礼仪、谄媚的话语，还有他论文中认真批评的绚丽的服饰。他放弃了最漂亮的假发，只带了一个很简单的圆形假发。他抛弃了自己的剑，从衣服上撕下了金边，拒绝穿白袜子。当泰雷丝的兄弟偷了他的白衬衣，他用粗布亚麻衫代替。作为最后的姿态，他卖了自己的手表，说自己不需要知道时间。当然，他想要"自然"的渴望是真诚和独一无二的，但是一个很典型的特征是，他忽略了自己对他人的侵略性的、恶意的态度。当他仅仅希望做到诚实的时候，对其他人都很粗暴。

他本来是一个腼腆的人，强烈地渴望着取悦他人，但是无法和巴黎复

---

① O. C., I, p. 371.

杂的社会习俗保持一致，这给了他深深的挫败感。他第一篇论文的成功给了他一个攻击社会习俗的前沿性的机会，正是这种习俗曾经给他带来太多的麻烦。撰写《忏悔录》的时候，他对自己内在的动力作了一番透视性的解剖："我无法克服的愚蠢阴沉的沉默，来源于害怕自己无法扮演一个优雅精致的社会人的恐惧，为了给自己以勇气，我决定把所有这一切践踏在脚下。我变得不再羞愧，愤世嫉俗而充满讽刺。我假装轻视那些自己不知道如何履行的礼仪规范。"① 但是，通过抛弃文明社会所有的礼貌和装饰，卢梭，以一个公共人物离奇的本能，吸引人们对他的主意。在羞涩的外表下，他渴望得到关注，尽管他可能没有意识到自己个性中的这一方面，他的行为不可避免地泄漏了这一秘密。他那些博学文雅的敌人的错误隐含在这样一个假定之下，他们是有意为了获得注意而表演的。就像他把自己的背部暴露在女孩子的面前，现在为了同样的原因，他暴露自己的个性，但是与行为相联系的罪恶感已经烟消云散。通过良知和自我宣传渴望的联盟，他现在可以为了更高的道德目标暴露自己。

他的这种新特性，最多处于一种不稳定的、反复无常的状态。他仍然怕伤害别人的感情，他的外表看上去很粗鲁勇敢，但仅仅只是外表而已。有一次，当他在一家咖啡馆吃早餐，听到一个退休的职员夸口说，他曾经参加过《乡村卜师》的预演。卢梭显得非常尴尬，因为他觉得如果某个人认出了他，叫出他的名字，就会当场揭穿讲故事老人的谎言。他很羞愧，很快吃完了巧克力，逃走了。

在为国王上演《乡村卜师》的时候，他又一次证明了社会反叛者角色给他带来的不适。他曾经预计人们会嘲笑他古怪的行为和服饰，为公众的非难和谴责做好了准备，但是人们并不介意他的行为，对他非常友善，而这让他完全投降了。

> 那一天，我按照平常的随意方式穿着打扮，留着一簇胡子还有没怎么梳理的假发。考虑到这样不适宜的装束是充满勇气的行为，就这

---

① O. C., I, p. 368.

样,我走进了剧院,那里国王、王后,王室家族,还有整个宫廷大臣很快就会到来。克瑞(de Cury)先生引领我走到一个座位,那是他自己的。那是一个大包厢,正对着国王和蓬巴杜(de Pompadour)夫人坐的高高的小包厢。作为唯一一个被一群女士围绕着坐在包厢前面的男人,我丝毫不怀疑,自己被带到这里就是为了被大家看到。当大厅的灯光亮起来,我看见自己,和平常的穿着一样,坐在一群以鹿角装饰起来的优雅的人们中间,开始不自在起来。我问自己,我是否在适当的位置上,是否穿着得体,几分钟的不安后,我回答说:是的。那种坚定与其说来自于确信的力量,倒不如说是因为我已经无法取消和改变自己已做的事。但是,无论是因为国王在场的影响还是我身边人们的自然本性,我看到在人们好奇我是谁的同时充满了礼貌和友善。我如此深深地被打动了,以至于又一次为自己和戏剧不安起来,害怕我会毁了那些似乎只是希望为我喝彩的人们的良好印象。我曾经武装戒备,准备迎接他们的嘲笑,但是那种没有预料到的善良仁慈的态度,完全征服了我。在戏剧开始的时候,我像一个小孩那样颤栗起来。①

一种推理是卢梭的自然主义对他自己而言最不自然的事情,另一种推理是,当他惧怕伤害他人或想要取悦他人时,他性格中的"压迫倾向"、骄傲的共和主义态度会暂时停止。在过去生命的若干事件中,他也展现了性格中粗鲁的、鲁莽的甚至残酷的一面。他曾公开反抗叔叔,紧握着拳头冲过去保护他的表兄,令可怜的玛丽昂遭受折磨直到绝望。但在偷丝带和玛丽昂事件中,卢梭的粗鲁并没有道德的支撑,给他留下了内疚和懊悔的痛苦印记。从这一经历中他学会,当自己遭受公正之剑的伤害时,只有伤害其他人才能给他带来愉悦。他是一个拥有复杂个性的人,既喜欢伤害他人,也愿意承受痛苦,既喜欢取悦他人,也善于攻击他人,他逐渐形成一种生活方式,允许他满足自己所有的激情。

卢梭没有因为新的生活方式而遭到谴责,就像他所预想的那样,巴黎

---

① O.C., I, pp. 377–78.

社会正寻找着独一无二的天才和不同个性者,他们觉得他非常迷人。他变成了一个符号,人们经常在重大聚会上寻找他的身影,他很快成为著名的"充满美德的雅克",每一个人都想见到他,与他争论某些观点。他变得如此受欢迎,以至于他渴望着自己从前不受干扰的孤独,而他也不得不花很多时间给他的批评者回信,这干扰了他未来的工作计划。巴黎的书商早已因为对待新作者的苛刻而声名狼藉,所以卢梭没有从他的第一次文字努力中获得任何好处。他很快就非常需要钱。但是在《乡村卜师》演出之后,他受到国王召见,克瑞先生确定他将会得到一笔年金,卢梭却不安起来。极端的羞怯,加上尿道的痛苦(他必须经常从房间出去解决痛苦的问题),还有他拒绝接受当权者钱财的共和主义态度,让他第二天从枫丹白露逃跑了。当狄德罗听到他的行为,非常愤慨,他已经因为这个朋友的"有美德的人"的称号恼怒很久了,因为之前只有他自己才担当得起这一称号。他指出卢梭有义务供养泰雷丝和她的一家,所以他应该申请年金。但是卢梭,能够多年依靠华伦夫人的帮助生活(在爱情之外,她依然很关心他),却不能够从国王那里拿一个苏。"我如何还能再说一次独立和无私,"他告诉自己,"只要我拿了年金,我必须谄媚颂扬,或者沉默。"①狄德罗从俄国女皇那里接受了一笔极为丰厚的年金,她为他"购买了"图书馆,为他的管理而付钱给他;伏尔泰从腓特烈大帝和蓬巴杜夫人那里获得年金。卢梭尽管非常需要钱,但他一生都拒绝年金。从夏尔梅特的离开带来了可怕而漫长的痛苦,让他敏锐地感觉到依赖一个不爱自己的人有多么痛苦。

但是,小雅克不是一个晚上就可以创造出来的,他也不能一直支付美德的奢华。当他和泰雷丝的结合产生了第一个果实时,他发觉自己没办法供养孩子;当他听到其他人谈论怎样把自己不合法的孩子送到当地的收养院后,他也选择了这种方法来避免这个无法支撑的负担。他说自己的五个

---

① O. C., I, p. 380.

孩子都以同样的方式送走了，而无法顾及泰雷丝想要留下他们的痛苦心情。① 到后来，当他为那些行为后悔，想努力把孩子找回来时，似乎已经不可能了。泰雷丝和他都没有对孩子们可以辨认的身体特征作过任何纪录。

六

1753 年 10 月，第戎的学院出了另外一个题目，引起了卢梭的兴趣：人类不平等的起源。为了给出主要思路和想法，他和泰雷丝一起去了圣日尔曼长满树木的乡村，在那里他待了 8 天或者 10 天，在他所热爱的大自然里徘徊。乡村的空气似乎不但改善了他的健康，也带给了他灵感。他决定，为了未来创造性的工作，寻找这种生活环境。

他的第二篇论文的主题是讨论不平等的起源，这给了他一个直接的机会，进一步论证他喜欢的主题：社会的浅薄和不公正。抛开自然人的假设和离奇的人类早期社会建构，它的主体和第一篇论文很相似，虽然写的更好。在自然状态中，卢梭说，人类单纯、强壮而且自然，如果他足够强壮，他可以凭自己的力量得到任何想要的东西。因为文明的出现，精致化的习俗，奢华的诱惑，人被自己的空虚和贪婪引诱堕入奴役状态。他把自然中的自由出卖给了统治者，后者许诺给他以奢华、特权和权力的幻觉。

在这篇论文中，卢梭向人们展示他也可以精心准备。根除了突然迸发

---

① 麦克当娜（Macdonald）夫人说这几个孩子从未存在过，这是泰雷丝为了让卢梭惭愧而把他留在身边所施的诡计，对此我不能完全同意。麦克当娜夫人提供了看似充分的证据（J. J. R., *A New Criticism*, I, 144 – 81），但是泰雷丝伪装五次怀孕是非常困难的，而且为什么是五次？既然已经成功了一次，为什么五个假冒的孩子比一个更能让卢梭和她亲近？很明显，欺骗的风险会增大。对一个像卢梭这样善于怀疑的人来说，如果他怀疑泰雷丝造假一定会有很明显的表示，但是他没有任何怀疑的迹象。我们只能假设泰雷丝的怀孕是毫无疑问的。

从心理学的观点来看，孩子是否真的是卢梭的并不重要。关键是他认为他们是自己的孩子。我们已经注意到他在人际关系中乐于扮演孩子的角色。他把泰雷丝昵称为阿姨和老板，但是孩子是比他更有资格获得依赖性感情的生物，也许抛弃他们只是他的一种恐慌的反应。卢梭爱孩子是认同他们，但他把他们当成弱者来爱，而不是他需要为之负责。

的第一阵对社会不满和愤慨的冲动，他开始逐渐形成自己的观点，并以逻辑来支撑这些思想，同时完全掌控着自己的雄辩。第二篇论文看上去像是他的新宣言，他试图为社会做一件他从未为自己做的事情：在人类中永远根除奴役，使人类从对他人的服从和习俗的统治中解放出来。

以一种深思熟虑的渐进方法，卢梭阐明了野蛮人和文明状态的各种区别。文明人消费了过量的食物，起床时间很晚，拥有无数带来刺激的发明，精致的食物，身体热量过高，等等。文明人用衣服、工具、娱乐把自己包裹起来，最终如果再一次把他们放回自然环境中，他们将无法生存。这种情况下，他用他惯常的夸张态度说，如果人的天性是健康的，"一个思考的人就是堕落的动物"。①

宏大的夸耀，这种天赋是卢梭的力量，也是他最大的弱点，夸张是他雄辩的一部分，但是，他以锐气和勇气吸引读者的同时，经常偏离要表达的意思。同样夸张的取向，使他的作品过分强调社会竞争性的一面（与合作相对），描绘了一幅每个人都准备从邻居的灾难中获益的图画。

在完成第二篇论文后不久，他决定和高夫科特（Gauffecourt）一起去日内瓦旅行，在旅途当中高夫科特试图引诱泰雷丝，这让两个男人之间的友谊迅速冷却下来，卢梭没有和他一起回去。在去日内瓦的途中路过萨瓦，在那里他和华伦夫人度过了一段令人心碎的时光。他痛苦地看到她的经济状况比以前更糟糕了，期待她能够与他和泰雷丝一起生活，但夫人拒绝了，依然想要抓住自己微薄的年金，她给了泰雷丝自己唯一保留的首饰——她手上的戒指。这深深触动了卢梭，他觉得如果留下她一个人孤苦无依，自己简直就是一个无赖。他留给了她一小笔钱，但他一直觉得应该在那个时候舍弃一切东西，回到她身边，使她未来的生活幸福。

回到日内瓦和他童年时代的宗教环境，这些给了他深刻的影响。他一直厌恶巴黎的那种毫无敬意的关于上帝的闲谈，他发觉自己比从前更加仰慕日内瓦人单纯的信仰。他们不会对不该争论的事务进行辩论。他阅读和学习圣经，基督的道德信条比任何他曾经遭遇的宗教仪式都更深地打动了

---

① V., I, p. 146.

他。他很快得出结论：外在的宗教崇拜几乎没有什么意义，而且取决于一个国家的法律和习俗。基督教最重要的真理包含在耶稣基督的语言里。①怀着这样的信念，有日内瓦人的表率在前面，他决定回归到父亲的信仰中。他申请了日内瓦的市民身份，而这则是年轻时他所抛弃的。经过一番与宗教法庭的争辩，他的案例成为一个例外，他恢复了市民身份，被接纳为宗教团体的一员。

卢梭被他出生的城市深深地打动，他把第二篇论文献给了这个共和国。他深深迷恋着日内瓦人和自己出生的小镇，在一阵突如其来的情感巨浪中，他决定永远地留在日内瓦。但是，除了他在日内瓦没有什么朋友之外，他很快发现，他的同胞并没有像他对日内瓦那样对他的作品入迷。他的第二篇论文被委员会接受，但很不顺利，没有在日内瓦获得什么成功。下面的这些论断可能震撼了日内瓦人固有的私有财产观念。

> 第一个人圈了一块土地，告诉自己，**这是我的**。这个人发觉人们足够单纯，能够相信这一点。他是文明社会真正的创造者。罪行、战争、谋杀、痛苦和恐怖就再也没有宽恕过人类。他们拔起了树桩，填满了沟壑，对着自己的同伴哭诉，"留心倾听这些声音，如果你们忘记大地上的果实属于所有人，而大地则不属于任何人，你们就失去了自我"。②

尽管《不平等的起源》比第一篇论文写得更好、更有说服力，但并没有获得学院的奖励。但是，这却巩固了卢梭偶像破坏者的声誉，比第一篇论文给他文字上的同事留下的印象更深。在论文出版之前，卢梭已经很出名。他从前在日内瓦的很多朋友逐渐对他冷漠，其他人公开攻击他。但是，在巴黎和日内瓦，一个小小的卢梭派正在形成。他在霍尔巴赫的声誉开始增长，狄德罗催促他为百科全书写一篇文章。1755 年他的《政治经济

---

① O. C., I, pp. 392–93.
② V., I, p. 169.

学论文》这一富有争议的作品刊出。伴随着他的新工作,卢梭对国家的态度发生了一定程度的改变。他仍然是反叛者,个人自由的维护人,开始对政府的持续性和有效性表达严肃的关注。

这篇论文表达了他一种极为紧迫的期望,使得个人权利服从于保护一个共同体安全的必要性。在他第二篇论文里,他对第一个圈起一块土地的人大喊,现在他把财产权描述为"所有公民权利中最为神圣的"。① 在早期的著作中,他谈论自然人的潜力,现在他认为人是一种社会动物,思考诸如公共正义和权威的起源的问题。像国王这样的生物存在,并在现代国家行使权力。更进一步而言,既然自然状态中的人的欲望可能与他们的邻居产生矛盾,法律对维护安全来说就是必需的。

在这一作品中,他开始在细节上为好的社会更进一步发展"公意"的概念。他把公意和私人所得的个人意志区分开,而后者正是文明社会成员的特征。卢梭的公意拥有一种道德上的绝对性,他并不期待这能够从每一个人的深思熟虑中诞生,因为道德可以被欺骗和误导。即使一个公共政府——建立在人民共同意志的基础上——已经被选举出来,但并不能保证那些当权者有足够的智慧区分出什么对他们有利,什么对他们的人民整体有利。②

但是,一个人如何才能抑制那种扰乱经济的自我利益和自我荣誉的渴望?卢梭对这个问题有多种回答。第一是良好的立法:建立在公意基础上的法律。因为法律的权力更多基于固有的智慧,而不是执政者的严厉惩罚,立法者非常重要。但是,人民必须热爱法律,这只有在道德领域建立得十分完善时才会出现。为了完成这一困难的壮举,卢梭呼唤教育的力量,不仅是学校教育,而是贯穿国家所有的行为和机构、渐渐灌输给公民的热忱的爱国主义感情③。

卢梭政治哲学中贯穿始终的重要一点是:国家的稳固和公民的满意更多来源于人的感情而不是政府机器的逻辑化组织。即使法律,卢梭视之为

---

① V., I, p. 259.
② Ibid., pp. 243 – 44.
③ Ibid., pp. 256 – 57.

"人类机构中的最崇高之物"①，也关乎立法者的正直，他倾听内心声音和公意脉搏的能力。一个人不能仅靠惩罚就获得服从，他说，对付公共机构中谎言的聪明发明越多，逃避的设计就愈加高明和独出心裁。②尽管他蔑视专制，但他发觉国家更大的危险在于公民的政治冷漠。当国家失去了人民的热忱，他们致力于个人私人的冒险、微小的权力斗争，个人的意志会渐渐胜过公意。在军队被打败、建筑粉碎之前，国家在公民的心里早已经解体。③

卢梭提供了一些他认为可以提高公民道德的方法，不需要预先有爱国者的存在。在第三部分关于公共生存的讨论中，他推荐对诸如仆人、昂贵的家具和服饰等征收重税。这至少可以抑制过分的奢侈，同时，减轻穷人的税收负担。④考虑到农业时，他反对和颠倒了法国的政策（尽管没有点出国家的名字），他指出对谷物征收重税等于对诚实的努力征税，许多其他国家的例子证明农民没有被征收重税时，劳动的产量更高。⑤金钱，是社会中所有罪恶的源头，农民被迫贱卖他们的粮食以缴纳重税，对于经济的强调来源于国家之间具有侵略性的民族自我意识。每一个国家都试图给邻国造成压力，而不是努力使自己的人民幸福。相反，需要谨慎关注的是，使每一个人满足基本的生存需要。私人税收和生活必需品的税收"直接侵犯了财产权"⑥，这正是卢梭一直认为神圣的。

在这里，卢梭对财产修正的态度需要一定的澄清，因为他会严厉禁止奢侈品的使用，即使他认为社会契约的第一个基本条件是"每一个人对自己的所有物都能和平拥有"。⑦但是，这种与他早期作品相比明显的改变更多只是在表象，而非实质。现在，他更细化了自己的攻击目标，直接针对

---

① V., I, p. 245.
② Ibid., p. 249.
③ Ibid.
④ V., I, pp. 266, 272. 这里，他早年在日内瓦的岁月，再次显示出了影响。
⑤ Ibid., p. 269.
⑥ Ibid., p. 273.
⑦ Ibid., p. 265.

那些渴望获得自己能力范围之外的财富的人，他们通过积聚财富而获得特权，为了自己的特殊需要破坏法律——总而言之，那些富有的人，就是来自地狱中心的魔鬼。

　　社会所有的特权不都是为有钱者和有权势者所准备的吗？他们不是占据了所有有利的位置吗？所有的利益和特权不都是为他们保留的吗？如果一个尊贵的绅士抢劫了债权人或者犯下了相似的流氓行为，不是一直可以免罪的吗？所有他所实施的鞭打、犯下的暴力罪行、谋杀和暗杀，不都是被掩藏起来，6个月之后再也无人过问的吗？但是，如果是同一个绅士被抢劫，所有的武装力量都会直接动员起来，只有上帝才能帮助那个无辜的被怀疑的人。他能够通过危险地带吗？一个护卫队跟随着他。如果他的马车轮子坏了呢？每一个人都会奔来帮助他。如果有人在他的窗外吵闹呢？他只要说一句话，所有的喧闹都会停止。他会被拥挤的人群阻塞吗？他只需要一个手势，所有人都会让开路。如果一辆马车挡住了他的路呢？他的仆人们就准备把那个人的脑袋打开花。在仆人们的头脑里，50个诚实的路人被压在马车下，也抵不上一个懒惰的流氓在车里耽误一小会儿。

　　他在这里描述富人的权力时，有一种特殊的恶意，这让公平的经济调节问题转化为公开的阶级福利问题。这种暴怒的语言在法国革命时达到了顶点。卢梭在个人顺从和控制之间的内心斗争植根于这些问题。他把富人和穷人描绘为两个隔离的群体，在他的描述中，富人不仅仅过分关注自己的安全，而且故意强迫穷人处于被奴役地位，从穷人的痛苦中获得扭曲的快乐。为了证明这一点，我们暂时回到《论人类不平等的起源和基础》，看看其中的论断：

　　如果人们看到一小部分人高居在财富和荣耀的顶峰，而另外的人则匍匐在痛苦和晦暗之中，这是因为，前者所拥有的有价值的东西只不过是从其他人那里剥夺而来的。不改变这种情况，他们将失去幸福，除非大众终止自己的苦难。①

这里，又是一次图解般的例证，卢梭把内心的动力投射到了社会矛盾之中。为了证明自己强烈的侵略冲动的合理性，他夸大了富人们刻意的残酷。只有借助认同穷人和他们的苦难，他才可以稍微减轻对富人的愤怒——还有对其他权势阶层的愤怒。

写作最早两篇论文时，卢梭正"陶醉于美德"，在他改变自我之后，他的高度热情持续了四到六年。离开巴黎之后，他的个性发生了变化。在他到达退隐庐——一个埃皮奈夫人提供给他的小屋后不久，开始写作《新爱洛伊斯》，这部作品与他从前的政治论文的风格和内容截然不同。他从赞赏支持斯巴达美德转变成开始书写他以前谴责的"女人气"的小说。但是，这种转变，对卢梭来说，仅仅是一种自我的回归，因为他本来就是敏感和充满幻想的。更进一步而言，这并不仅仅是一种回归，而是在自我的两面之间摇摆，因为他早年的情感一次又一次地回归。他是这样描述这种转变的：

> 直到那个时候，我是好的，从那以后，我变得很有美德，至少迷恋美德。这种迷恋开始于我的头脑，但是轻轻掠过了我的心。从连根拔起的空虚的毁灭中升腾起了最高贵的骄傲，我假装什么也不是，逐渐变成自己看上去的样子，在四年当中，至少这一启示和灵感一直保持同样的强度，太阳底下没有任何打动人类心灵的东西，我不能达到。这就是我突如其来的雄辩的根源，也是燃烧了我的天上火焰的根源。这弥漫在我的第一本书中，这火焰在过去的40年甚至没有放射出一点火花，因为没有被点燃。
>
> 我真的改变了，我的朋友和熟人不认识我了。我不再是那个胆怯的、害羞胜于谨慎、不敢说话和表达自己、因一句玩笑话就惊慌失措、女士一瞥就脸红的人。勇敢、无畏、骄傲，我无论何时何地都坚

---

① V., I, p. 192.

韧保守，这缘于单纯，居住在我的灵魂之中，而非外在行为。我深刻的思考激发了对时代习俗、信条和偏见的轻蔑，这让我对熟悉这些的人们的玩笑话毫无知觉。我用自己的评论捻碎了他们的妙语和俏皮话，就像在手指间捏碎一只虫子。怎样的改变啊！整个巴黎都在重复着这个男人辛辣和尖锐的讽刺，而两年以前、十年之后，他完全不知道如何找到可以言说的正确事物，或者应该是用怎样的语言。①

很难确定这在多大程度上是一种幻想。以上的引文来自特伯（Thurber）的回忆录《沃尔特·米蒂的秘密生活》。卢梭承认在那个阶段"我的朋友和熟人像引导一只小羊一般引导着这只狂野的熊，我的讽刺是令人不快的，但是却是普遍真相，我不能对任何人说一句过分的话"②。但毫无疑问，他的作品充满活力、令人愉快，很有说服力。暂且不提那个阶段其他人怎样受到他的影响，"自然人"的确是他的发明。他发觉自己站在山顶，四周是闪电和雷鸣，他向宇宙摇晃着自己的拳头，这种感觉无疑是令人愉快的。

当他离开巴黎前往退隐庐，这种天上的火焰就开始消失。这里，他告诉我们，在乡村安宁的田园生活中，他对愚蠢的社会的愤怒渐渐平息。实际上，选择从巴黎撤出是因为他难以继续保持自己攻击性的外表，也是因为他对田园生活的热爱。卢梭有种摇摆的天性。如果他继续在舞台上，任何持续攻击的失败都会立刻被公众知晓。他的离开是一种演技的例证，他是表演的主人，也是渴望逃离之物。在退隐庐定居下来后不久，他和泰雷丝的关系更紧张了，她妈妈迫使她不能保有任何秘密，这使卢梭与她们之间产生了疏离。卢梭占有的天性，因从华伦夫人那里离开的伤痕而增强了，他既不能容忍也不能克服这种疏离感。很快，这开始影响他们的性关系。"当我拥抱她的时候，"他说，"我感觉她依然不是我的。当我想到我并不是她的一切，这让她对我来说变得毫无意义了。"他渐渐用自我的幻

---

① O. C., I, pp. 416–17.
② Ibid., p. 369.

想取代了他们之间的亲密关系。他变得完全从世界逃离了。

很长一段时间,卢梭都在思考计划中的一本书,叫做"政治机构",一部长篇巨著,从中他精选出了《社会契约论》的内容。在巴黎充满风暴的日子里,他曾经间断性地做过这项工作,但是频繁的争论、公共表演,还有预定的对批评者感受的回应,让他几乎没有时间系统学习社会理论,而这是更为重要的成功的基础。他所期待的身处退隐庐的宁静被打断了,不仅因为埃皮奈夫人的诱惑,更因为他自己迫切的性需要。当他期待着就在眼前的光辉事业之时,白日梦充满了每一分钟。① 最后,他决定屈从,为了把自己头脑中的东西写出来。在这一段性关系混乱的阶段——和索菲(Sophie)之间的恋爱事件,和埃皮奈夫人之间的争吵,和德·卢森堡夫人(de Luxembourg)之间煽动性的猫鼠游戏——《爱弥儿》和《社会契约论》最终完成了。经过6年的努力,在这一段时间内,自然中固有的善这一信念严重地动摇了。他在去看守所的路上缘于灵感而创造的充满美德的形象,要保持下去则显得困难而严峻。随着个性的改变而来的是政治哲学和风格的改变。前两篇论文,对自然和自发的人类充满热情,但屈从了《社会契约论》的要旨,这里,他概括了保存国家机构,征服人类意志、自私和个人的渴望,以及人类激情的必要性。

七

卢梭提到,他住在日内瓦感到很气馁,并不仅仅因为日内瓦市民的冷漠,还因为伏尔泰在城市附近租了一个房子的消息。在早年岁月,伏尔泰是他的偶像,和巴黎所有的年轻作家一样。但在伏尔泰搬到日内瓦郊外6个月后,他给卢梭写了一封信,答谢收到卢梭的第二篇论文。"您的新书反对整个人类,"他评论道,读这本书的感受就像是"一个人渴望用四条腿走路"。这是一封充满伏尔泰式刻薄的信件,但也包含着一种想要回答

---

① O. C., II, pp. 426-27.

卢梭争论的认真的尝试。是极高的赞扬，也是尖锐的攻击。信件以"温柔的尊敬"结束，邀请他去日内瓦"喝我们奶牛产的奶"。①

这封信给卢梭带来深刻触动和挑战。在回信中，他承认"我们都对您怀有最大的敬意"，并逐条地回应伏尔泰对他作品的批评。② 对伏尔泰的天赋，他既怀有敬意，也有很强烈的竞争心理。伏尔泰攻击宗教的权力和坏的政府，但他本人就是有钱阶层中的一员，卢梭认为他是破坏人类自由的新专制者。更进一步，他是巴黎式的轻佻聪明谈话的代言人，他把巴黎社会腐蚀败坏的成分带到了日内瓦。卢梭看到，伏尔泰用他无以伦比的权力和影响力，轻浮的闲谈，巴黎来的访客，还有在伏尔泰新别墅（Les Délices）上演的戏剧，用这一切腐蚀了单纯的日内瓦。尽管他有一种冲动想要和伏尔泰竞争他所热爱的这所城市的灵魂，但他在《忏悔录》中承认，自己是个胆怯而贫穷的人，无法与一个"傲慢富有，被特权者们支持，时时散发着雄辩的光芒，已经是女士和青年的偶像的人竞争"。③

极为可能的情况是，卢梭在回忆自己为何不留在日内瓦的往事时，被后来那一场他和伏尔泰之间的争论深深影响，以至于在讲述自己的生命故事时，这一争论似乎已经可以预料。实际上他依然考虑可以在日内瓦住一段时间。在他和伏尔泰信件来往整整一年半之后，他放弃了通过努力得到的日内瓦图书馆管理员的职位。④ 直到这个时候，伏尔泰的影响才开始变得重要起来，以至于他夸口说，每次他晃动自己的假发，都可能粉碎这个微小的共和国。以后，他们之间还有通信，依然是充满礼貌和善意，但他们在哲学上的分歧却更明显了。他们本质上不同，这种感觉在逐渐增长，并且卢梭也已经开始万分痛恨伏尔泰在日内瓦的卓著地位，这与一个平庸的图书馆管理员形成了鲜明的对比。

与此同时，卢梭收到埃皮奈夫人在自己领地中提供一个房屋的允诺。

---

① C. G. II, pp. 203–5.
② Ibid., pp. 206–9.
③ O. C., I, 397. 伏尔泰现在卢梭父亲的城市里，获得了一个卢梭觊觎很久的职位。这可能刺激了卢梭对他敌意和竞争的感情。
④ E. Ritter, *Annales*, 1916–17, XI, p. 112.

这是一幢年久失修的房子，她完全翻修了一遍，以便卢梭适应环境。他在巴黎被人群追逐，人们想要见到他，与他谈话，尽管他外表粗鲁，但是被他人赞扬和渴望的强烈需要使他无法摆脱这一切。埃皮奈夫人一直对他很有兴趣，在他被介绍给她之后，他们经常一起吃饭。她为自己能够打破常规和取悦有争议的著名人物而骄傲。在早年，她为了爱情而结婚并期望丈夫在结婚后依然保持忠诚。当她的丈夫告诉她自己准备顺应传统，婚后找一个情人后，她找到了其他蔑视传统的方式。在她的那个时代，把孩子送到乡村农户家里抚养是一种习俗，这让母亲得到自由。所以，当埃皮奈夫人宣布自己抚养儿子时，这就是个丑闻。她自己的家庭和丈夫的家庭都反对这一古怪行为，不过，她坚持把孩子留在家里。① 因此，一点也不奇怪，这样一个不平凡的女人会对反传统的让－雅克感兴趣。

但是，卢梭不会轻易接受，他想要确定这里没有把他和恩赐者捆绑在一起的绳索。当他第一次看到退隐庐，一个未经修葺的房屋，他对埃皮奈夫人评论道："噢，夫人，这是一个多么美妙的居住地！这对我而言绝对是个避风港。"② 但是，当主人把这个衰败破损的旧房屋修葺后，它看上去不再适合一个骄傲的共和主义者。尽管他深深感激她的帮助，感动得热泪覆盖了她的手，不过他很快怀疑她的言语，她说有一些"工程"需要帮助，她会给这一援助以适当的报酬。卢梭义正词严地回应说，他不是任何人的花瓶，也不是用来出售的。埃皮奈夫人作出道歉，卢梭也道歉了。他对她解释说她应该更注重他的心，而不是他所使用的语言。埃皮奈夫人坚持说卢梭在新家里享有完全的自由，让她的朋友说服他留下来。她把他形容成"我的小熊"③，把退隐庐描述成从世界的撤离。他终于被说服了，一旦作出了决定，他急切地在雪化之前就搬进这个小屋。一直以来，突如其来的激情减轻了恐惧，在卢梭那里是非常典型的。他在这里，在这一段生命里扮演一个粗鲁的愤世嫉俗者的角色，但他依然害怕自己掩藏在表面之下的服从的天性。他知道，如果埃皮奈夫人占用他的时间，他会被迫服

---

① M., I, pp. 1 – 352. F. MacDonald, *Studies in the France of Voltaire and Rousseau*.
② O.C., I, p. 396.
③ Ibid., p. 396.

从。他需要获得完全的保证：她决不会利用他的顺从。

卢梭迟疑地搬进来可能还有其他原因。埃皮奈夫人被她以前的情人抛弃，现在是格里姆的情妇，卢梭和他的关系并不好。格里姆反对夫人让卢梭搬进退隐庐。他反对的原因并不是很清楚，可能他嫉妒一个在圈内名气比他大的人和他的情妇住在同一个地方。卢梭则敏感地回想起格里姆在把他介绍到法国社会时有多么冷漠和斤斤计较。而且格里姆严格的自律性格和卢梭忧郁变化的个性很不协调。可能他们都预感到未来他们之间会出现裂缝。格里姆可能觉得在卢梭向埃皮奈夫人诋毁他之前，应该先向她说卢梭的坏处。

嫉妒是格里姆警告背后最可能的动机。考虑到卢梭和埃皮奈夫人之间多次会面产生的温柔情感，嫉妒应该是根本原因。尽管卢梭之前不可能成为她的情人，但她显然无耻地挑逗过他，而卢梭以他特有的激情回应了她。他在《忏悔录》中说，她是平胸，毫无性感可言①，这种不好的描述是后来才产生的。

非常明显，在他们关系开始时，埃皮奈夫人并不是卢梭喜欢的那种纯洁的、孩子般的女子。尽管很多方面很叛逆，但是她仍然是一个社会性很强的女士，一个生活在现实世界的女人。不顾她对他的保证，她认为自己有权利偶尔向他炫耀一下，期待他一定的注意。这似乎是他们关系中最致命的因素，对卢梭而言，他可以为了爱做所有的事情，却不会服从任何的社会义务。如果他想要满足和安抚埃皮奈夫人，那仅仅是因为害怕冒犯她，因为，在他住在退隐庐的早期时光里，对埃皮奈夫人怀有一种特殊的喜爱。

同时，狄德罗讨厌埃皮奈夫人，恨他的朋友离开巴黎，一直催促卢梭回来，但他的抗议一直带着温柔和恳求的语调。其他霍尔巴赫圈子里的人则嘲笑这个"自然人"，称他是如此空虚，没有巴黎的崇拜，他一个月都活不下去。的确，卢梭很空虚，爱听别人的吹捧，他的新性格的一部分是一种假装，想成为被关注的中心。但是，他对自然的热爱的确是真实的。

---

① O. C., I, p. 412.

他尽可能地享受一切,梯田形的草坪,形状规整的灌木,胭脂和衣裙的花边。当他看到一个愚笨的妇女正在编织,会抓着她的毛线,以一种极不成功的方式与她交谈。他热爱自然界里毫无束缚的植物、溪流、森林、乡村的酒、简单的食物,还有提早吃饭和休息的权利。他把这个看成一个可以让他安心从事计划中的文字工作的机会。但是,这个自然中的人发觉,一旦隐藏在自己的退隐里,自己需要一个可以完全倾吐心声的朋友。他高度仰慕自足的生活,但是他不能只生活在自尊中。这个社会的敌人,在内心里,更多是一个社会人。

他的这种天赐的家庭中的福祉和自然里的孤独很短暂,埃皮奈夫人越来越多地占用他的时间,超过了他的预期。泰雷丝脾气暴躁的妈妈是他和泰雷丝之间关系的障碍。卢梭对泰雷丝更多的是同情而不是爱。他在《忏悔录》中说:他"占有泰雷丝的渴望并不多于他对华伦夫人的渴望,她只是单纯满足我性的需要,对我而言她不是一个个体的人"。① 他和泰雷丝在一起的快乐,存在于他保护她的感觉中,还有在他们沉默地一起散步的时候。当他们搬家到退隐庐,这种纽带变得更脆弱了。泰雷丝是她母亲最不喜欢的孩子,当这个老妇人秘密地接受卢梭的朋友和资助者的礼物时,她总是慷慨地分给其他的孩子,而唯独留下泰雷丝,让她完全依赖卢梭的支持生活。她本能地感觉到,只要泰雷丝表现出丝毫的奢侈,她的情人就不会再感觉到金钱上的压力。她一直向格里姆和狄德罗抱怨自己生活贫穷,并坚持要求泰雷丝对卢梭保密。母亲和女儿见面的耳语和秘谈在一般人那里已经足够引起怀疑,对卢梭这样个性敏感多疑的人来说,绝对是致命的。卢梭和泰雷丝约定她的其他亲戚都不能拜访退隐庐,但是他不在的时候,泰雷丝的母亲没有得到泰雷丝的允许就邀请了他们,命令她不许告诉卢梭这些来访和他们吃掉的食物。她遵守这种家庭内的忠诚,但秘密成了她和爱人之间沉重的负担。卢梭痛恨这样的暗中诡计,渐渐的,他和泰雷丝森林中的散步被很多无法说出的想法占据。很快,他不再建议这样的林中漫步,但后悔地发觉泰雷丝似乎并不想念这些。

---

① O. C., I, p. 414.

狄德罗从巴黎发来一封愤怒的信件，指责他忽略了泰雷丝妈妈的利益，格里姆参与谋划给泰雷丝和她妈妈开一家烟草店，以便她们离开退隐庐。狄德罗和格里姆之间建立了一种卢梭梦寐以求的亲密友谊，这一切都使他的孤独生活变得更复杂了。霍尔巴赫的文学圈又传出流言，卢梭隐退到乡下只不过是一种姿态。在这个生命的转折点，他的朋友和情人都明显地反对他，他感到非常的孤独。

第四章　诽谤与爱的世界

一

卢梭和朋友们的争吵与反目，以及他和索菲之间的爱情，几乎算得上他生命中最复杂的故事之一。争吵、反目和爱情，没有彼此间的参照和注释，都不可能得到很好的理解。它们在彼此之间回响、往复，如同一个巨大风琴的音符，无法单独存在。卢梭在这场混乱之中，表现得如同一个受到惊吓的乐者，在乐谱里迷失了自己的位置。

关于这一阶段，我主要依赖《忏悔录》和卢梭的信件，只在卢梭沉默的那些领域利用了埃皮奈夫人的回忆录。后者的真实性是值得怀疑的[①]，但是关于这些事件的部分解释在别处无法找到，它们是重要的，因为这里考察了故事的另一面，对方都以自己的角度来观察问题，以便维护自我。我追随每一争论的线索，在得到结论之前不介入下一个争论的讨论，因此，这一章节包含着这一阶段发生的一系列交叠的事件。

二

卢梭和霍尔巴赫圈子决裂的种子已经暗暗滋生很久了。沙龙里漫谈的气氛，散布着过分狂妄自大的无神论，以至于阿尔伯特、甚至图高（Tur-

---

[①] F. MacDonald, *J.-J. R.*, *a New Criticism*.

got）都觉得有些过分了。卢梭，尽管不是传统的捍卫者，但怀有很深的信念，认为存在着某种神，人们有权按照自己的方式敬拜他。他憎恶霍尔巴赫圈子里对宗教的直接攻击，在他们的沙龙里，他从未感到真正的轻松愉快。他把自己看成一种新的朝拜的领袖，因此，尽管他容忍牧师和其他宗教界的朋友，但觉得没有义务尊重他们的信仰。有一次，霍尔巴赫圈子决定戏弄一个乡村牧师，因为他向狄德罗请教他对牧师剧目《所罗门》的看法。狄德罗邀请他来霍尔巴赫圈子聚会的地方，与会者被通知要假装高兴地取悦那个愚蠢的牧师，并鼓励他戏弄自己。卢梭被这种残忍的娱乐游戏深深触动，一个记录表明[①]，他跳了起来，抓起牧师的手稿，对那个迷惑不解的人宣布，这个圈子的人只是在取笑他，然后骄傲地夺门而出。他并不是一个为了这个圈子那种精致的折磨游戏而生的人，他对那种精巧的俏皮话和小聪明的憎恶，可以说是他攻击复杂学识的基础之所在，也正因此，他区分了"自然人"和社会沙龙里那些看似充满伟大思想、但只是卖弄博学的人。

在卢梭和霍尔巴赫圈子决裂的同时，也渐渐远离了狄德罗。他激烈的骄傲，特有的天性，需要从和他亲密的人那里得到特殊的忠诚和理解。狄德罗，他这一时期最重要的朋友，其性情、气质和成长背景是如此的不同，使得共同的理解几乎是不可能的，更不用说忠诚。一个热情的、雄辩的、充满感情的外向的人，无法理解为什么卢梭为了写作要一个人躲在退隐庐。狄德罗拥有雄辩口才的声誉，并且，正走在一条因为美德得到人们的欢呼致敬的路上，直到卢梭超越他，抢了他的风头。狄德罗，在卢梭身处巴黎和退隐庐的早期，向他的这位朋友表达了极大的喜爱之情，他也不能忘记，卢梭最初写信向他请教的时候，他自己也获得了极大的认同和赞誉。他慷慨地向他提供文字和风格上的建议，不过，他也认为，在美德上给予建议是他的权利，甚至责任。卢梭的美德观念是独立的自然人，忽略了社会的习俗和罪恶；狄德罗，却是一个更繁忙的充满美德的人，忙于帮助自己的朋友，给他们建议，激发他们的才智，总之，为其时代做一点有益的事情。他抗议卢梭隐居到退隐庐的不道德，抱怨卢梭对泰雷丝可怜的妈妈不公平，因为要在乡下房屋度过严寒冬天，这些都是他做好事的例

---

① O. C., I, p. 1450.

证。对他来讲,灵感来源于朋友之间的交谈,而卢梭的逃避和隐退则是对友谊的公然冒犯。狄德罗是一个充满幻想的奢侈者,很容易忘记不公正的事。他花钱很随意,经常让马车在那里等半天,而忘记告诉车夫要等他。卢梭在道德上拥有一种日内瓦式的严格和审慎,他经常考虑自己遭到不公正对待,很小心地花钱,因为浪费和奢侈都会扰乱他的心。

尽管在退隐庐,卢梭还是依赖狄德罗作为主要的批评者,期望从他的朋友那里得到支持和建议,但是,当他们约好见面时,狄德罗总是迟到,有时候根本不来,让卢梭一个人在圣德尼(Saint-Denis)等一天。卢梭全身心地投入自己的工作,以至于当狄德罗要和他讨论自己脑海中的问题和计划时,卢梭经常不耐烦。狄德罗评论卢梭在这一方面是欠考虑的、没有头脑的,这在文学史上很著名。在回忆录中,我们可以看到,卢梭曾经把《新爱洛伊斯》的手稿拿到巴黎请狄德罗评论,在他们为此工作了三天之后,当狄德罗请他的朋友帮助自己完成手头的一项文字工作时,卢梭回答说:"太晚了,我不习惯熬夜。"① 狄德罗的女儿在她的回忆录中也记录了这个故事。②

这就是卢梭最初在退隐庐时和朋友之间的关系。当狄德罗完成了剧本《自然之子》,并把它送到退隐庐时,情况渐渐恶化了。狄德罗不断地用信件和批评指责卢梭脱离社会,这几乎淹没了他。在这个剧目中,卢梭发觉康斯坦司(Constance)指向多瓦尔(Dorval)的评论似乎也特别适用于他自己,"有道德的人生活在社会中,只有邪恶的人才独居。"③

卢梭被这一评论深深地伤害了。④ 这和狄德罗曾经对他说的和写给他

---

① M., III, p. 169. Despite its frequent repetition, this incident has never been substantiated. We have only Diderot's account.

② D. Diderot, *Mémoires*, I, p. 63.

③ D. Diderot, *Le Fils naturel*, in his *Collection complète*, V, p. 63.

④ 当卢梭作为一个文字上的攻击者的时候,他的良心呈现一种特殊的道德上的曲折和缠绕。他的《新爱洛绮思》的女主人公声称自己宁可嫁给一个煤矿工人为妻,也不愿意做一个国王的情妇。这种说法十分触犯蓬巴杜夫人,但卢梭感到,就像他在《忏悔录》中所说:"这种说法来自于我心深处,我发誓没有任何蓄意的人身攻击。"(O. C., I, p. 512) 当他后来再次读作品,看出其中的意思可能被误读,但他觉得,既然他的良心保证了他在写这些话时并无此意,那就继续保留在那里,只满足于把国王替换为"王子"。他特有的态度是,如果蓬巴杜夫人是一个真正有美德的人,那就不仅应该读他的文字,而且也要明白他的心。

的都如此相似。并且,在剧目的对白中,没有任何的限定来加以调和。"只有邪恶的人才独居",这对卢梭而言,是一项强硬而残酷的指控。他写信抱怨这种不公平,但是"怀有一种温柔的感情,我的眼泪浸湿了纸页"。① 毫无疑问,在信件送到狄德罗手里时,泪水已经干了,狄德罗坚持断言,隐士是奇怪的,并让卢梭毫不怀疑自己就是一个隐士——尽管事实上,他还有一个女主人,他的"妈妈",还有接连不断的为他的名声和荣誉所吸引的访问者。

狄德罗坚持,他努力要把隐士从孤寂退隐中解救出来,仅仅出于对朋友的爱,期望他一直在身边,但是故事还有其他微妙的方面。狄德罗,和卢梭一样,对友谊有种很强的占有欲。他蔑视埃皮奈夫人,不仅仅因为他觉得她声名狼藉,而且因为她和格里姆、卢梭的关系都很亲密。杜克洛(Duclos),因为自己的粗鲁而被夫人拒绝后,跑回到巴黎,告诉每一个人她是怎样一个刻薄的女人,格里姆怎样爱着她。狄德罗还记得,他的朋友格里姆在被巴黎女演员抛弃后,经历了怎样长久的绝望,格里姆的缺席曾经让他哭泣,当格里姆回来时,他则沉浸在一种狂喜之中。他对卢梭有一种相同的占有之情,用了很多古怪的方法,想把他带回到巴黎。对狄德罗来说,很明显,他认为自己知道什么对自己的朋友最好,在他的头脑中,卢梭需要巴黎,就像巴黎需要卢梭一样。

尽管狄德罗很不公正,但卢梭不能简单地忽略他。他不相信真正的朋友之间观点的分歧会长期存在。他的信件充满了为不需要阐释合理性的事物精心阐释合理性,解释,解剖,好像是"因为你先说了这些,我很自然必须说"。这一时期,卢梭写给狄德罗的信件背叛了他一贯雄辩的风格,到来的是更严重的失序和混乱。他不能接受一些道德和正义的问题无法最终解决,他一直相信,在某个地方,存在着对所有事件不可动摇和不可置疑的审判。因为他依照着自己的"良知"行动,他认为自己不会错。他不满足于断言无辜和纯洁,他要证明——即使在最无关紧要的事情上。下面是他在1757年,针对那些冒犯他的剧目和评论,写给狄德罗诸多信件中的

---

① O. C., I, p. 456.

一封:

> 我希望用简单的话总结我们争论的历史。您给我寄来您的书,我给您写了生平从未有过的最温柔理性的信件。在其中,我用最温和的友谊,抱怨一个有争议的格言,它可以以一种有害的方式应用在我身上。我得到的回应是冷漠无情的一封信,我的回信拥有一个被朋友侮辱的人所能有的所有活泼和通达,您用一封讨厌的、让人憎恶的信来反驳。我仍然捍卫自己,非常认真的,但是,在激烈的愤怒中,就像您扔到我身上的那种激烈的愤怒一样,我不相信自己。在这种情况下,由于害怕伤害一个朋友,我把信件寄给埃皮奈夫人,请她判决我们的分歧。她把信件还给了我,建议我抑制住愤怒,我这样做了。现在,您给我写了另一封信,称我是罪恶的、不公正的、残酷而残忍的。这就是我们之间发生的事情。
>
> 我希望问您两个或者三个简单的问题。在这一事件里,谁是侵犯者?如果您愿意,让所有发生的一切涉及第三个人,请出示我的第一封信,我也会出示您的。退回到我以很坏态度对待您批评的时刻,我承认在这一点上自己是错的,但是,我们中间的哪一个,更应该负责以理性的语调让另一个信服呢?①

两个哲学家的争论最终平息,是因为卢梭被告知,狄德罗因为百科全书的编纂而处于政治困境中,并且他的《自然之子》被指控剽窃了哥尔多尼(Goldoni)的作品。卢梭,被朋友的困境深深触动,继续去巴黎看望狄德罗,甚至时不时和他一起去霍尔巴赫的沙龙。

三

卢梭在退隐庐时正在写作《新爱洛伊斯》,这是一本风格和技巧完全

---

① C. G., III, pp. 49 – 50.

不同的书，除了一些私人信件，和他从前所写的一切作品都不同。这为后来众多的浪漫主义文学奠定了基调，他是最早的为浪漫主义作家要求声誉的人。在这本书中，他期待着法国社会的道德改革。《新爱洛伊斯》中再现了一种令人难忘和震惊的对比，小说中诱惑、阴谋、偶尔的失贞对前一代的读者而言是如此熟悉。尽管理查逊（Richardson）和斯泰恩（Sterne）的小说在英格兰广为流传，但是《新爱洛伊斯》注定将在法国取代《曼侬》(Manon)。在这一小说中，卢梭想要再一次体验爱洛绮丝（Elois）和阿伯拉尔（Abelard）之间忠诚的爱情关系，并将此作为厌倦的、老于世故的法国社会的道德教育，他想表明，激情会由于拖延和暂时中止而得到加强，并变得更加甜蜜。他试图在道德原则的基础上给法国人民呈现出自我节制的价值。

令人好奇的是，《新爱洛伊斯》最初只是形成于他自己的头脑中，脱胎于他自己的幻想，最初的构想也只是满足自我的需要。在他的爱情想象的初始阶段，他并没有想到要把它付诸纸面，但是，伴随着他想要抵制自己情欲激动的企图，他最终渐渐形成一种通过浪漫主义小说来培育新道德的观念。

从追寻梦幻的痕迹开始，到渐渐发展成为追寻具体的人，这会很有启发意义。索菲，卢梭最重要的浪漫之爱的对象，一个设计好的适合卢梭古怪的性爱癖好的情人。

卢梭刚到退隐庐的时候，头脑中有很多计划，他认为这里是一个思考的好地方。在乡下森林覆盖的宁静环境中，他倾向于达到高水平的创造力，这是他个性中令人惊奇的一面。他这样回忆自己的感受：

> 虽然这里很冷，地上还有一些积雪，但大地开始冒出新芽，能够看见紫罗兰和报春花，树上长出小嫩芽。我到达的那天晚上留下了夜莺第一次歌声的印记，在毗邻我房间的森林里，在窗户旁边就能听到。
>
> 我把早晨的时间留出来抄写，像一直以来那样，中午散步，带着笔记本和铅笔。除了在自然界，我无法轻松地思考和写作，我不想改

变自己的习惯。我决定，蒙莫朗西的森林，几乎就在我们面前，从此以后是我工作的地方。①

在最初的日子，几乎整整第一个夏天，他执行了这些计划，几乎没有受到打扰。和泰雷丝之间的疏远之感并没有得到缓解，埃皮奈夫人非常忙，只是偶尔才回来看他，他们最初的关系类似于他和华伦夫之间，包含着尊敬。不过，有微妙的差别，卢梭不再是一个默默无闻的年轻人，寻找一个给予他爱和保护的"妈妈"，他是一个 44 岁的著名的文学偶像，整个巴黎都在谈论他的美德。他依靠抄写乐谱为生，下定决心不会因为任何的诱惑和他人的善意背离自己的生活，但他最容易受到人们善意的感动。他执拗地拒绝任何形式的年金和礼物，这让他的朋友们很苦恼，他们大部分都从富有的资助人那里得到丰厚的礼物。他同样保持着强烈的独立的渴望，这让他对于把退隐庐当做退隐之所也怀着很深的警惕，他用一点小小的侮辱试探埃皮奈夫人，确保她是因为友谊的缘故才提供住所。但是，她如此热切地希望卢梭把这里当成自己的家，做任何他希望做的事情，这反而让卢梭觉得这种温柔和善意与他的处境是不相称的。

在卢梭和女人们的关系当中，感激和爱是难以清楚区分的，他的感情似乎暗中邀请和诱惑每一个人施展魅力，以迷惑他。埃皮奈夫人已经有一个情人格里姆，但他要处理许多文学上的事务，经常旅行，而卢梭却在身边，经常询问她是否安适，赐予她温柔的吻，为她的幸福操心。当不能拜访他时，她从巴黎给他写信，给他寄自己的画像，请他寄自己的画像给她。最终，她寄给他一条裙子，告诉他已经穿破了，他可以用它做一件背心。这件礼物给卢梭掀起了感情的波澜，他吻着裙子，噙满眼泪。"似乎是为了我的温暖而把她自己的衣服给我"。② 但是，埃皮奈夫人只是很谨慎地通过邮递来表达问候，而不来到卢梭面前。

最初在退隐庐，卢梭越来越强烈地感觉到自己和泰雷丝之间的距离在

---

① O. C., I, pp. 403–4.
② Ibid., p. 437.

扩大，和巴黎从前的朋友也是愈发疏远，他感觉非常孤独，急切地盼望一个他可以完全为其付出自己真心的人。尽管埃皮奈夫人唤醒了他，但他对她依然有所保留，她是格里姆的情人，常常和他通信。泰雷丝的忠诚徘徊在他和她的母亲之间，卢梭，拥有很强的占有欲，渴望一个人完全属于他。在孤独的散步之中，他寻找着这样一位伴侣，追寻着早年的理想爱情的记忆。"我的血液燃烧了，"① 他说，他沉迷于自己的幻想中，描述了这些想象演进的过程，最终决定赋予它们一定的秩序和一致性：

> 这种沉醉，在任何一点上，并不至于使我忘记自己的年龄和处境，迷惑我自己，让我依然相信自己能激发爱情，或者诱惑我去尝试传达这毁灭性的、无意义的火焰。从孩童时代开始，我的心就在此中消耗。我并不希望它，并不渴望……我能在这种情境下做点什么呢？我的读者们已经猜到了，如果用心跟随我的话，无法在现实找到真实的人使我深陷狂想的世界，发现存在的现实事物不值得我为之狂喜，我在理想的世界培育它们，用我的创造性的想象力和我的心灵……② 在许多毫无疑义的抛弃我头脑中故事的努力之后，我完全被它们所吸引，我致力于把它们以某种秩序和顺序呈现出来，形成一篇小说。③

某种意义上，他感觉通过在幻想中创作一篇有寓意的小说，可以弥补自己耽于欲望的很多时光。

四

当卢梭决定把他的想象写成一篇小说时，他已经设定好了位置，他那"多情的狂喜"的强度有了一定的缓和，他设定了最初的三个人物角色。

---

① O.C., I, p. 427.
② Ibid.
③ Ibid., p. 434.

两个孩子气的单纯女子角色,来源于卢梭对少年时代的加蕾小姐和格拉芬丽小姐的回忆,很显然她们给他留下深刻印象,他认为自己是第三个角色,一个英雄——后来称做"圣-普乐"(Saint-Preux),并赋予他同样充满感情的、为道德而受难的性格,像他自己。女主人公叫做"尤丽"(Tulie)。

在写小说过程中,乌德托伯爵夫人不期而至,他在以前她拜访埃皮奈夫人的时候,就知道她叫"索菲",她在卢梭的爱情想象还没有达到高潮的时候来拜访他,给他留下了很愉快的印象,"空气仿佛在她的笑声中鸣响"①。她轻视自己的丈夫,但她的情人兰贝特(Saint-Lambert),卢梭的朋友,鼓励她拜访卢梭。第二次拜访卢梭的时候,她穿了一件男子的外衣,这更增加了卢梭对浪漫和冒险的渴望②,她进入了他的生命。正当他的生命中闪烁的激情无处放置时,她给他讲述对兰贝特的爱,卢梭则把她当成自己小说中爱着"圣-普乐"的尤丽。但是,谁是"圣-普乐"?他自己,还是兰贝特?他头脑中浪漫的激情如此混乱,想象中的人物和现实的相混淆,他分不清哪一个在何时开始,在何时结束。直到她离开,当他想到尤丽的时候,心里想的一直是索菲,他才意识到自己爱上了她。

关于卢梭和索菲的浪漫故事,传统上认为卢梭是坏人,乌德托伯爵夫人被说成"一个不情愿的女巫,毫无意识地在自己的手中捧着满满一杯侮辱",而她成为卢梭激情的原因"并不是她的错"。但是卢梭,在传记中保留了最雄辩的指责:

> 我们看到一个灵魂被污染的人,浑身颤栗,神经质,被情欲的癫狂所毒害,从燃烧的迟钝的血液中升腾起有害的毒气,把现实的事务和责任变成遥远的毫无疑义的阴影。如果这仅仅是牲畜春天一时的情绪,危害倒小得多,但是,男人和女人们紧抓住污秽事物时,充满着羞愧和懊悔的理性挣扎,加重了狂热,让精神颤栗……整个事件是一幕道德玷辱,一半让人恶心,一半让人惊骇,我们沮丧地转过身,好

---

① O. C., I, p. 432.
② 这可能迅速地增加了她对卢梭的吸引力。参见第十二章对他潜在同性恋倾向的讨论。

像面对着粗俗冷酷形态的可怖爱情,神出鬼没地漂浮在温暖的软泥上。①

实际上,索菲在整个事件中更多的是挑衅性的角色,她并非一个女巫,诱惑一个隐士在第一眼就爱上她。她脸上有天花留下的疤痕,皮肤的颜色,像卢梭描绘的那样,并不是很好。② 很显然,她的热情和单纯吸引了他,第一次见面的时候,她 27 岁,她不仅仅从兰贝特那里听说了卢梭,从她的表兄和妹妹、埃皮奈夫人那里,也得知关于卢梭的事情。后者毫无疑问描绘了卢梭充满激情的性格,他们在埃皮奈夫人家里和退隐庐见过几面,似乎在她第二次拜访卢梭时,就已经很了解他的个性。

说她有意识点燃他的激情,这是有疑问的。从所有的纪录看来,她是那种有意识压抑自己性感受的女子,她把兰贝特当成自己的丈夫,但性是为了快乐的观念对她来说是有罪的。这样的女人只有在梦中才会有强烈的性感受,那里她会被一个野蛮的男人所追逐,但是现实里,她是美德的象征,这种类型的女人经常保持着更多的温柔、单纯、孩子般的自发的温暖感情。她很容易相信其他人,看到他人身上好的一面,对受到伤害的人有种本能的同情。对这样的女人而言,说服自己和一个男人保持着模糊的柏拉图式关系并不困难,她对性的感受毫无意识,也就意识不到其表达。当她用双手轻拍一个男性朋友的手时,那只是表示感激他所说的话;当她在他的肩膀上哭泣时,她仅仅意识到被保护和同情的理解;如果她唤醒一个男人的性的感受,只是说明他不了解她。问题在于,他了解她不愿意承认的一面,因为没有得到满足而变得更加强烈。结果,她为自己和他人建立起来"一个端庄的小女孩"的形象,她能够获得性的满足,仅仅只是暂时忘记自我——忘记她想要获得甜美的柏拉图式爱情的想法,想象自己是一个妓女或者野兽,一瞬间变成另外一个人。

卢梭再现的索菲,很明显重现的是这样的个性——她暂时的自我

---

① J. Morley, *Rousseau*, pp. 263 – 64.
② O. C., I, p. 439.

遗忘。

> 她拥有自然的、令人愉快的才智，幸运的是，还伴随着快乐、毫不在乎和天真烂漫的性情。她总是自然地无意中说出令人开心的俏皮话……天使般的温柔灵魂是她性格的基石，除了审慎和力量，她拥有所有的美德……她的心不可能会产生仇恨，我相信这和我的一样，这是我爱她的很大一部分原因……最终，她的毫无疑问的纯洁和真诚被证明是显而易见的愚蠢和缺乏头脑。她犯下非常荒谬的轻浮的过失，结果只会毁了她自己，而不会对任何人造成损害。①

这些毁灭了她自己的"不慎重"，表明索菲个性中的某些阴影开始通过一些途径显现出自身的存在，但是，她经历过一段完全失去男人关注的时期。她的丈夫和情人都去了战场，她的屋子里全是仆人，没有任何责任。当然，这些因素决定了她第二次去拜访卢梭。

已经证明的是，第二次拜访对卢梭善感的天性是致命的。他对温柔、爱抚、纯洁爱情的渴望被注意到了。索菲向兰贝特描绘了这种感情，很明显展现了丰富的内涵，尽管她从未流露敌意，但是必须扮演一个理想中的情人，给予一切，而不要求回报。对卢梭来说，索菲最大的性格特征是她怜悯的能力，在现代，长久的痛苦被视为"忧郁症"，而伤害则被当成"意外事故"。很难再现索菲身上那种品质，对地球上所有不幸的生物都倾注着毫不吝惜的同情。和这样一个女人在一起，卢梭扮演着贫穷、孤独、无人关爱的角色——一个被误解的天才。在索菲到来之前，他对自己行为的评价已经揭示了这样的自我定位，不过那个时候，只有他自己是同情的倾听者。

> 我相信我渐渐迈向自己生命的终点，却没有品尝过一次我心灵所渴望的那种幸福，没有表达过一次我感觉到自己所储存的强烈感情，

---

① O. C., I, p. 439.

没有品尝、甚至没有接近过我灵魂所能感觉到的那种沉醉幸福的力量，总是抑制寻求对象的渴求，除了通过我的叹息，无法释怀……被一种从未满足过的爱的渴望所吞噬，我发觉自己接近老年的大门，还没有生活过就死去。

这种感人而忧郁的思考带我回归自我，带着一些懊悔，也并非没有快乐。似乎命运亏欠我一些从未给予我的东西，我为了什么而生，如果我体内精致的设备未曾使用过就到了终点？感受到自我内在的价值给我一种不公正之感，一定程度上补偿了我，让我流泪，好像它们曾经盛开过。①

除了卢梭的著作，一个人很难在别的地方看到这种坦率，毫无羞愧地承认为了爱而受到折磨。他给索菲的信件中充满类似的宣言，毫不奇怪，他会被她仁慈的天性和才能所吸引。

当一开始卢梭发现他对索菲的爱，在索菲在场时他几乎不会说话了，只有向她表白自己感情的时候，他的舌头才能解放出来。她为他的愚蠢感到悲伤，但是继续拜访他，告诉他如果他克服自己的错误，他们三个朋友（兰贝特、索菲和卢梭）在一起该有多么快乐。她把他当成自己生活和环境的附加之物（并不是以女人的身份出现在他面前），这让她欣赏他狂热的占有欲望。她保持着"友爱的朋友"的信念，他们的关系迅速定格为柏拉图式。她的友谊，根据卢梭所言，"太强烈而显得不真实"②，他开始怀疑她在玩弄和误导他——也许还受到兰贝特的鼓励。她单独在树林里与他见面，让仆人在路边等待；她邀请他在家里一起吃晚饭，告诉他她一直很孤独，甚至邀请他一起过夜，他们经常见面，但卢梭从她那里得不到任何东西，除了友谊。

这里的真实情况非常复杂。卢梭，把女人的"不"当成真正的"不"，不能理解索菲对他的爱。如果她不爱他，怎么会如此温柔和同情地对待

---

① O. C., I, p. 426.
② Ibid., p. 442.

他？有时候，他真的相信她在颤抖，把所有关切倾注于她，但是，年轻的审慎的女士提醒他和兰贝特的友谊，他即刻就垂头丧气了。有时候，他非常生她的气，但是，"她充满感情的甜蜜是不可抗拒的，她用一种刺穿我心灵的方式责备我"。①

似乎是通过索菲，卢梭为他受虐的倾向寻找到了最完美的载体，永远引导他前进的女子，她使他遭受痛苦，又同情他的痛苦，但从不会因为屈从他激情的爱的表白而让他失望。这种痛苦比其他性关系有更多无法表达的喜悦和快乐，有一次他承认，他并不是真的渴望她屈从于他②，但是很严肃的问题是，他洞察到自己多少真实的动机。索菲在今天可以被称为一个戏弄者，但是和大部分女子不同，她找到了一个理想的对象——一个愿意承受痛苦的男人。

五

但是，泰雷丝，在这个田园牧歌式的爱情中如何自处？她也同样乐于承受痛苦吗？当然不是，泰雷丝对卢梭，是一个情人直接的、毫不复杂的感情，她已经用尽了自己的爱，但是看着别的女人抢走他，依然很不舒服。此外，埃皮奈夫人注意到他也不再像以前那样关心她，尽管她不可能与卢梭有超过挑逗的更深情感，她还是注意到，卢梭不会再为她的旧衣衫而狂喜。

埃皮奈夫人，事实上，被森林流浪者和他的女巫给弄糊涂了。她一直以来都认为自己是索菲的好朋友，但是这两个女人在根本上是如此不同，以至于根本无法了解彼此。埃皮奈夫人曾经为少年的理想主义而承受痛苦，现在是一个现实中的女人，尽管她以少年时代的记忆理解索菲，但还是无法接受一个 27 岁的女人还这样天真浪漫和没有头脑。在回忆录中，她

---

① O. C., I, p. 443.
② Ibid., p. 444.

评论道:"上帝,我没有耐心去看这个女人头脑中的另外十年。"① 简单地说,索菲孩子般的单纯激发了卢梭的爱情,埃皮奈夫人只是希望她长大。

埃皮奈夫人不能把卢梭和索菲之间的事情保留很长时间,很快她写信给自己的情人格里姆,讲述他们之间的事情。当格里姆在前线见到兰贝特的时候,格里姆为自己战场上的朋友失去了忠诚的情人而悲痛。他评论道:"你所告诉我的卢梭,看上去似乎是非同一般的,而伯爵夫人神秘的拜访似乎更奇特。"在另一封回信里他写道:"但夫人为什么这么快乐,她不会因为兰贝特的离去而悲伤吗?"② 埃皮奈夫人以女性天然的热情维护她的姐妹,但连她自己也无法让自己的感情平静下来。

泰雷丝,在整个事件中感觉非常孤独。根据埃皮奈夫人的记述,她经常过来闲谈,有时候甚至给夫人带来一封卢梭桌上索菲的信,夫人教导她,当看到这些信件,就扔进火里。③ 但是或许她先读了信,然后告诉泰雷丝扔进火里。

卢梭,继续爱着他的索菲,一个完满承载了他所有渴望的女人,她完美地掌控着他所希望的温柔和残酷。如果不是某个人带来兰贝特的消息,让索菲泪流满面,他将永远在她手中承受折磨。兰贝特是怎样理解这一切的?他被如何告知?他会相信他们之间没有任何身体上的亲密关系吗?卢梭发现她陷入混乱之中,她告诉他,他必须更适宜地对待她,否则他们就必须切断彼此的关系。他忽然因为自己引诱她的企图而感到羞愧,但在人生的这个阶段,他对这一切的反应都很无意识。每当他感觉有罪时,同情心征服了他,他会怜悯自己和他所认为的受害者。伴随同情的增长,这种同情迅速转化成自我正义的愤慨,对抗带来痛苦的外在敌人——他感觉自己遭到攻击。在这个事件中,人们发现他是如此灵敏:

> 我的温柔转化成对恶意通告者的愤怒,他只看到不情愿的、不快乐的感情中的恶,却不相信,甚至不能想象心灵的忠诚所获得的补

---

① M., III, p. 108.
② Ibid., p. 124.
③ Ibid., p. 147.

偿。我们并不怀疑有人在下面捣鬼。①

埃皮奈夫人很明显变成了犯人，甚至索菲也怀疑她。泰雷丝告诉卢梭，夫人曾经请求她偷来索菲的信，或者那些她能够拼起来的纸片。他无法抑制自己的愤怒，给夫人写信指责她直接给兰贝特写信，是蓄意摧毁索菲或者他自己的名誉。夫人被他的指控深深伤害了，在一张便签中，她向他问好，并建议他来拜访她。卢梭意识到自己再也无法住在一个自己严酷指责其罪恶的夫人家里，决定立刻拜访她，尽管他害怕这样的场景，害怕在过分感情化的状况中失去雄辩的力量。如果那样，他就无法揭示自己怀疑的基础，而不危害泰雷丝和索菲。但是，当他到达那里，夫人抱着他的颈哭了，卢梭温柔地回应，他们一起吃饭，没有进一步指责。② 毫无疑问，夫人为自己轻易散布消息给格里姆而懊悔，卢梭把她情感的爆发当成忏悔。第二天，他表明自己不再怀疑她。夫人也并不要求更多，只要求他放下指控的架势。

卢梭和索菲更频繁地见面，很快，他们之间原有的亲密又恢复了，不过，这种不稳定的状况无法持续很久。7月底，兰贝特从战场上回来，完全知道索菲在卢梭的陪伴下获得了多大的乐趣。他也注意到，像埃皮奈夫人发觉的一样，自己的来访并没有带给索菲他所期待的那种出人意料的喜悦。他和索菲与卢梭一起吃饭，在他离开之前，审慎的索菲也没怎么看他们的新朋友。兰贝特热切地希望她保持这种慎重，以避免他在前线时听到的那种流言，他一句也没有责备卢梭。在他走之后，尽职的索菲为了他如此关注自己的名誉而悲伤，决心改正，以完全适宜的态度出现，而这让卢梭很难过和恼怒，原有的亲密一去不复返，她在躲避他。

有一点，《忏悔录》和《回忆录》在狄德罗访问的时间上存在明显的分歧。在《回忆录》③里，记录了相会的一些细节。根据记录，狄德罗该

---

① O. C., I, p. 448.
② Ibid., p. 454.
③ M., III, pp. 252–53. There is no independent account of this incident. Rousseau mentions only that he told Diderot of his passion for Sophie.

是在 1757 年秋天（8 月中旬或者 9 月）来看望绝望中的朋友，顺应这一情景的戏剧性，卢梭向狄德罗滔滔不绝讲述了一切：埃皮奈夫人背信弃义的流言，他因美德受到损害的感情。为什么兰贝特要用指责折磨可怜的索菲？卢梭不是他最好的朋友吗？他怎么能怀疑如此高贵的情人和自己重视的朋友？哦，是的，卢梭承认自己爱上了索菲，谁能抗拒她的魅力呢？不过，这是他自己一个人保守的秘密，甚至没有告诉索菲，而且会永远封存在心里。可怜的索菲不理解这些指责，因为她毫不知晓他那样爱着她。（那个时候，卢梭给苏菲写了几封信，描述激情所带来的痛苦。）

对善意的狄德罗而言，情况很简单：卢梭应该给兰贝特写信，简单地说明一切，像个男人应该做的那样，当然，兰贝特会原谅他们，为了卢梭的自制而更加尊敬他。卢梭充满感激地谢了他，并发誓立刻写信。也许，还没有等到狄德罗离开，卢梭就意识到，事实可能与它所呈现出的不同。他既不确定索菲冷漠的真实原因，也不知道兰贝特是否禁止他们相见，因此，坦白他的爱情是不成熟也不明智的。1757 年 9 月 5 日，他写信给兰贝特以检验自己的感情：

当我见到您的时候，就期待爱您，您身上所有的一切，都增加了这种渴求。有一段时间，所有亲爱的朋友都抛弃了我，我依然拥有一个好友，她在一切事情上安慰我，由于所谈论的您，我与她紧密相连……现在，除了我的心，一切都改变了。从您离开后，她对我非常冷漠，她基本上不和我交谈，即使是关于您，也找到千百个理由躲避我。一个人想切断与他者的关系时，也不会比这更过分，至少迄今为止，就算我能断定没有被任何人遗弃，但并不理解这些改变的原因。如果是我自找的，请告诉我，我会考虑离开；如果反复无常，也请告诉我，今天的冷漠会在明日得到安慰……是的，我向您询问她如此的理由，她所有的感情不都是缘自于您吗？谁会比您更清楚？我也许比您更知道这一点……告诉我，她冷漠的原因是什么？您害怕我会破坏她对您的想法，或者，关于美德的错误概念会使我不忠诚和欺骗吗？您的一封信的部分内容，让我怀疑这一点。不，不，让－雅克·卢梭的胸怀里绝对放不下背叛者的心！关注您的心，这需要从您那里而来的朋友回到我身边，这对我是必需的，而我并没有失去。①

从兰贝特的回信中，很清楚可以看到，他依然没有明白卢梭对索菲激情的本质：

> 10月11日——沃尔芬巴特
> 直到这个月的10号我才收到您的信，亲爱的朋友，您9月4日的信，如果我早一些收到您的信，就不会如此不幸地让您承担这么多痛苦，不要指责我们反复无常的友谊和冷漠，两者对她都不可能……只有我才应为她的行为受到指责……我的愚蠢是所有罪恶的来源，我想在最后的探望中看到了她的改变，我是如此的爱她，失去在她心目中的位置不能不令我感到残忍。我承认，我认为您是我失去她的原因，不要认为，我亲爱的朋友，我认为您不忠诚或者欺骗，我知道您简朴而严格的原则……我让三个人不快乐，是我带来了麻烦，我是唯一一个需要自责懊悔的人。一段时间之前，我试图向她弥补过失，现在则需要向您修复不公正。我们从没有减少对您的爱和尊敬，原谅我们并且继续爱我们。②

卢梭和索菲之间浪漫和谐的关系似乎一下子重新建立起来了，但每一个人都知道这一情况，似乎每一个人都希望成为戏剧中的一员。我们必须回到《回忆录》去寻求一些细节。从泰雷丝到埃皮奈夫人，到格里姆，再到兰贝特的旧有的沟通链条又活跃起来。狄德罗，满怀好意地劝说卢梭写一封忏悔信，但是自己却无法闭口不言。一天晚上，他和兰贝特闲谈，话题转向卢梭，兰贝特公开声称他对卢梭的轻蔑，狄德罗很不理解，问他有没有收到卢梭自我解释的那封信。兰贝特回答说，他收到的唯一一封信充

---

① C. G., III, pp. 118–21.
② Ibid., pp. 143–45.

满了关于他和索菲之间不道德关系的说教,是一封"只能用棍子回应的信件"。①

很明显,回忆录中讲述的故事和兰贝特的信件不相符,信件表明兰贝特和卢梭已经和好,并没有生他的气,因为不让索菲见卢梭而向他道歉。兰贝特的愤怒一定是在遇到狄德罗之后,而不是之前,这表明,狄德罗揭穿了卢梭对索菲爱情的秘密,为了向兰贝特炫耀他自己高贵的建议。② 他可能暗示过,以弄清楚兰贝特是否收到卢梭的忏悔信。但他明白这封信并没有被提及时,为了不让卢梭尴尬,应该隐瞒事情的真相。但现在一切已经不必要了!狄德罗已经知道了,是他,这颗高贵的心,建议卢梭清洁自己的胸怀。在整个故事中,兰贝特,因为自己对待卢梭的指责如此温柔而愤怒,他希望,曾经用棍子来回应他。③

在遇到狄德罗之后,兰贝特对索菲变得很冷漠,他惩罚她为卢梭的激情保守秘密,并且坚持他们一起打破的规则。索菲,很明显不希望突然失这个朋友,开始在给卢梭的信里声明,她的感情已经冷淡了许多。卢梭很绝望,请求得到一个解释,最后,1758 年 6 月,她告诉他,他的不慎重,

---

① M., III, pp. 253 – 54.

② 麦克当娜夫人(J. J. R., A New Criticism, I, pp. 27 – 45)表达了相似的观点,但她相信卢梭对索菲(Sophie)爱情的表白发生在给兰贝特(saint-Lambert)的信之前,特瑞(N. L. Torrey)(*Rousseau's Quarrel with Grimm and Diderot*)支持我的时间序列。

③ 关于狄德罗拜访的时间,没有明显的证据支持回忆录中所说的 1757 年秋天,也不能支持《忏悔录》所说的 11 月 23 后的几日,也无法支持大事纪年中所说的 1757 年的 12 月。关于狄德罗和兰贝特之间的会面,《回忆录》中说是在埃皮奈夫人离开后,1757 年的 10 月 30 号,我们也是怀疑的。如果兰贝特和卢梭之间的关系明显破裂,应该有更可靠的证据,但是兰贝特向索菲发火,索菲并没有表示什么,她和情人之间更严肃的问题应该还没有出现。只有她和卢梭通信的长时间停顿给我们提供了线索(1758 年 5 月完全分裂前的 6 个星期)。如果狄德罗真在 1757 年年底之前知道这件事,不可能把秘密保守这么长时间。

我使用的狄德罗拜访日期比较早,因为这正是卢梭比较混乱的一个时期,他和兰贝特的关系很不确定,非常渴望向朋友吐露心声。卢梭陪伴埃皮奈夫人去日内瓦也是在狄德罗建议之前,正是这一建议很大程度上摧毁了他们的友谊。

卢梭对于狄德罗拜访的描述只是在他自己说的话有所区别。他承认了自己对索菲暗恋的热情,但并没有告诉狄德罗他已经完全向索菲表白了。他也没有提到自己准备完全向兰贝特忏悔和说明一切。狄德罗关于这个故事的三个自相矛盾的版本都写在卢梭去世之后。(Guillemin, *Annales*, 1941 – 42, XXIX, pp. 65 – 258)

还有"他的朋友"向她的情人揭露了他的爱。① 她说,她会永远保守卢梭的秘密,只要不损毁他和兰贝特之间的友谊,但是他的一个朋友在公开场合说出来,她必须断绝和他的一切联系。

卢梭充满了悲伤,这个不谨慎的朋友不可能是别人,只能是狄德罗,他是唯一一个知道他对索菲爱情的人,肯定是这个所谓的朋友毁了他。当然,在这一点上,狄德罗的揭露是多余的,整个巴黎都知道这一故事。但是,从《给阿尔伯特的信》准备出版开始,卢梭,在序言里,指责狄德罗的背叛和揭露朋友的秘密。② 这个公开的宣言展示了两个哲学家最终的、不可修复的决裂。

奇怪的是,兰贝特和卢梭之间的关系受到的伤害最小。在卢梭表露了对苏菲的爱之后,兰贝特原谅了索菲,他和卢梭又成了好朋友,尽管不像从前那样紧密。但这一经历对索菲来说很重要,她,和其他女人一样了解到,如果一个人不能表现得有美德,美德会失去光泽。她对卢梭的态度变得越来越冷漠和生疏,直到最后渐渐不再通信。伴随着和索菲浪漫爱情的死亡,卢梭内心的热情想象似乎也枯竭了。《新爱洛伊斯》是他唯一的浪漫主义小说③,但却成为其他许多小说的典范。

小说中的尤丽对待她的英雄,就像索菲对待卢梭一样——给予完全的爱情保证,但是坚持保持距离。但是卢梭,拥有天生的对更高点的感受的渴望,不可能仅仅重复自己的浪漫故事,在小说中,他给予自己现实中所拒绝的自由。不仅呈现了自己寻求爱的折磨,还表述了尤丽从美德中陷落的长期的、残酷的痛苦。这种充满懊悔的痛苦——之前漫长的相思和未曾满足的爱的渴望——赢得了那个时代很多女士的心,获得了成功。如果18世纪巴黎的女士们乐意承受痛苦,卢梭将教导他们如何优雅地承受痛苦,就像他自己那样,在自己挚爱的人手中承受苦难。在他的小说和生活中,他都将女子放在决定性的位置,用迷人的语调如此清晰地描绘着自己的折

---

① C. G., III, p. 320.
② 为了不引起公共的谣言和毁谤,这一决裂引用了拉丁文的基督教教义中的一个章节(xxii pp. 21, 22)。
③ 除了《爱弥儿》中的浪漫神话之外。

磨,激起了几代人的模仿。每当他崇拜和仰慕一个挚爱的人,总是战战兢兢地走近她,期待着不幸和不公的对待,就像《新爱洛伊斯》中描绘的那样:

> 是的,我承认,我发誓,我用尽所有的努力恢复自己的理性,容忍我灵魂深处能感觉到的渐渐增长的激动。但是,以怜悯的名义,转过温柔的眼睛不要再看我,我的生命笼罩在那眼光之中,别让我看见您的脸,您的表情,手臂,金色的头发,您的姿态……即使在昨天,您违约让我吻了您一下,几乎没有抗拒,幸运的是,我没有坚持。我感觉自己正被日益增加的感情所征服,因此被紧紧控制。啊,如果我曾经品尝过最微小的幸福,那个吻占据了我最后的叹息,我将作为最幸福的男人死去……如果同情,在有教养的人那里如此自然,能够使您在一个可怜的年轻人的痛苦面前更加温柔,您给予的一点关注,您行为上的一点更改,就会让他的处境更平稳,使他更平静地承受沉默和心痛。如果他的恳求和困境没有打动您,您希望用自己的力量毁了他,他会毫无怨言地服从,选择在您的命令中枯萎,用那不慎重的哭泣惊扰您。①

这是一个恳求不公对待的人。他构想了自己爱人的残酷,但只是一种玩笑的残酷——孩子般的残酷,因为她对自己所为一无所知;她并不是一个有意识的迫害者,看着牺牲者受苦。

卢梭的小说提供了一个把尤丽和巴黎女子比较的机会,后者是为他所轻视的,她们的习惯和行为是矫揉造作和虚伪的,就像木偶一样。

> 当她们张开嘴巴,那会变得更糟糕,并不是甜蜜的爱抚,那是某种比男人们更加强硬、尖利、充满疑问、专横和虚伪的嗓音。如果这个性别的人依然在语调中保留着优雅,那么,她们紧紧盯着人的勇敢

---

① O. C., II, pp. 33-34.

好奇的仪表会把一切完全毁掉。①

尽管他攻击社会中的妇女，但她们争先恐后地阅读他的书。卢梭是女性社会中的英雄。"写这样书的人该有一个怎样的灵魂！"包莱克（Polignac）夫人和沃德林（Verdelin）夫人哭泣着说。② 有可能给尤丽画一幅像吗？当然，浪漫的男主人公只能是卢梭，人们拥挤在书店，书一出版就被抢购一空，书店老板还保留着一些书按小时出租。

读完书之后，伟大的女子们不可能抹去书中浪漫主义的形象。一个苍白、柔弱的小女孩和她充满激情的家庭教师，卢梭呈现了一种巴黎世故和浅薄的沙龙里不会出现的爱情。他们因为激动、彼此合二为一而颤栗，就像圣-普乐对尤丽说：

> 在我感觉到你玫瑰般的嘴唇——尤丽的唇——触碰到我的唇，我自己埋在你的臂弯中，这一瞬间是怎样的？我的手在颤抖？不，天堂的火焰也不会比这更迅捷和突然，我身体的每一部分似乎都感觉到那甜蜜的接触，我们的叹息像从我们燃烧的嘴唇呼出的火焰，我的心被快乐淹没了——我忽然间看到你变得苍白，闭上了美丽的眼睛，依靠在你姐妹的身上晕了过去。③

巴黎的女士们习惯了浮华绅士们的拥抱，伴随着他们的吻的经常是令人厌倦的流行的哈欠，充满暗示的俏皮话，她们期待一种新的爱情。卢梭的作品，对未来一代的文学和社会产生了深刻的影响。在浪漫主义运动中还有其他的著名的形象和人物，但是，卢梭给他的读者提供了比浪漫之爱更多的东西。在田园牧歌般的结尾中，他切断了两个情人之间的关系（在尤丽嫁人之后），但是给其中加入了一种新的友谊，两个男人成为亲密的朋友，而且尤丽尊敬和珍爱以前的情人。尤丽的宗教感给他们的爱情带来

---

① O. C., II, p. 268.
② C. G., V, p. 356.
③ O. C., II, p. 64.

了一份精神化的东西,因此创造了一种可以被多于两个人所分享的亲密,一个没有嫉妒和报复的社会。卢梭的追随者们被他创造的甜美的世界幻想紧紧抓住,在其中,善良和爱弥漫到每一个人,只有最坏的人才得到恶意。

六

真实的世界,注定无法满足卢梭小说中的期望。在他和狄德罗争论的高峰,毁坏和索菲爱情的途中,他卷入了另一场代价高昂、令人心碎的争斗——和老朋友埃皮奈夫人的争论。

卢梭第二次,并且最终与埃皮奈夫人的疏远和隔膜,开始于1757年的9月。格里姆回来,卢梭不得不从最喜欢的房间搬出来,以便给她的情人让路。卢梭以前住的房间有一扇秘密的通向埃皮奈夫人房间的门,在他居住的时候,她认为没有必要指明。而卢梭发现这一点后并没有减轻他被代替和抛弃的感觉。

格里姆和卢梭很长时间以来已经不是好朋友了,不过很多方面还保持着友谊的形式。当他回来以后,卢梭发现自己难以忍受他的很多事情。他对待仆人的傲慢态度激怒了卢梭,卢梭也因为他用化妆品而愤怒。在《忏悔录》中,他评论道:"他既空虚又自负,有一双水灵灵的大眼睛和难看的体态,他自以为很受女人欢迎;他因为曾经和菲尔小姐一起出演一个戏剧①,而与他们中的一些人有很深的交往。这让他变得很受欢迎,也让他爱上了女人的化妆品"。② 对一个自然人来说,这肯定是欺骗。如果格里姆是个真诚的人,应该在脸上表现自己的心,而不是把个性藏在化妆品后面。他欺骗,因此不适合做一个朋友,他向埃皮奈夫人宣布自己打算和他决裂。这种让其他人评判他行为的策略变成一个标准程序,之前他也曾要

---

① 情妇诋毁嘲笑格里姆的爱情是把他抛进了绝望的深渊。
② O. C., I, p. 467.

求埃皮奈夫人和索菲判断他和狄德罗早期专横的争论,而狄德罗又判定他对待兰贝特的方式,后来他又让格里姆判断他和埃皮奈夫人之间的争论。在任何情况下,他都不能容忍模棱两可,这就是他的方式,让别人宣布支持他这一方还是反对他。这可能表明,他对周围世界增长的不确定感,并且开始看到一个直接反对他的阴谋。他发觉很难判断别人对他的态度,他需要帮助,从而理解现实。埃皮奈夫人,当然向他保证,他们依然是朋友,因为不想看到他们争吵。

10月,卢梭听说埃皮奈夫人病了,她要去日内瓦拜访著名的特隆兴(Tronchin)医生,让卢梭陪她一起去。这是个令人惊讶的消息,卢梭自己被尿道疾病所折磨,承受了很多痛苦,有时候必须使用一种仪器才能舒缓疼痛。这样,在冬天和一位夫人坐马车长途旅行似乎是不可能的。但是,他告诉她自己无法陪伴她时,这个拒绝似乎不那么简单。狄德罗从巴黎写信给他,强调他对她的责任,并详细解释了为什么陪伴她是卢梭的高贵责任。他告诉卢梭,如果他不去,为了偿还卢梭的感恩之债,他自己有义务陪伴她。

轻易地进行道德判断而缺乏哪怕一点点现实考虑,这在狄德罗是非常典型的,但是卢梭,并没有嘲笑他的宣言,而是愤怒地回信,为自己的拒绝陈述正当的理由。他怀疑狄德罗是在那些想要给他惹麻烦的人的教唆下写的这封信。

这一时期,索菲开始渐渐注意自己的名誉,她提醒卢梭,如果他非常激烈地拒绝去日内瓦,人们就会怀疑她应该为此负责。她催促他在抗议时不要离开退隐庐,因为这就像广泛告知他的拒绝。卢梭,像平常一样,被索菲的温柔感化。愤怒的火焰离开了他,他开始怀疑自己在整个事件中的表现是否适宜。他因为无法解决两难困境而感到绝望,在绝望至极时,他求助于一个最不可能帮助他的人,老朋友格里姆。他回忆起,格里姆在争论里并没有站在任何一边,也没有说他是否应该陪伴夫人去日内瓦,只是表达了他谦卑的友情。也许冷漠会帮助他作出好的决定,在每次卢梭失去决定力量的时候。他给格里姆写了一封很不谨慎的信,解释说他并不欠夫人任何东西,住在她的领地已经是很大的自我牺牲,但如果格里姆认为去日内瓦是唯一适合的选择,他会去的。①

让卢梭和自己的情人一起去日内瓦,格里姆怀有难以说明的混合感情。无论如何,他认为自己对卢梭的冷漠态度让他非常安全,完全没有料到这个狂妄的哲学家在最后时刻会请求他来决定自己的命运。卢梭向他寻求建议把他推向困境,一开始,他尝试性地建议卢梭至少应该答应她,而她可能会拒绝。但是卢梭没有,他认为这个建议是个玩笑和骗局。他相信她怀孕了,并且催促他陪她一起去日内瓦,这样整个世界就会认为卢梭是负责的人。② 当埃皮奈夫人离开以后,格里姆在给卢梭的一封信中,释放了所有的愤怒。

七

到底是什么原因,让夫人邀请他陪她去日内瓦,并且,所有的朋友毫无异议地一致赞同?他们彼此之间作出了怎样的决定,谁应该写信,应该说什么,这些永远无法得知了。但是,在那一阶段,所有注意到巴黎流言的人都清楚,卢梭和索菲之间的关系正在毁坏他们两个的名誉。警惕的狄德罗,在巴黎的文学沙龙里听到消息,很快作出决定,卢梭的荣誉比幸福重要,当然,他不需要给出建议。

索菲正发觉,和卢梭秘密见面的喜悦激动正被她的情人日益增长的怀疑所抵消。如果在刚开始见卢梭时,还存在甜蜜的期待,现在,她的抵抗显然不会被激情所征服。他用对美德的执著引诱她,渐渐融化了她的心,唤醒了她的感情,但他缺乏最终的勇敢和果决赢得她,即使这个女孩没有打算进一步发展,也感觉自己处在危险之中。卢梭渐渐预感到这一切,他的颤栗和喜悦渐渐消退了。索菲告诉他的确应该去日内瓦,但是她理解,对他的身体而言,这是不可能的。可是,她补充说,如果他拒绝,会让她

---

① C. G., III, pp. 136–43.
② 这里是他错了。

很难堪，人们会认为是她促使卢梭留下来。

　　这里，可能解决了为什么卢梭的资助者要邀请他的疑问。埃皮奈夫人长期以来一直关注着索菲的名誉，有理由相信她的担忧不是毫无意义。尽管她对卢梭并无浪漫的感情，但依然希望他掉过头，转移注意力，她不想让整个巴黎知道自己的位置被她的姻亲姐妹所代替。如果索菲曾经秘密向夫人倾诉她对卢梭降低了热情，并希望恢复在情人眼里损毁的尊严，那么埃皮奈夫人一定会热切地提供帮助。她几乎没有想到对卢梭的邀请，竟然会变成这样。

　　埃皮奈夫人被卢梭给格里姆的信深深伤害了（后者曾经向她描述过这封信）。拥有美德的日内瓦人指出，住在她的领地已经是给她的恩惠，仅仅是为了她的友谊才放弃了很多机会，这里奇异的饮食毁坏了他的胃口，而且因为要给仆人小费使他的财政紧张，如果双方都欠彼此人情债，应该是她感激卢梭才对。这封信是一个最终的打击。很长时间，她一直努力照顾他，使他幸福而不显得过分热情，关心他的需要而不伤害他的骄傲，现在她病了，很疲倦。她已经失去兴趣关心这个人的敏感，因为他似乎从不关心别人的感情她从日内瓦给他写了一封冷漠的信，说明她对他不再怀有友谊。卢梭回信说友谊在他们中间已经死了，但是他仍然对她的善良怀有尊敬和感激。他说"我想要离开退隐庐，我应该这样做，但是似乎我必须待在这里直到春天，我的朋友希望我这样，如果您同意的话，我就继续留下。"① 卢梭可能是指索菲的坚持，因为如果他立刻离开，会损害她的声誉。当然，毫无疑问，他也考虑到自己的疾病和冬天搬家的困难，写这封信的时候是11月23日。

　　12月，卢梭收到了夫人的回信，这很清楚地说明了他们的友谊已经毁坏到什么程度：

　　　　在给予您若干年所有可能的友谊和帮助之后，对您，除了同情，什么也没有留下。您是一个非常不幸福的人，我希望您的良心和我的

---

① C. G., Ⅲ, p. 211.

一样清洁,这对您未来的休息非常必要。

您已经表明要离开,并且觉得应该这样做,我很惊讶您的朋友阻止了您。关于我自己,我已经尽到了职责,您的职责,我也不用多说了。①

收到这封逐客令,卢梭感到离开是势在必行的。幸运的是,狄康德王子(de Condé)的起诉律师,在附近给了他一间小房屋,挽救了他的骄傲——可能还有他的生命。因为他决定把自己的东西搬到旷野里,而不在退隐庐再住一个星期。在强烈的愤怒中,他近乎崩溃地搬到了新家,为长久以来的混乱和不断向他人解释自己而精疲力尽和失望。当他收到索菲的信后,知道她也开始慢慢不再喜欢他了。如果说,卢梭自己带来了这些麻烦,可能一点也不过分,在这个悲惨阶段,如果朋友之间很多小的弱点和不宽容能够被意识到,那么,整个的图景或许会完全不同。

在18世纪,人们几乎无法理解精神疾病。人们要么是疯狂的、不理性的狂热,要么是令人讨厌的、虚伪的和缺少美德的,但却不会想到一种社会疾病。② 在这个故事里,更大的问题在于深处其中的人们所抱有的友谊的概念,友谊的美好被过分强调——成为一个好的、自我牺牲的朋友。友谊最首要的目标是通过考虑他人而提升自我和美德。人们努力在忠诚、自我牺牲和失去一个朋友的痛苦上进行攀比。这是情感的节日,这种温柔感情的受害者也应该表达感激,或者表示自己不配承受美好的友谊。这就是在那句著名格言流行之前的时代,"不要像你让他们走向你那样走向他人——因为他们可能并不拥有同样的品位"。

狄德罗应该看到了卢梭1758年对他的公开指控——一个百科全书主义者更加需要友谊的时期。1757年1月,在国王遭到袭击之后,独裁者和

---

① C. G., III, p. 227.
② 在这方面阿尔伯特是个例外。他似乎认为卢梭头脑有病,不能为自己的行为负责。当伏尔泰在震怒中希望摧毁卢梭时,是他建议伏尔泰忍耐。(R. Grimsley, J.-J. R., *a Study in Self-Awareness*, pp. 195–99)。当文化阶层为伏尔泰募捐一座纪念碑,卢梭希望把自己的名字加入募捐者中时,还是阿尔伯特从中调解,他劝说伏尔泰不要把卢梭的钱还回去。(J. Parton, *Life of Voltaire*, II, pp. 504–5)

贵族惊慌失措。被怀疑是凶手的皮埃尔·达米扬，经历了公开审判的可怕折磨，最后被带走和流放，但他拒绝承认有任何同谋。仍然有一部分人坚持推翻君主独裁统治，而且一种恐怖和审查的氛围占据着整个社会。弗雷德里克二世（Fredrick Ⅱ）在抗击法国军队上非常成功。从前强大到可以冷漠地容忍批评的政府开始倾颓。检查制度变得更加僵化，观念成为危险的东西。狄德罗的百科全书，他一生中最伟大的主要工作，承受着来自权力机构的新压力。很多高贵的贡献者，像伏尔泰，在逐渐增加的政治压力下，失去了对这一工程的热情，而一个欣赏狄德罗工作的巴黎检查官员，在警察搜索袭击时，不得不把百科全书的图版藏起来。

随后，阿尔伯特，狄德罗早期工作的朋友和同事，也放弃了这一工程。他所爱的格里姆和戴蒙也去了日内瓦，和埃皮奈夫人在一起。在这一时期，狄德罗受到卢梭在《给阿尔伯特的一封信》中不可修复的最终指责。当古老的特权政治统治开始在他们面前颤栗动摇的时候，两个自由思想家因为琐碎事务而争论和反目，这好像提供了一幅特别的悲剧图景。

第五章 《给阿尔伯特的信》

一

如果没有关于当时社会和政治情境的知识,卢梭《给阿尔伯特一封论戏剧的信》所引起的反应会很难理解。旧有的帝国大厦摇摇欲坠,不同阵营的观点分歧开始尖锐化,自由主义和保守主义泾渭分明,任何一个主要人物都会迅速地被大众归类。"背叛我们的理想"这样的罪名很普遍,特别是对一个不属于任何一个阵营的人而言。

在路易十四和他的继承者统治下,法国在欧洲崛起成为头号大国。科学和技术领域,法国领导整个世界,很多大陆的法庭说法语,法国式的生活,法兰西文学和艺术在世界掀起模仿的潮流。在时尚界,巴黎是唯一的权威,很多国家丰富多彩的习俗在模仿法国的狂热中被扫荡一空。但是,路易十五创建了一个不负责任的统治机构,到1743年,法国的特权和地位严重下降。国家最卓越显著的声音不再来源于国王,而是他的情妇,蓬巴杜夫人。大臣和官员们希望增强海军力量,提供财政改革方案,或者采取措施维护法国正在逝去的活力,他们都见不到国王,因为他对这些国家事务很厌烦,只会在他们面前打哈欠。这样,他们只好谦卑地将意见呈递给蓬巴杜夫人,她会审查他们的建议并决定国王是否应该听从——如果不是她代替作出决定的话。

在奥地利继承战争的第一阶段(1740—1743),法国和普鲁士联盟,但是,在弗雷德里克二世中止了和平,留下法国面对奥地利和英国共同的愤怒后，两大权力集团首脑之间关系异常紧张。尽管两国官员都期待重建友好关系，但蓬巴杜夫人，通过和奥地利特雷西亚女皇（Maria Theresa）的关系，颠覆了传统的法国联盟。这样，1756年，在七年战争开始的时候，法国发觉自己站在敌人——奥地利——的一边，面对普鲁士和英格兰联盟的强大挑战。但是，毕竟奥地利女皇曾经对蓬巴杜夫人非常和善，弗雷德里克二世嘲笑她为毒药夫人①，都成为宫廷圈子里的闲谈和流言。

狄康德王子，法国最早的士兵，应该在即将到来的战争中扮演了重要角色。他在奥地利联盟上没有违背蓬巴杜夫人的期望，很快，这个优秀的士兵发现自己对国王失去了信心，不得不转向蓬巴杜夫人，她在军事策略上给前线战士带来建议。②

苏毕兹王子（de Soubise）不同，他选择自己控制法国军队，尽管并不比其他的贵族首领更坏，他还是代表了法国颓废的典型本质。在军队里，他带着自己的演员、假发制造商、厨师、鹦鹉还有成桶的熏衣草香水。格里姆前线厌恶军队里的奢侈，他评论说，尽管重武器和仪器被扔在身后，还是用了三个小时打开"重要必需品"的包裹。这是嘲弄性的，他说，"这个世界上有如此多的腐朽和陋习，如果谁想去改正它简直是个傻瓜"。③随身携带笨重的奢侈品，可能是减慢法国前进、阻碍有效有秩序撤退的重要原因。当然，没有一个自重的将军会去追求哈斯滕贝克④这样让人印象深刻的胜利，因为匆忙前进可能会把他的熏衣草香水扔到后面数日。

荣耀、爱情、妇女的阴谋，是那些日子里无所不在的主题。如果法兰西的国王让大家明白，他宁可去看戏也拒绝讨论国家事务，那么，将军们认为战争很讨厌也并无什么奇异之处了。蓬巴杜夫人被看做这种奢侈和堕落的象征，但是，她的影响力源于对法兰西的关注。她希望通过个人的努力和命令，弥补国王冷漠、无所事事留下的空缺，通过安排特殊的戏剧演

---

① 她的原名就叫Jeanne-Antoine Poisson。
② 蓬巴杜夫人是法国衰败的表现而非原因。她是她那个时代经济和社会转型的产物。如果国王没有忽略自己的责任的话，她的地位也不可能获得那么大的影响力。
③ M., III, p. 120.
④ 指哈斯滕贝克战役。1757年7月，法军入侵汉诺威，在哈斯滕贝克战役中决定性地击败英普联军，占领汉诺威。——译者注

出,邀请艺术家和哲学家来宫廷后维护凡尔赛的威望。但是,巴黎的女士们并没有被宫廷里的暴发户掩饰其光芒。在路易十四统治时代,一些贵族家庭还反射着王宫的微弱光芒。当凡尔赛文化中心暗淡之后,卢森堡夫人(de Luxembourg)、德芳夫人(de Deffand)、雷比纳斯小姐(Mille de Lespinasse),还有其他巴黎社会的夫人,在自己的沙龙里寻求新的亮点。沙龙代表着文化之花盛开,另外,也象征着宫廷的衰落。最新的时尚和流言,在发明者那里散布和炫耀,讨论勇敢大胆的观点,沙龙的女主人希望给宾客更新奇、更有吸引力的东西。这样,最好的音乐家、剧作家,最出众的有才华的人都用来取悦女主人和她的朋友们。这就是伏尔泰把戏剧和巴黎奢华的品味带到质朴的日内瓦时,身上所携带的挥之不去的那种底色和氛围。

二

伏尔泰,在这一段历史里,是一个谜一样的人。对很多人而言,他是启蒙的象征,代表自由询问的精神,是一位自由观念的战士,但是,在其他很多方面,他是那个时代的象征。对国王和宫廷来说,他是一个小丑演员,像小丑那样逗他们笑。他基本上是君主政体的信仰者,在宫廷礼仪方面很有智慧。他依靠蓬巴杜夫人和她的敌人弗雷德里克的恩赐生活。当他走的太远时,又同时失去了巴黎和普鲁士宫廷的宠爱。他蔑视不公正和特权,但是倾向于相信,公正只有从一个仁慈的君主那里才能获得,而非源自于人民的行动。在金钱事务上他是自负、作威作福、毫不谨慎的,他在日内瓦郊外创建了私人王国,在这里,被他的随从所簇拥,人们欣赏着他的才华,感受着他锋利言辞的鞭挞。他拥有贵族的天性,所以毫不奇怪,他在日内瓦最初的朋友都是权贵之门。

但是,伏尔泰是比卢梭更加自然的人,自然主义的赞成者,可能他对自己的统治和贪欲很满意。卢梭拒绝这种表里不一,伏尔泰会嘲笑他。他会写色情作品而拒绝签名,但并不期待掩饰自己的动机。当他用嘲笑撕裂别人,并折磨一个可怜的天主教徒时,他认识到并接纳了自己的恶意;当他被一桩不公正事件打动，他就会坚持为无辜者辩护，像一只战斗犬一样，绝不会考虑到时间或者钱财损失。他可以卑鄙，但不会为自己的卑鄙而羞愧；可以高贵，但不会自以为正义。简单地说，他拥有健康的天性，与他的时代和睦相处，可能因为这一点，他不是一个真正的革命者。

卢梭和伏尔泰之间的憎恶，至少在初始阶段，源于两个观点对立的人试图争取公众的兴趣。伏尔泰在1755年8月30日给卢梭的信上挑起了争论，关于"卢梭的反对人类的新著"。他在卢梭的允许之下把自己的信件和卢梭的回应公开发表。

1755年10月1日，在里斯本一场可怕的地震中，至少1.5万人丧生，更多的人残废，很多人在教堂里死去。正义和非正义之间并无什么大不同，这种独断性的恐惧让伏尔泰深深痛苦。地震后，他写了一首短诗，改变以往那种惯有的讽刺风格，表达了对神圣正义的深刻怀疑和疑惑。这是他最真诚和充满激情的声明之一，他把一个副本寄给卢梭，相信这个人一定会给予他回应。恰在此时，卢梭徘徊在森林之中，努力逃避世界，不再关注人间。沉浸在自己关于真正爱情、理想女子的幻想中，卢梭离这一切痛苦和灾难如此遥远，以至于他根本无法真正关心他们。伏尔泰的诗，本应该深深打动他，却似乎仍在他的生活之外，对地震的思考是一个未曾料到的打扰，提醒他一个他试图忘记的世界。① 但是，伏尔泰的赠诗是表达尊敬的礼物，他觉得有义务回应。在信中，他告诉伏尔泰，不是上帝或者自然引起了这场灾难，人类自身才是罪魁祸首。灾难的根源是文明，人们拥挤在狭小的建筑和城市中，无法在灾难来临时躲避，他指出，所有的一切都是好的，因为上帝是完美的，每一件事都以最好的方式发生。② 如果考虑到卢梭那时生活在自己私人的幻想和乐园里，他和伏尔泰之间缺少友善就不那么让人惊奇了，但是伏尔泰生活在现实世界，很讨厌这种肤浅的乐观主义。也许，他也感觉到卢梭日益增长的竞争情感，因为回复的仅仅是一封马马虎虎的信件，忽略了大部分问题的讨论。与此同时，他开始在

---

① O. C., I, p. 429.
② C. G., II, pp. 303-24.

著名的《老实人》里，准备一篇反响很大的反驳卢梭观点的文章，善于讽刺的哲学家充满逻辑性地论证，在战争、鞭打、抢劫的世界之中，这是所有可能的世界中最好的一个。

卢梭把《老实人》理解为对他信件的回应，尽管他并没有被允许读完此书，但避免不了关注它的内容。随着《老实人》的出版，他的愤慨也在增长，这样，直到1766年，他发现自己给伏尔泰的信件未经允许发表在里斯本的诗刊。因为伏尔泰把私人信件公布于众，所以他极为愤怒。他说伏尔泰毁了日内瓦，用一种特殊的困惑而受伤的悲叹，宣布了他的敌意，"我恨您，这是您所期待的；但是我把您当做一个更值得爱的人去恨，这也是您所期待的。"①

在这最后的一封信里，卢梭描述了自己慷慨、友善的建议和伏尔泰的忘恩负义。这一时期，他和伏尔泰之间争论的喧嚣传遍日内瓦，以致后者不得不离开他所爱的日内瓦，逃到领地之外。卢梭，这个惯常的受害者，依然听从心灵说话，他绝对无法理解自己对伏尔泰那种竞争性的情感。摧毁一个文字上的竞争对手，这在卢梭是完全不可接受的，他坚持认为，《给阿尔伯特的信》是对驱逐了巨人的戏剧的攻击，只是他和朋友之间哲学争论的一部分。但是，《给阿尔伯特的信》是对背叛者的致命一击，要理解这些差异巨大的观点的背景，我们必须考虑卢梭自己要写这一著作的理由。

三

在早期和狄德罗的讨论中，卢梭得到消息，阿尔伯特正在为百科全书准备一篇关于日内瓦的文章。狄德罗明确承认这是计划的一部分，他在"某个确定的高级日内瓦人"② 支持下，在日内瓦开一家剧院。很明显，阿尔伯特在日内瓦拜访了身为戏剧之王的伏尔泰后，就立刻开始了工作。伏

---

① C. G., V, p. 135.
② O. C., I, p. 494.

尔泰乐意书写和表演戏剧，他怀念戏剧的感染力和激励，伏尔泰和"高级的日内瓦人"都清楚阿尔伯特开始了工作。

住在巴黎的时候，卢梭每星期去两到三次剧院，他的《乡村卜师》为他在戏剧界带来声誉。他仍然无法想象，纯洁的乡村魅力被巴黎的罪恶玷污。卢梭对待巴黎和日内瓦就像对待他所爱的女人一样，总是与感性的一面斗争，他需要自己的出生地保持持久的处女般纯洁，以安放自己的禁欲主义倾向。巴黎是一个行动场所，日内瓦却是值得信赖之地。他决定写一封公开信回应阿尔伯特的文章。

卢梭在一种保卫父亲荣誉的精神中完成了《给阿尔伯特的信》。在粗糙简朴的单纯中，他描绘了日内瓦人发自内心的愉快和未经污染的喜悦：他们的小俱乐部、游戏、醉酒、偶尔的亵渎、邻人般的友谊和欢宴，简单、诚实、毫不虚伪的人际关系。相反，他指出戏剧娱乐的昂贵、分散精神，还有其中对道德的嘲弄，并热切催促日内瓦人用美德抵抗这一攻击。

因为戏剧很大程度上是无神论者与教会战斗的武器，很多哲学家和其他作者感到，卢梭攻击戏剧是与传统权威联盟。这时候，个人性的侮辱增加了恼怒的程度。狄德罗，因为在序言中被指责而认为整本书是通过戏剧来攻击他；伏尔泰已经被卢梭关于里斯本毁灭的诗歌的回应激怒，他感觉到挑战法国戏剧其实就是挑战他，这一制度活生生的化身。

卢梭被指责为只不过因为嫉妒，想要引起双方的注意。然而，他的哲学生活和文化背景与伏尔泰和百科全书派的差异如此大，以至于分歧是不可避免的。对自己的动机毫无意识，这让他在解剖阿尔伯特的文章时，充满真挚的热诚。他的逻辑、直觉般的理解力，还有他的雄辩，没有比此时更好。《给阿尔伯特的信》是卢梭成熟的、完美无瑕的作品的开端。

他主张，一个共和国只有通过培育公民的美德才能保证自由，一个机构如果对美德无益，仅此一点就该遭到怀疑。他并不否认，剧院在巴黎有其美德。在巴黎，自由不是问题，而平民已经被腐蚀，但是他坚决反对在日内瓦建剧院。他说，这将会摧毁给日内瓦男人和女人们带来单纯快乐的小社团。他被自己的论证所牵系，描述了巴黎社会和日内瓦生动的区别，前者是"女子气"的，后者则充满男子汉气概。

……每一个巴黎女子都在公寓里聚集了一批男人……但看看这些一模一样的男人们,心甘情愿地被囚禁在监狱里,站起来又坐下,不断在壁炉和窗户间来来往往,成百次地拿起放下一把扇子,翻着书页,瞥一眼图片,在房间里踮着脚尖转来转去,而那个偶像,一动不动地呆在睡椅上,只有嘴唇和眼睛还有些活气。①

毫无疑问地说,通过这些活动,女人们失去了而不是获得了自我。她们被谄媚,而不被爱,被毫无尊敬地侍奉……对我自己来说,根本无法设想,这些男人们怎么会如此不尊敬女性,以至于用寡淡无味的勇敢、侮辱和自己都完全不相信的虚假恭维,不断地造访和打扰她们。②

甚至连小孩子们也被这样女性化的氛围摧毁:

(我自己孩童时代的小孩子们)从不留卷发,他们在摔跤、跑步、拳击这些活动里彼此竞争。他们充满意志地战斗,有时候会打伤彼此,然后含着眼泪拥抱。他们上气不接下气、满头大汗、头发凌乱地回家。他们是流氓,但是,这种粗暴的流氓气使他们成为男人,满怀热情献身祖国,为它洒热血。哦,上帝!有一天人们会说他们是打扮时髦漂亮的小绅士。他们是15岁的男子汉,而不是30岁的小孩。③

在这部分他的著作里,我们发现卢梭对巴黎所怀有的自相矛盾的复杂感情。巴黎对他而言,就像对很多男人一样,意味着一个女子。在他激烈对抗的巴黎感官生活中,陈列着奢华、漂亮的装饰,他向社会中有影响力和权力的女子表达了愤怒,在这个社会里,蓬巴杜夫人胜过国王,成为一个更加令人敬畏的人物。知识界的生活、观念和巴黎的礼仪,都被一小部分有权势的女子控制在沙龙里。

---

① C. S., p. 205.
② Ibid., p. 207.
③ Ibid., p. 214.

巴黎，他认为，已经腐化了，但是日内瓦仍有可失去的珍贵之物。在巴黎男人经常和女人们生活在一起，生活在女人的世界，因为女人不能在一些更粗糙艰难的行动中追随男人，男人们必须花费时间取悦女人。日内瓦不同，男人们聚集在自己的圈子，女人们则另外有其活动范围，女人们缝纫、闲聊，男人们争吵、摔跤、打斗，做简单的游戏，他觉得和女人在一起渐渐枯竭了男人的活力，让他们变得柔弱。当然，如果只考虑他自己的经历，他是完全正确的，但是他把自己不完全的感受当做全部，得出了整体的结论。卢梭痛恨女子的权力，因为每当他在她们的控制下都会非常软弱，能激起男性渴望和征服的激情的女子，只会带给卢梭颤栗和服从的激情。他所有的感情，都会很快被那种压倒性的、孩子般渴望疼爱的激情卷入旋涡中，再现那种从未真正拥有的与母亲在一起的童年。女人对于卢梭而言，更多的是对母爱的渴望，而非性的满足。他满足于母爱般的感情，不会侵犯她们。面对这些慈爱的女神，他被吸引的同时也在反叛，为了独立的需要背叛她们，但是他无法抗拒。温柔唤起他的爱，爱又激起强烈的同情和拥抱的渴望，像一个酗酒者，知道自己的致命毒药，卢梭约束自己不从任何人那里接受恩惠——保持完全的独立。但是一个温柔女子的情话不可避免会让他动摇，促使他拜倒在她脚下。对他的天性而言，这的确像他相信的那样具有摧毁力，但是，他错误地认为，这会同样摧毁所有的男人。

四

不仅仅是阿尔伯特在日内瓦建立剧院侵犯了卢梭，阿尔伯特在文章中断言，日内瓦的牧师倡导索齐尼主义。[①] 卢梭自己经常攻击宗教传统，但是不允许一个法国人侮辱日内瓦牧师。更进一步而言，他希望日内瓦人应该更宽容，有更广阔的宗教态度。而明确命名的教义只会带来异教徒的哭

[①] 和唯一神教派的信仰相似。

泣。以这样毫不留情的逻辑,卢梭解剖了阿尔伯特的论断:

> 根据您所言,很多日内瓦牧师是完全的索齐尼主义者,那是您在全欧洲面前宣称的。我胆敢问一下,您是怎样知道:只能通过您的构想,或者其他人的证据,或者我们正在讨论的牧师们的宣言……如果这真是他们的态度,他们向您倾吐心声,毫无疑问是秘密地告诉您的,以一种自由真诚的哲学话语;他们是说给一个哲学家而非作家。他们没有做过这样的事,我的证据是,没有得到他们的答复,是您自己公开了它。① ……我代表自己的国家感谢您在牧师身上发现的仁慈博爱和哲学精神,和您所乐意呈现的公正,这一点上我和您观点一致。但是哲学地和宽容地说,他们不是异教徒,您所给予的教派名称,您说他们拥有的教义,我不能赞同。尽管这样的一个系统可能除了信仰者的尊敬外别无他物,我依然不能同意,我的牧师们是这样,他们因为恐惧而没有接纳的是,我给予别人严厉指控却给予他们以赞扬。……先生,让我们判断人的行为,让上帝判断他们的信仰。②

这些勇敢的辩护文字让卢梭成为日内瓦牧师心目中的英雄。这些激烈的布道强烈谴责变节的天主教徒、伏尔泰,还有他家乡的戏剧,以致委员会觉得出面警告他是必要的,即使私人演出也无法继续容忍。这是日内瓦很强的阶级感情,对工人阶级来说,剧院意味着奢侈、特权和可恶的贵族。对伏尔泰的愤怒和憎恶,如同轰鸣声一样遍及整个城市,他发觉作为权宜之计,应该改变住处。

对百科全书派来说,他们在法国承受着来自神职人员和专制政府的双重压力,卢梭的语言不仅仅是为日内瓦牧师申辩。1752 年,百科全书派正式遭到镇压,牧师们开始以更大的热情攻击非传统观念。他们长期拒绝为演员和哲学家举行宗教葬礼仪式。任何人支持百科全书派声名狼藉的编辑

---

① C. S., pp. 128–29.
② Ibid., p. 131.

狄德罗和阿尔伯特，都会给自己带来危险。通过攻击狄德罗、阿尔伯特和法国戏剧，也通过保卫宗教传统，卢梭似乎把自己的命运抛给敌人。那个时候，法国革命的热潮已经开始酝酿。"踩死败类"是伏尔泰这个时候的革命口号——踩死在宗教权威掩蔽下的臭名昭著的特权。这一时期伏尔泰的所有信件充满了针对敌人的雄辩。戏剧，他可以轻巧使用的剑，是最重要的武器。卢梭的信，对他来说，就像一个击剑家看到某个人亮开自己的剑柄。卢梭对伏尔泰来说，变成了败类的一部分，需要被反抗者当成敌人踩扁。

文学圈内对待卢梭的态度，不仅仅被伏尔泰充满磁性的领袖魅力所激励，也是出于他们对待在危难时期逃离者的一贯态度。一群小作家，感受到了时代氛围，希望将文学和戏剧作为武器反对百科全书派，和当权者结盟。哲学家们，现在害怕自己的自由，发现很难分辨真诚的反对意见和投机主义间的区别。

1760 年，一幕小型喜剧，巴利索（Charles Palissot）的"哲学家"在巴黎剧院上演，讽刺的矛头直接指向百科全书派，但没有一个有学识的人可以无伤逃离。第九场第三幕，"卢梭"四肢着地出现在舞台上，口袋里装着一棵莴苣，说道，因为对哲学的热情，他宁愿选择野兽的位置，"在四肢支撑下，我的身体支持得更好，我看不到傻瓜"。① 伏尔泰，一个有权的、富有的、拥有强大影响力的资产者，是唯一一个躲避了攻击的人——他被过分赞扬了。但是这样一个群体支持对他只能是一个尴尬的事情，他责难了作者不公正的攻击。

另外一个反智主义的文学批评圈子，甚至毫不犹豫地批评伏尔泰。这就是弗雷隆（Jean Fréon），百科全书派最大的敌手。他是巴黎富有的出版商，出版了一份批评周刊《文学年代》，支持牧师和专制政府。伏尔泰，很轻视他这样的投机主义者，领导了一场反攻击，在戏剧《苏格兰女人》中，将弗雷隆刻画为一个"黄蜂"，为当权者出租文字和听从差遣的男孩。当苏格兰少女吸引了英国贵妇的情人，他接近贵妇，许诺诽谤她的对手，

---

① *Oeuvres de Palissot*, II, pp. 102–3.

他指出这个苏格兰女人在艰难时代无人照顾、四处游荡，因此一定是隐蔽了自己，是国家的敌人。很多伏尔泰的台词很清楚地描绘了那个时代恐惧和怀疑的氛围，与众不同、持有非传统观念的危险性，也刻画了个人追求猎巫式权力的动机和渴望。

伏尔泰戏剧公演的那个晚上，剧院成为巴黎所有反对弗雷隆、相信百科全书派工作的人们的聚集点。狄德罗、达让塔尔，一些哲学家和他们的朋友出现了，当戏剧开幕的时候，他们的掌声震撼了剧场。与此同时，伏尔泰自己卷入了与代表传统教义的论敌们的一系列战斗中。1761 年的 10 月 13 日，卡拉斯（Marc-Antoine Calas），一个新教家庭的大儿子自杀了，谣言迅速传遍了天主教教区，因为他要转向天主教，父亲谋杀了他。很多家庭成员被逮捕了，父亲为他的罪行遭受审判和折磨，尽管老人到最后一直都坚持他的清白无辜。伏尔泰介入了这个不幸家庭的事务，通过请求朋友帮助、印发传单，最终通过法律程序恢复了老人的名誉和清白。在这场范围广大的文字和司法的斗争结束时，伏尔泰与特权和不公正作斗争的形象更加著名。弗雷隆，当然利用他的期刊和文字特长，攻击卡拉斯一家，散布对伏尔泰的怀疑。

站在不公正的受害者一边斗争，这在伏尔泰只是个开始。他的家变成了受压迫者的真正避难所。舍文一家在遭受相似指控的时候也寻求他的帮助，后来又是埃斯皮纳斯一家，还有很多诸如此类的事件。在伏尔泰的领导下，"踩死败类"的口号很快响彻了整个欧洲。

五

但是，法国的压迫者，实际上和日内瓦很不同，一个地方的自由主义引起另外一个地方的回响。百科全书派的所有观点，大部分是相信君主政体的，就像伏尔泰一样。对他们来说，不宽容和特权是最大的恶，但是没有人会建议重组整个社会秩序，改变社会结构。在日内瓦，社会氛围是不一样的，很多牧师反对掌握城市权力的贵族。1738 年来自法国和瑞士一部分行政区的镇压导致了仲裁法令的通过，这一法令确立了日内瓦小委员会和两百人委员会的权力。这样，实际上一个贵族阶层建立起来，因为其他市民和资产者无法选举代表进入委员会。城市中的贵族，和其他小公国一样，倾向于模仿强大国家的贵族模式，而法语国家的日内瓦很自然地倾向于巴黎文化。这样，他们欢迎阿尔伯特在日内瓦建立剧院，基本上是出身良好的家庭加入伏尔泰公寓的戏剧演出。习惯了权力的他们，嘲笑禁奢法令和其他此类的约束，他们渴望和巴黎贵族一样，用金链和华美的饰品证明自己的身份。

日内瓦的牧师，支持禁奢法令，反对剧院，他们很多声明都源于古老的日内瓦民主时代——和法国的神职人员不同，他们是当权势力严厉的批判者。卢梭，攻击剧院并保卫牧师传统，实际上在支持日内瓦的民主力量。这些人后来组成一个代表团，反对禁烧《社会契约论》和《爱弥儿》，并呼吁更民主的日内瓦行政管理。

这样，法国的教会代表反动势力，剧院代表自由主义阵营，而在日内瓦，情况可能恰好相反。卢梭理解这一点，但不能很好地向他在巴黎的年轻同事朋友解释清楚，相反，他发觉每走一步，自己会和他们更加隔绝。他对圈内的反应异常敏感，他相信百科全书派的大部分工作的意义，仰慕敬重他们反抗和挑战的精神。然而，他感觉自己必须说出看到的真相，即使这些行为迫使他处于被放逐的位置，而放逐者恰好是曾经最珍惜他价值的人。在《给阿尔伯特的信》序言里，他描述了自己最近在蒙莫朗西隐退的悲伤、孤独和被隔离的感受，倾诉着失去"严明的贤能统治"之感，他以下面的话结束了序言：

> 在所有我笔端所流淌出来的文章中，这一篇是在其他之下，这更多是我自己的过错，而非环境；我在自我之下。身体的无序耗尽了灵魂，在痛苦的压力下失去弹性，一段时间的发酵会产生一点点灵感的光芒，来得太晚，又消失得太快。回到故乡，我又无所事事。只有一刻钟，它已经过去，我为自己的生存而羞愧。读者们，如果你因溺爱而接纳这最后的作品，请接纳我的阴暗面，因为，对我自己来说我已

经没有更多的了。①

这时，伏尔泰和百科全书派正高扬真理旗帜，推进其事业，但他们的阵线也因为支持和反对狄德罗分裂，卢梭却隐退在蒙莫朗西。就是在这里，一个书商给卢梭送来了一本巴利索《哲学家》的戏剧副本。

卢梭并没有因私人原因生气，他甚至感觉这本书在赞扬他，因为巴利索引用了一些他批评哲学怀疑主义的话。但对狄德罗的攻击深深触怒了他。他得出结论：因为书商并不认识他，一定是巴利索催促他送来的。他以下面的话回应了这个书商：

> 蒙莫朗西，1766 年 5 月 21 日
> 先生，浏览了您给我寄来的剧本，我惊讶地发觉自己在其中被赞扬。我拒绝这种可怕的表演，并劝说自己，您寄给我这本书并不是想要污辱我。不过，您忘了或者不知道我曾经有幸是一个值得尊敬的人的朋友，而他在这本有损名誉的书中被毫不公正地诽谤和中伤。②

尽管卢梭愤恨一切对他从前朋友的诽谤，他却不能现站到他的那一边了。自从公开和狄德罗决裂后，他的辩护应该是不受欢迎的。但是，很明显他渴望加入哲学家群体，特别是当他看到自己的老朋友在反抗教会和国家不可动摇的权威时被损害和侮辱的时候。在巴黎，人们因为支持狄德罗被捕入狱，但是卢梭，却只能在一个遥远的距离之外，观看他们的战斗，虽然他曾经比大部分人和狄德罗更亲密并且依然爱他。

六

回应了阿尔伯特之后，卢梭怀着一种深刻的绝望情绪在蒙莫朗西住

---

① C. S. , p. 127.
② O. C. , I, pp. 536 – 37.

下。他得出结论，自己再也不会写作，只想孤独一人，但是他的声望如此显赫，以至于宾客络绎不绝。尽管他有着多刺的个性，但是不妨碍他成为一个迷人活泼和自然而然的谈话者、一个和善的主人。当他得到足够多的安全与平和的保障时，他是最激动兴奋的，很快会精神振作。谈话，对于他受伤的感情是一剂安慰的香膏，只要他未曾在友谊帷幕后发现责任和义务，会很轻松地接待来访者。他也会突然正式地斥责来访者，不厌其烦地阐明人类与自然关系的美德。

他的客人期待发现一个与众不同的人物，他们找到了自己的期待。在蒙莫朗西新的隐退生活中，卢梭像从前一样被贵族和资产者热切追逐。刚住到蒙莫朗西的时候，卢梭开始了他最伟大的两部著作《爱弥儿》和《社会契约论》。现在，新环境里，他被客人们的谈话和广泛的事务所激励，他又重新开始了这几本书的工作。

马舍尔·卢森堡（Marshal de Luxembourg）和他的妻子在蒙莫朗西附近有一幢公寓，他们已经通过仆人和私人朋友多次建议他前来拜访，但卢梭几乎不拜访任何人，也不想从现在住所搬离。最终马舍尔先生自己拜访了他，卢梭感到有义务回访，很快他被邀请住在卢森堡的公寓里，尽管房间很破旧，极需修理。卢梭告诫马舍尔及其夫人数次，没有他们的友谊，他不会接受这一恩惠，而友谊对他来说，要么是全部要么没有，最终他接受了邀请。当然，他告诫的对象是夫人而非先生，他尽最大可能抵抗自己占有的天性和痛苦折磨，把她放置在朋友的名义中。从这第一次会面里，可以发现，卢梭对女人全部的复杂感情在她的影响下绽放了。

我很害怕卢森堡夫人。我在剧院见过她几次，还有10或12年前在杜潘夫人家里也见过，那时她还是个女公爵，闪耀着青年早期的魅力。但是人们说她是怀有恶意的，这名声对一个夫人来说让人颤栗。我一见到她就被吸引，我发现了那种可以抵挡和抗拒时间的魅力，在这样的魅力面前我的心灵脆弱不堪……从第一天起，我像对未来日子的依赖一样完全信任她，如果不是她的儿媳，一个愚蠢恶毒、爱吵闹的女人忽然决定走进我。这样，她妈妈的颂扬和她的虚假挑衅加在一起，我不能确定她们是否在玩弄我。①

长期以来，卢梭被自己在公共场合的表达障碍深深困扰，他决定在这一领域提高自己。方法则是通过为卢森堡夫人朗读未曾出版的《新爱洛伊斯》。夫人被这本书和它的作者深深迷住，坚持让卢梭坐在她身边的椅子上，并且不许任何人侵占他的位置。卢梭很容易被微小的怜爱所打动，很快就忠诚于她了。但是，这位新的女巫唤醒了以前曾经占据心灵的那些感情，对华伦夫人、埃皮奈夫人，还有索菲的感情成为他们相遇的一个背景。卢梭很确定她怨恨他，并怀有期待他服从的奇异念头。他爱她，因为她是一个恩赐者；轻视她，因为她极端的女性特质。在她的那一面，他完全窥探不到任何屈尊俯就和敌意仇恨，他就满足于相信她对他的偏爱很快就会淡漠消逝，像华伦夫人那样。渐渐地，他开始做一些事情，一些奇怪的、他相信可以触怒她的事情，但是在蹒跚前进时似乎仍然怀有良好愿望。卢森堡夫人向他要《新爱洛伊斯》的手抄本，卢梭为了给她一本包含未出版内容的书，他加上了一部分爱德华领主的历险记，描写了一个讨厌的女侯爵。即使在准备文稿期间，他也意识到那个女侯爵很不幸地和卢森堡夫人有诸多相似之处。

以如此大的努力和关注完成的精选，看起来是多么愚蠢的事情。我把这一点点残羹送给她，好像这是世界上最美好的事物。同时通知她，这是真的，我烧掉了原稿，这个精选本只是为了她一个人，除了她，世界上任何人都不会看到。远远不像我设想得那样，仅仅是表达自己的审慎和判断力，这一行为只是向她揭示了我的观点对她这些特征的适用性，而这只会触怒她。我低能到如此程度，以至于毫不怀疑她会被我所做的事情迷住。②

---

① O. C., I, p. 519.
② Ibid., p. 525.

卢梭爱着卢森堡夫人，但是同时也恨她，但他只意识到自己爱的感情，不能发觉和控制情感的另一面。他恶意的行为都是漫不经心的，似乎是命运之手所为，但是，这也是他自己寻来的。一定程度上，对她的双重矛盾感情涌流出来，弥漫到和马舍尔先生的关系中。下面一段摘自《忏悔录》的文字再一次说明了这种爱恨交织的感情。

> 在一次拥抱卢森堡先生的温柔感情里，我对他说，马舍尔，在遇到你之前我恨高高在上的人。现在我甚至更恨他们，因为你让我知道他们怎样轻易地让自己获得尊敬。①

毫无疑问，他急于表明自己的爱，这种情绪激励了他，但仍然说明他并没有因为和马舍尔之间的联系让自己变得骄傲和做作。但是，当爱和恨混合在一起，很难解开这两种感情——尤其是爱上一个"伟大"的人，而使他在整体上恨"伟大的人们"。

不久以后，卢梭为自己的破坏采取了更多的额外步骤。他给卢森堡夫人的政敌写信，赞扬他英勇抗议"金钱强夺者"。然后他未经考就把这封信拿给卢森堡夫人看，说她其实是"金钱强夺者"中的一个，只关心向下层农民收税。卢森堡夫人读了这封信，没有作任何评论，看上去像忘记了，再也没有提起。但是卢梭没有让这一事件就此打住。他写信给她，指控她拿他取乐，并宣称她很快会失去对他的兴趣。

尽管心存恐惧，但是他发现，当他请求她营救狱中的莫雷莱时，她特意去了凡尔赛以保证释放，为此甚至缩短了蒙莫朗西的旅程。在许多友谊的证据之后，甚至在她答应关照《爱弥儿》的出版之后，他得出结论："即使她开始渐渐厌倦我，她还保持着并且会一直保持着，她曾经多次承诺的一生的友谊"。②

当然，这种情况不被允许持续太久，很快，卢梭就向他的朋友忏悔了

---

① O.C., I, p.527.
② Ibid.

一切过错。

> 一旦想到我能够依赖她给我的感情,我开始为能忏悔自己的过错而心情轻松,因为,向自己的朋友揭示真实的自我,既不美化也不讲得太坏,是一个不可侵犯的神圣准则。我告诉她我和泰雷丝之间的联系和一切的后果,并没有掩饰我对待几个孩子的方式。她接纳了我的忏悔,甚至也给了我应得的责难。①

卢梭意识到自己所做的事情会毁坏和卢森堡夫人之间的关系,但他不能意识到行为是他情感的产物。他的《忏悔录》充满了类似以下语言的纯洁评论,但很明显与一些挑衅性行为相连。

> 在我和她的头脑里一定存在着天然的对立,除了在谈话中从我嘴边溜出去的大量错误论断之外,即使在我与她相处得最好的时候,我的信件也会因为一些原因让她不高兴,而我自己却不知道原因。②
>
> 还有,很奇怪,似乎是命中注定的一样,我说的话和做的事情都会使卢森堡夫人不高兴,即使我怀着最大的良好愿望想要与她和睦相处。③

在他生命中的任何其他时候和地方,都没有遇到像卢森堡夫人这样丝毫不会被激怒的恩赐者。不管卢梭多少次挑衅和无理取闹,她都不会应战。他似乎找不回那个渴望被惩罚和鞭打的小男孩了,这种孩子般的冲动被长久压抑甚至遗忘了,但并没有完全克服和消失。这形成他性格的一部分,而他却已不再有意识,这是躲藏在帷幕之后的一部分自我,按照自我深处的渴望来安排事件。对卢梭而言,遗忘这一点有助于保持他心灵的平静。他知道,自己是通过向不公正顽强战斗来获得美德和幸福的感受的,

---

① O. C., I, p. 557.
② Ibid., p. 523.
③ Ibid., p. 551.

但是，如果他没有认识到自己也被不公正地对待，他的满足感会很短暂。应该说，命运不公让他获得更大的满足，他行为中过分放纵的成分，他自己解释为"拖着一个人走向毁灭的盲目的命运"，"每一件事似乎都在帮命运的忙"，他说，"它召唤一个人走向不幸"。①

把自己看做命运手中无能为力的工具，他从未认真考虑过避免这些不可预期的奇怪事件，在其中，他总是以一种愤怒的热情烘烤着众多高贵和美德。他的攻击并不仅仅局限于善良的马舍尔和他的妻子，他挑衅性的行为贯穿于所有的社会联系之中。

卢梭经常设一些小把戏让人们注意到他生活很窘迫，然后等待帮助者给他送来食物和金钱上的资助，这样他就可以为了表明自己的独立拒绝一切援助。在谈话中，他设下相似的陷阱，通过自我贬损的评价，他鼓励别人走向自我摧毁。最终，当他把人们引入一个很长的神话故事时，他会突然转过来攻击，指责他们的不真诚。

下面的是从他给德沃德林（Verdelin）夫人信件中摘录的一段话，表明卢梭能够多么娴熟地应用这一技能。②

> 您告诉我，夫人，您没有很好地表达自己是为了提醒我，我自己的表达是多么糟糕。您告诉我您自己假装愚蠢是为了让我意识到自己的愚蠢。您以自己是一个好女人而感到荣耀，好像害怕因语言而犯错，您告诉我，我应该感激您。是的，夫人，我很清楚，我才是一个头脑闭塞的"好人"。可能比这更糟糕，也是我，无法选择合适的词语，满足于一个像您这样注意用语和谈吐高雅的巴黎女士。但是要考虑到，我只是在普通的意义上使用它们，并不知道或者关心高贵而有美德的巴黎社会赋予它们怎样的礼貌内涵。③

---

① O. C., I, p. 525, 当受虐的冲动不被意识到时，一个人必然把一切的伤害归为命运的作用。当一个人不了解自己行为动机的根本原因时，命运，或者上帝就会以一种神秘的方式起作用。
② 同一封信也指责她赠予无数礼物，还谴责她使用无数借口和托词给他食物。
③ C. G., V, p. 243.

在这样完全彻底地攻击了德沃德林夫人，注意到"难以置信的节制"①之后，卢梭决定接受她做朋友。

这里，当然，卢梭行为的动机很复杂。他那种很强的依赖和信赖的渴望，使他对和贵族之间的关系难以忍受。他感到很强的渴望使每一个人高兴，但是他痛恨那些谄媚权贵以获得金钱和权力的人。这样，他不得不经常审视自己的感情，以确保他自己不被称为"谄媚者"。在他身上，频繁不断出现的粗鲁片断，只不过是他自己期待克服自我弱点的一种表现。当他确定自己被爱时，既不粗鲁，也不充满挑衅，但他只有在他那只狗特克身上，才能发现这样贯穿始终、毫不怀疑的爱。狗的死去带给他极大的痛苦，卢森堡夫人写信安慰他，他回复道，"是的，我可怜的特克只是一只狗，但是它爱我。"②

七

在卢森堡夫人的公寓里，卢梭遇到了另一位对他的未来产生极大影响的很有吸引力的女人：布费尔（Bouflers）夫人，神圣的女公爵，欧洲最迷人和著名的女子之一。她是狄康德王子最主要的情人，法国贵族里很有影响的人物。他们在巴黎宫殿里主持着一个沙龙，位于塞纳河北部，有坚固的围栏和防护，包括自己的剧院、豪华的舞场、宽广的土地，还有很多房间，其中一间是为布费尔夫人预留的。

每周一的聚会是巴黎四大沙龙之一。沙龙里最主要的谈话是英国式的自由和英国作家，布费尔夫人被她最近发现的苏格兰伟大的哲学光芒深深吸引，这光芒来自于大卫·休谟。

布费尔夫人，尽管更加沉稳和复杂，但是在个性上，和卢梭爱着的索菲有很多相似之处。她谈话时异常活跃，令人喜爱，她的热情常常引发自

---

① O. C., I, p. 530.
② C. G., VI, p. 169.

己预料不到的后果，但是，在她身上也有一种之前在索菲那里所显现的关于善良与罪恶的分裂和矛盾的概念。1752 年之后，她不再是王子的情人，但是依然以朋友的身份参加聚会，直到他去世。她试图忘记自己还有丈夫和儿子，把同王子之间的关系看做"神圣的职责"。她会被任何的简单指责他们关系不合适的言论和评价触怒，在这一点上，她和她同时代的很多女子形成极鲜明的对比。贺瑞斯（Horace Walpole）①说，"她是两个女人，高贵的和低俗的"，德芳（Deffand）夫人评论道：

> 她的信条是很坚固的，经常拥有很高的标准。她用一种坚定的、充满决断力的语调和最甜美的声音宣布，她像是宣布法令和传达神谕的长笛。可笑的、或者令人恼怒的是，这样高尚的道德与她的行为并不相符，更荒谬的是，这反差和区别竟然没有让她震惊。她会很冷漠地告诉你离开丈夫生活是违背良好秩序，做王室成员的情人对一个女人来说是侮辱。她说得如此真诚、如此通达和具有说服力，用这样甜美的语调和优雅的仪态，你甚至无法期待寻找其荒谬之处。②

拥有这样自我遗忘的能力，使她很容易在开始和休谟交往时还保持着对狄康德王子的忠诚。她写信给休谟说他的论断非常令她着迷，他们在法国见面，他们通过信件表达彼此的仰慕。但对于把自己交托出去，休谟很谨慎和不情愿，最终她告诉他，自己不但迷人而且残酷。在这些暗示下，他最终决定屈从于她的魅力，而不是面对愤怒。最终他完全沉陷，甚至为了永远在她身边，决定放弃英国国籍，在法国安居下来。③

卢梭对她的吸引力，毫无疑问部分来源于他作为一个有教养有学识的人的巨大声誉，但是更重要的心理纽带，或许是他们共同的那种在道德面具下掩饰自己真实渴望的能力。卢梭经历过和索菲那令人绝望的事件后，说服自己整个经历是因为对她的哲学兴趣，渴望引导她走向美德。他只是

---

① Quoted from E. C. Mossner, *The Life of David Hume*, p. 456（*Walpole Letters*）.
② *Ibid.*, p. 457.（*Walpole Correspondence.*）
③ See *The Letters of David Hume* for the correspondence between Hume and Mme de Boufflers.

看到她的纯洁无辜和想遗忘自己是个女人的企图。可能布费尔夫人在他身上发现了这一特殊的品质，试图施加相似的影响，很可能她已经听说过卢梭和索菲之间的故事。很多场合，她频繁去看望他，对他的美德和哲学观点表示敬重和倾慕。当然，她不仅是在表演和做戏，她在给很多人的信里表达对他的敬意。很快在一些微小的攻击面前保护他——甚至反对来自休谟的轻蔑。

但是，卢梭已经受到一次很严重的伤害，他不想再上演一次喜剧。他遇到布费尔夫人的时候，她只有28岁（和索菲与他相见时差不多的年纪），她是他的资助人、卢森堡夫人的密友。尽管这位夫人和他并无浪漫感情，但是他们温柔相待，像当初的埃皮奈夫人一样。她会愿意他同自己的亲密朋友相爱吗？还有，狄康德王子已经渐渐培育起和卢梭之间的友谊，卢森堡夫人不在的时候，他至少看望过他两回。他又要再次陷入到与朋友的情人恋爱的关系中吗？现在的情形和他从前完全在分裂中结束的关系非常相似。布费尔夫人多次拜访他，给他很多暗示，甚至带来一位朋友，给这位迟疑的情人旁敲侧击的建议。她表达了对古罗马的热情，卢梭感觉他们之间有一种增长的热情，但在最后时刻，他还是退缩了，保持着友谊和疏离。在《忏悔录》中他说，爱情被轻蔑导致了她加入摧毁他名誉者的行列中，但这对她是不公正的。

读到这么多卢梭行为的记载，读者可能会疑惑人们怎样忍受这样一个脾气暴躁的隐士，他小小的居所为什么会吸引绵绵不断河流般的人群前来拜访。在《忏悔录》中他描述了自己在社会中可怕的无能，经常因为尿道疼痛而离开，他的谈话被粗鲁的评论时时打断，但访问者的评论并不支持这一画面。休谟（在他们争论之间）和波斯维尔都把他描述成一个迷人的谈话者，一个社会中的人。他可怜的健康状况，尽管他在信中老是抱怨，其他人几乎没有意识到。他说自己晚上睡不着觉，但是朋友却被他的打鼾声惊醒。他努力想要告诉大家关于自己毫不掩饰的赤裸真实，很明显，他透支了自己性格中的负面因素。

另一个引起人们对负面因素过分注意的原因，是他在写作中无意之间揭露自己的程度。他的理性化程度如此明显，以至于人们忘记了他有时说话含有很强的判断性。他是理性的,但同时在不断合理化过程中。他一直在努力直接表达自己的观点,说出他怎么想的,描述他看到的生活。在18世纪的模式化和礼仪世界之中,他的诚实是不断更新的。更进一步而言,他有能力传达一定程度的敏感性,在脆弱的背后,怀着恐惧的、有时是迟疑的,对于被爱的渴望。

八

卢梭想要激怒卢森堡夫人的所有努力,都以失败告终。她持续地敬慕他,热切地为他的工作帮一些小忙。她更喜欢《新爱洛伊斯》,超过《爱弥儿》,但允诺照看后者的出版。基本上是在她的坚定信念支持下,卢梭成为了一个天才人物。她没有注意到,卢梭也没有,在这些书里,包含着可怕的异端思想。在蒙莫朗西,那些在他身边的人在《爱弥儿》或者《社会契约论》中,都没有发现什么大的攻击和挑衅,而且,君主的政策,也允许普遍意义上的批评。

但是现在,君主处在攻击之中,牧师也已经到了负隅顽抗的地步。以前轻轻扫过王国的微风,现在却摇撼着国家的核心。度克罗(Duclos),刚刚感觉到巴黎的氛围,给了卢梭第一个暗示。"什么,公民,"他喊道,当卢梭读完了《爱弥儿》中关于宗教的一部分,"书的这一部分会在巴黎出版吗?""是的,"卢梭回答,"会在卢浮宫出版,得到国王的同意。""我同意,"度克罗回答道,"但是请足够仁慈,不要告诉任何人您曾读过这一部分给我。"①

谁又能说出,卢梭把这两本书在那时出版的动机是什么?他急切地向从前文字圈内的朋友证明自己。现在他们是遭受迫害的人,为一个可以理解的伟大事业而战斗。而他,为自己隐退在安全之中而充满内疚自责。当他被卢森堡夫人宠爱的时候,狄德罗正在为自由在巴黎战斗。是否可以

---

① O. C., I, p. 564.

说,《爱弥儿》和《社会契约论》是另一种挑衅的表现,试图激起他应得的那份迫害?不知何故,或许这样的论断和评判在这样天才的劳动面前显得微不足道,这两本书当然源自于挑战性的个性,但是卢梭已经为此工作了很多年。这两本书揭示了太多关于他和他的哲学的内在秘密,远远不是挑衅性倾向那么简单,因此在表达对其看法之前,需要有更深刻的审视和考察。

第六章 《社会契约论》

一

在自然状态中，人类的生存法则是牙齿和利爪，这也是生活在他们周围的动物世界的法则。每一个人以其最大的能力，在力量的局限之内，与邻人和动物竞争，以满足自己的需要。随着文明的兴起，人们的渴望在方向和内容上都有所改变，尽管每一个社会都包含着这些最初的争斗和竞争。人们为了各种不同的原因彼此竞争，不仅仅是为了生存，无论在任何地方，他们都为了挑战或者维护摇摇欲坠的社会组织结构而斗争。

乍一想，维持文明秩序并不困难。一个人制定了简单的法律："不要杀人"，"不要偷东西，包括你邻居的女人"。但是，当我们讨论偷窃的时候，必须首先界定财产权；当我们约束一个人杀人的时候，必须想一些办法避免那些会逐渐上升为谋杀的行为，尤其是那些伤害人们尊严骄傲的行为，这通常是导向社会暴力的第一步。

这个复杂的社会心理问题是卢梭《社会契约论》的基本主题。

寻找一种形式的联合体，用群体的全部力量保卫和保护个人和每位成员的财产，在这里，尽管一个人和整体相连，然而只服从他自己，并且和从前一样自由。这就是社会契约论给出答案的最基本问题。①

为了寻找这样一个联合体，卢梭的第一步就是建构社会的合法性基础。他抛弃了人民应该服从权力的先在定论和惯例，如果暴力是权力的基础，那么使用暴力推翻它就是合理的。任何关系，如果赋予一方完全的权力和优势，而另一方却一无所有，那这种关系就违背了人类的自然天性，因此是无效和无价值的。人们必须返回到自愿同意的概念中，这里，任何加入其中的群体都会有所获益。在最初的生活中，人们一定感受到，环境具有如此压倒性的力量，以至于必须和邻人和同伴联合起来才能生存。通过反抗外在威胁的集体暴力，个人获得其优势权利，但是，为了能做到这一点，他必须让个人意志服从集体目标或者普遍意志。否则，这第一个社会会因为上千个矛盾的渴望而解体。这就是社会契约的本质，不管它是被书写下来，还是得到沉默的领会和理解。②

从这一点出发，卢梭继续前进，给出从契约中诞生的社会的概念。这也许是他著作里最重要的核心部分，因为，同样的一个实体根据考虑角度的不同，有着不同的意义。

只是一瞬间，这种结合行为就产生了一个道德和集体的共同体，以代替每个订约者个人；组成共同体的成员数目就等于大会中所有的票数，而共同体就以这同一个行为获得了它的统一性、它的大我、它的生命和它的意志。这一由全体个人的结合组成的公共人格，以前称之为城邦，现在称为共和国或政治体；当它是被动的，它的成员称它为国家；当它是主动时，它的成员称它为主权者；而拿它和它的同类相比较时，则称它为政权。至于结合者，他们集体的称为人民；个别的，作为主权权威的参与者，叫做公民；作为国家法律的服从者，叫做臣民。但是这些名词往往相互混淆，彼此通用；只要我们在以其完

---

① V., II, p. 32. 看上去卢梭这里的意思是，社会契约的"概念"可以承受这个头衔，而不是他的书。

② V., II, pp. 26–33.

整的精确性使用它们时，知道加以区别就够了。①

在抽象理性的讨论中，这些术语都非常清楚，但卢梭的书里经常不断地降格到讨论政府的现实事务，在政府中，尽管每一个人都是主权者的一分子，但主权经常被某一个单个的人代表。卢梭清晰阐明的理论并没有给出一个明确具体的政府的理想形式。相反，他给出了所有政权合法性的基础，不管是君主制、贵族制或者民主制，一句话，国家所有的权力来源于民众的一致同意，没有任何个人在法律之上。② 在这一方面，他提出了现代民主制的一个原则和基础。

建构法律的唯一最好向导，根据卢梭所言，是"公意"。因为，每一个公民，作为一个个体，他的倾向和作为公民的他经常发生冲突，他会倾向于按照自己的希望和意志而不是公意回应问题。所以，卢梭得出结论，个体应该被"强迫其自由"，强迫其服从公意。③

在这一点上，存在着关于自由的明显悖论。卢梭怀有一种伟大的自由渴望，人们应当自由，免于独裁和专制，自由地决定什么是对和正义。但是，和伏尔泰与百科全书派不同，他不相信人们完美无缺的理性。他并不相信，人类，同他自己一样的生物，会真正自由地选择对他而言的最好之物。卢梭在哲学理念的基石上已经完全改变了自己的个性，对自己的双重天性非常敏感。他感觉到自己经常需要全部的力量来抵抗天然的倾向，意识到自己的理性经常被引诱服务于内心的感情和渴望。认识到人类天性的完善性和被腐蚀性共存，这一点把卢梭和他的同代人区别开来。和伏尔泰与同时代的许多自由主义者一样，他也渴望一个更好和更加公正的社会，但与他的自由主义同事不同，他不相信仅仅是无知阻碍了人们通向美德之路。如果一个人被教导使用理性，他的道德也会提高。他把城邦看做教育手段，教导人脱离自私，强迫人约束自己的私人兴趣、激情、建筑在别人

---

① Ibid., pp. 33 – 34.
② V., II, pp. 32 – 33, 49 – 50.
③ Ibid., p. 36.

付出的代价之上的个人愉悦和享受。① 但他也意识到，在大部分的现实社会里，人们并不会因为成为共同体的一员而失去个体的贪婪和欲望。他们知道什么对群体是好的，但是，他们经常努力去满足自己的私欲和幻想，或者集结成党派和小团体，为一小团体的利益服务，这样，破坏了公民社会的目标，把国家中大多数的民众和市民变成了畜牲。

卢梭身上体现着，也充满着人类的矛盾，他有着像上帝一样的品质，也同时存在野兽的一面。卢梭想通过语言的激流把他自己这些复杂的感受传达给人们，这样，他的读者会像他一样，立刻看穿人的本性。每一次当他要表达一个新观点，都恐惧别人无法理解，把一面当成全部。这样，我们发现几乎在任何地方，他都会以下面的语句提醒读者："我所有的观点都是一致的，但是我不能一下子全部表明和解释它们"。②

二

牢牢记住卢梭的警告，这有利于我们进一步在细节上考察它自相矛盾的政治画面和自由的概念。这一对自由的特殊论断和今天世界所普遍接受的含义是如此的不相协调。让我们回到他的陈述，人应该被"强迫自由"，这一话语本身不就是自相矛盾的吗？卢梭仅仅只是给出了一个奥威尔（George Orwell）所说的"思想矛盾"的 18 世纪的范例吗？答案存在于卢梭"自由"的不同含义中，他并没有很好地将它们区别开。他指出，从自然状态到公民社会，人也把"自然自由"转化为"公民自由"。自然自由只和个体力量有关，而公民自由则要受到公意的约束。但是，人在城邦里得到的最重要之物是"道德自由"，只有这一自由才使人成为自己的主人。因为"服从天性的冲动是奴役的一种形式，只有服从我们自己制定的法律才是自由。"③ 乍一眼看上去，似乎和卢梭的第一篇论文形成鲜明对比，现

---

① 参见关于这一点的另一种解释：J. W. Chapman, *Rousseau, Totalitarian or Liberal*, p. 39。
② V., II, p. 47.
③ Ibid., pp. 36–37.

在，人类社会为道德的提高承担责任。

但是卢梭并没有停留在这一点上就满足了，仅仅只有社会状态的存在，并不能保证会通过良好的法律，形成良好的政府。他坚持说如果一个国家想要保障和追求所有人最大的善，唯一能够指导它的力量就应该是公意。当人民能够获得充分的信息，当他们能够独立地作出决定，不和他人商量和沟通，那么，公意就是有效的。①

卢梭坚持人民作为整体拥有主权，这一点在君主制、贵族制和民主制中同样重要。在君主制中，主权者的权力转交给国王，但是意志——公意是不能被任何人代表的，只有作为整体的人民才有资格。任何政府，民主的、贵族的或是君主的，只有根据公意运行才是合法合理的。根据公意行动，卢梭的意思是，最主要要根据大多数人选举出的、赞同的法律统治，在选举中所有的人都被计算在内，每个人依靠自己的意见选举。②

公意，他说，在一个社会中总是正确的，但是，这并不意味着人民的深思熟虑总是最好的。党派、私党和小团体、政治交易会慢慢蔓延起来，选票可以买卖，但经过所有这一切，公意依然存在。如果人民选举了一个坏的政府，他们被欺骗了，但是看起来似乎是自己希望得到坏的政府。因此，如果公意可以表达自身的话，一个社会中就不应该有党派，或者，即使这不可能，党派社会也应该聚合和升高到一点，这里每一个人的影响都相对很小。③

卢梭所期待和介绍的限制总是针对个体的激情和个人利益。他指出，公民国家的形成扰乱了自然状态中获得的自由和平等的自然平衡状态。但是，重要的是，公民社会给人类提供了比抛在身后的更好的东西，因此人类有权背弃它。社会给与个体的人最有价值的贡献是强迫他自己意识到自我的道德行为。就像他说的：

由自然状态进入社会状态，人类便产生了一场最堪瞩目的变化；

---

① V., II, p. 42.
② Ibid., p. 49 – 50.
③ Ibid., pp. 42 – 43.

在他们的行为中正义取代了本能,而他们的行动也被赋予了前所未有的道德性。唯有当义务的呼声代替了生理的冲动,权利代替了嗜欲的时候,此前只知道关怀一己的人类才发现不得不按照另外的原则行事,并且在听从自己欲望之前先要请教自己的理性。虽然在这种状态中,他被剥夺了很多的自然便利,然而他却从这里重新得到如此巨大的收获;他的能力得到了锻炼和发展,他的思想开阔了,他的感情高尚了,他的灵魂升华到这样的地步,以至于——若不是对新处境的滥用使他往往堕落到比原来更糟糕的话——对于从此使他永远脱离自然状态,使他从一个愚昧、局限的动物变成一个有智慧的生物,一变而成为一个人的那个幸福的时刻,他一定会感恩不尽。①

因为主权者的双重性,作为人民整体的化身统治整个国家,在其位置上能够独立地决定什么对国家是有益的。但是主权者没有任何权力要求更多的东西,除非它对国家和社群有益处。限制和约束施加于个体的自由之上,恰好是这些约束使人变成有道德之物,因为主权者不可能做任何有悖于自己福利有悖于公意的事情,所以个体也就可以自由地按照自己的意志行事,只要不侵犯和违背公意。每一个公民都应该为主权者提供必要的服务,当主权者需要时,他们应该服从。这些义务是盲目的,仅仅因为他们是共同所有的,公意并非仅仅是个人意志的相加的总和,但是它的结果却对所有人都有效。②

强迫人们自由,现在卢梭强迫人们服从公意——因为它对作为整体的社会是最好的。

三

迄今为止的分析表明,卢梭似乎在说他所提出的自由是靠自制为其支

---

① V. , II, p. 36.
② Ibid. , pp. 43 – 46.

撑，自由的范围和限制仅仅是不侵犯别人的权利。对个人独一无二的创造力的考虑是不重要的事情。但是，主旋律里还是出现了不和谐的音符。人们会注意到，公意可以被一个君主解释和管理，君主的命令可能被看做公意，这样主权者就会毫无阻碍地自由欺压人民而不给他们任何反抗的机会。① 他并没有告诉我们如何辨别，当人民自由地反抗君主的命令，当反抗来临之时，它是公意自然而然的爆发，还是专业阴谋家和煽动者的诡计。

在解释公意之时所给出的君主的位置，是社会契约论众多特征中唯一一个怀疑个体自由的安全性的特征。当国家的安全遭受威胁时，独裁是被允许的，这种罕见的需要独裁的情境应该非常明显。② 主权者的权力不受国民的监督和保证，因为，由所有组成它的个体共同结构而成，所以不可能有任何不同或者相悖的利益冲突。③ 如果主权者真的是一群永远自己作决定的公民，这一幅画面将是值得赞叹的，但是，主权者的权力可以转交给个人这一概念清楚表明了一种危险性：权力可能被一个人侵占，集中在一个人手中，危害其他所有人。④

在卢梭讨论到惩罚时，似乎是对自由最严厉的强有力打击，它赋予国家令人恐惧的权力。个人，卢梭认为，当他攻击社会权利时就成为阴谋者和叛徒，因为保卫国家的利益和保卫个体已经不再相互协调一致，他应该被判处死刑。在这些情况下，频繁的宽恕只是国家堕落和腐化的象征，因为宽恕的权利属于比法官和法律更高的权威——主权者。⑤ 宗教将降低到一个简单的形式，这对保护市民社会可能是需要的，但是卢梭用放逐和驱逐来惩罚那些不接受国家中公民信仰的人，用死刑来惩罚那些公开承认公民信仰的教义、表现的行为却像不相信它们的人。⑥

正是在这一点上，当一个人确信某人是暴君，他会发现强有力的激烈

---

① Ibid. , p. 40.
② V. , II, p. 120.
③ Ibid. , p. 35.
④ 卢梭承认和意识到了这个危险，不过他认为它是政府不可避免的结果。
⑤ V. , II, pp. 46–48.
⑥ Ibid. , p. 132.

的对自由的捍卫，或者对个体权利的呼吁。一个人会因为不服从公民信仰而被判处死刑，但是公民信仰最为核心的信条是禁止和反对不宽容。① 在他讨论到政府权力时，一方面，他认为需要高等委员会，国王应拥有独一无二的不被干预的特权，他有权力在危难时为了保卫国家并保证其有效运行采取紧急的权宜之计，甚至独裁；另一方面，所有一切事务的安排都应该是政府为人民牺牲，而绝非人民为政府牺牲。② 他说，君主可以表明他代表公意，只要人民不反对他，但他必须保障提供定期的民主集会。法律所需要的民主集会，人民应该被定期询问意见，表明是否愿意现任的政府继续执政。国王不能反对这样的集会，除非他公开承认自己是法律的破毁者和国家的敌人。③

卢梭自己也注意到了他书中不同部分令人震惊的情感上的转变。他经常警告他的读者不要匆忙对他作出评判。当他写作时，经常地似乎看上去在和自我的另一面作战。有一次，当他提醒人们应该反对频繁地宽容罪犯，他评论道："但是，我感觉到，我的心灵反抗着、抑制着我的笔"。④

对于这一矛盾有很多充满逻辑的解释。卢梭暴露了他这一领域广阔范围内的很多问题。他是最初的几个人之一，这些人看到人类未来发展的国家模式，也发现了人类内在矛盾的潜质，既要保护自己的个性，又要维护社会团体的稳固。已经注意到问题的复杂性，人们或许会问，是否他个性中的某些因素增加了问题的复杂性和他的困难。在他许许多多的发言里，都蕴含着反抗和服从，命令和挑衅的奇特品质，发言里回响着相似的音符和语调。有些时候，他看上去是一个伟大的自由主义和民主主义者；其他的时候，他又似乎是盲目的——完全无视自己在背叛自己深刻相信的那些最基本的准则。格林（F. C. Green）在评论《社会契约论》中不服从宗教教义和社会法律的著名文章里表达了这一矛盾：

---

① O. C., I, 133. 尽管卢梭的公民宗教的类型对他自己来说是独一无二的，但是最早提出这一概念的是卡尔文。（参见 M. Walzer, *The Revolution of the Saint*, p. 55.）
② V., II, p. 68.
③ Ibid., pp. 101 – 2.
④ Ibid., p. 48.

非常突然，没有任何明确可感触的节奏和韵律或者风格品质的变化，卢梭冷漠地宣称"如果任何人，公开的承认了这些原则和规则，但行动却像并不相信它们，让他们接受死亡的惩罚：他犯了所有罪行中最严重的一个，在法律的面前说谎"……不顾一切的，在他的宣称信仰的重要文章里，他构想了通向大众正义的谋杀规则和路径，命中注定成为20世纪集权国家基石。像《社会契约论》那样高尚的创造物，被这样恐怖的附属物所玷污和扭曲，是人类文字史上最令人困惑和不可理解的谜语之一。①

在成熟的智慧之中，人们不会被这些矛盾所困扰。很多作家试图以似是而非的悖论迷惑人，以显得高深莫测和神秘，但是在卢梭身上，我们必须同意"不可能怀疑他赤裸的真诚"。② 卢梭是真诚的、诚实的，根据对这些词语的传统理解，就像索菲认为自己只期望和他保持柏拉图式关系时一样的真诚。

卢梭被自己所不了解的冲动所推动。他所喜爱的自己的形象，是一个蔑视所有权威的反叛者。他厌恶那些强迫他服从社会传统和履行责任义务的人，他抵抗着来自朋友方面的影响他观点和行为的所有努力，深刻强烈地相信个体为自己着想的权利。但是，在这一独立的个性外，还有自我的另一面，不仅仅爱支配他人，也愿意服从某一个女子、服从某个权威。这是他早期成长经历的核心，在他成年的个性中，隐伏在任何一个角落。这一面中，他热爱残酷的命令和毫无疑问的服从，这是他不愿意思考的一面。实际上，这像一种生理力量控制着他，他期望着能更好地从精神层面完全摆脱它。从他早期在巴黎的那些日子，他开始充满热情地自我改造，卢梭试图清除这些不愉快的冲动和感受。他在很大范围内获得成功，以至于自己都不再意识到它们，但实际上它依然潜伏着。现在，在帷幕背后，那些冲动和感受以一种微妙的力量引导着他的笔。我们所说的"未曾意识

---

① F. C. Green, *J.-J. R: A Critical Study of His Life and Writiongs*, p. 304.
② H. Ellis, *From Rousseau to Proust*, p. 130.

到的权威的一面"的影响造成了他写作中的盲点。也许，在这些隐藏的东西中，人们可以揣测为什么会有天真的强迫人自由的尝试，为何在最高尚的自由感情中突然爆发出残酷的压制。卢梭是一个和自己战斗的寻求自由的人，他想要把自由的信息传达给人类，但在他内心的黑色帷幕之下，却隐约回荡着服从的忠告和劝说。他的战斗是如此伟大，因为他无法理解自我的另一面，他在和一个不知道的对手战斗，当被打败的时候，却还不曾知道。

在这种情况下，人们或许会追问和困惑，这样一个反叛者卢梭到底怎样对我们说话——如果他没有从那更加黑暗的一面获取同样的资源和能量。人们不能假定这个高傲的反叛者和改革者真正是一个独立的实体。他也是人类和造物的一部分，他追求美德是与自己内在的罪恶斗争的结果。这样，说卢梭没有意识到自己的另外一面只是部分正确。他清楚地记得丝带事件，记得童年时的残酷经历，至少表明他意识到自己个性这一面行为上的结果。实际上，这些反而积极地促成了他的理想主义。如果没有关于屈服固有的腐蚀本性的直接经验，没有意识到屈服的隐微形式，他和敌人的战斗将会处在很不利的位置。卢梭的雄辩，部分来源于他个人奴役的隐私与细节的经历和知识。没有这样的经历，他的论证会显得干枯和学院气。

四

已经说明的是，在卢梭自由的理想和内在隐秘的渴望之间存在着深刻的矛盾。他性格中的另外一个特征非常有利于他揭露作为实践的政府形式——民主制的弱点。这缘于孤独和隔离带给他的印记，他关于自我的概念，是同他那个时代的人完全不同的一种感觉。孤独感，一种经常和消极的反社会倾向联系的感情，在卢梭那里，成为他审视民主社会弱点的锋利工具。

尽管他接受公意作为政府合法性的唯一来源，但他并不相信普通人的社交性格。他倾向于放弃责任，由于对个人自由缺乏警惕，倾向于个体所得，倾向于和一小部分联合超越大多数，获得他们没有的优势位置。他感觉，如果每一个人真正是自由的，他就不必服从社会环境的压力。

卢梭自己就是社会压力团体的受害者。很多时候，他夸大了其威胁，但是很明显，一系列的努力促成了他的最终选择和决定，抵抗那些别人认为适当的东西。抵制理所应当形成了他第一篇论文的基石，他在整个一生，期待从社会责任中解脱出来，但他取悦别人和被爱的渴望让他对他人的需要非常敏感。尽管他热爱自由，但恐惧自己的屈服。这样，只有当他一个人在森林里漫步很久，走遍了每一个角落而没有遇见一个客人，他才真正自由，他的狗、猫，或者森林里的小鸟，只有这些造物才不会打扰他的自由。对卢梭而言，一个完美的自由的社会，每一个人都享有免于社会义务的自由。

这里，我们发现卢梭天性里真正最为天然的那一面。他意识到，一个人的独立是因为自由地免于同时代众人的压力，这和免于统治者的独裁一样重要。他同时代的哲学家几乎没有人发觉这一点。一个人，以一己之力和意志可以和君主相竞争抗衡，但在公共意见面前依然会非常脆弱、不堪一击。意识到这一点，卢梭预言了个体自由受到的严重威胁，而在那一时期的大部分民主思想家都没有意识到，直到托克维尔在《论美国的民主》中给出具体的例证。卢梭明白，除非每一个选举人真正独立，否则，民主就不会是真实的。秘密投票是不够的，服从的压力，相信大多数人和统治团体所相信的东西，构成了对独立最真实的威胁。但是，政治领域的完全独立几乎是需要社会隔离，类似于卢梭的自然人概念。卢梭所描绘的社会——能够很强烈地影响到人的道德行为，却不会影响到他的政治行为——是很难想象的。什么样的社会组织形式才会带来卢梭所期待的那种结果，他自己心中是否有明确清晰的观念，也是值得怀疑的。①

---

① 他对待个体独立的矛盾态度，可以从《关于波兰政府的思考》中找到片断，特别是关于教育领域，他认为在教育中个体受到其邻人的支配。

五

不难发现，在卢梭的论证里有很多单独的逻辑谬误，但是他所使用的方法并不是逻辑范例。他是一个神话制造者，在一个伟大的传统宗教神迹衰微、变得不再可信的年代里，他应运而生，步上历史舞台。亚当和夏娃简单具体的神话故事，只对原始人类有效，在18世纪的法国无情的逻辑和缺乏怜悯的智慧面前根本无法生存。教堂的神话和奇迹在哲学家的攻击下崩塌，人们开始怀疑和丧失信仰，但是模糊的罪恶感时时袭击他们。对于未知的恐惧，恐惧着魔鬼的诡计和圈套，就像教堂里最有学识教养的神学家警告他们的那样。哲学家和科学家的胜利，是那个时代正在发生的很多幻想中的一个，看起来似乎真实而永恒。宗教的权威正在消退，但是科学的迷信却在增长。在一群充满才智的人的领导下，人们学会怀疑，但古老的轻信本性并未远离。怀疑主义和起源崇拜是18世纪法国的特征，充满着热切的相信和追随的强烈渴望。

化学在拉瓦锡的领导下迅速发展，与此同时壮大的还有炼金术。到底是什么构成了科学研究，这些观念还远远不够完善。时尚的观点，像很多人今天还相信的那样，科学是化学物质的混合和搅动。这种氛围中，直截了当的奇迹是被期待的，像期盼发明什么罕见的稀有宝石，或者点土成金。到处都有秘密社团，很多古老的宗教复活和重新被研究，伴随着对未来的预言。牛顿爵士耗费了最有创造力的生命阶段中很大一部分时间，用来解释圣经中的预言。很多巴黎和维也纳的小团体在私人家庭里秘密聚会，构想着魔鬼的形象，加上一点点信念作为调料，他们相信每个人最终都要赤裸地站在地下的主面前，而看不到他的脸。吹牛大王到处都在兜售护身符和春药，希望能卖个好价钱。路易十五被一个阿尔萨斯人愚弄，他装做一个伯爵，宣称自己可以把很多颗小钻石做成一个大钻石。

在这样的历史里，隐藏着属于卢梭的时刻的真正秘密。他正是那个时代的人，在内心深处隐藏着深刻的宗教信仰，他看到了古老上帝的塌陷，但是却不肯轻易地顺从时代潮流。他在科学和学识的狂欢和兴奋中发现了某种错误的东西，他敬慕伏尔泰和同时代的哲学家们，但发现他们只是被模仿，而非被理解。他发觉，新的时尚和潮流并没有给这个虚伪和不真诚的世界增添任何东西。他希望人们认识到最基本的人类价值，基督曾经教导的价值，但是，在他的时代的宗教、科学和学问中，完全无法获得。不知何故，人们似乎和这些真正重要的事物失去了联系。

在这一基础上，卢梭建构了人类社会的新神话，用一种人类创造的古老原型的形而上学的逻辑结构。它的逐渐形成，并非仅仅来源于卢梭和他自己时代宗教神话的紧密联系，同时，和其他神话一样，源于他投射在外在世界中的深刻的个性和心理真实。人类从原始、野蛮的无知堕落到文明的进攻和负罪感，这一切的故事同时也是卢梭自己堕落的故事，在梳子事件过后他发觉没有人能看透我们的内心，明白我们心灵的纯洁。① 纯洁无辜被惩罚指责是可能的，并且，罪恶可以假扮纯洁的样子，在别人面前掩饰内在的恶。

卢梭渴望再一次获得失去的少年时的纯真和透明，那个时候，他的不道德也不是罪恶，因为他的面容和脸色会背叛他，这样一切就变成孩子气的恶作剧。因为他无法恢复这样的透明，被有关罪恶的知识所折磨，他尝试着无辜的表象和外表。当纯洁、自然人出现在头脑里，他变得，像自己说的那样，"有美德的，至少陶醉于美的"②，并且决定承担起自己所创造的神话的品质，重新获得——如果不是独一无二的纯粹透明——至少是看上去纯洁。

在这里，卢梭理想中的童年，像一件斗篷一样，覆盖在原始人类这一概念之上。对权力的追求是缺失的。人类在早期，他评论道，能够为食物而奋斗拼搏，遇到威胁会战斗，但不会因为纯粹的统治欲望去统治他人。没有财产权的观念，不忙于追逐财物，没有家，实际上，他甚至不认识自己的孩子。③ 现代的人类学家、心理学家、动物学家早已摒弃了这种观念，

---

① J. Starobinski, *La Transparence et l'obstacle*, pp. 1–14.
② O. C., I, p. 416.
③ V., I, p. 166. From the second discourse.

并不仅是早期的人类,甚至动物居住在自然居所中,也不是这样。①

但是,卢梭并不寻求建构科学事实。神话的制造者是讲故事的高手。他的注意力不在材料而在解释和描述。在他那个时代,关于原始人人们知道的很少,这样卢梭能够描绘他理想中的图景,不会害怕与新发现的证据相矛盾。证据很少被注意,有教养的人仍然通过充满灵感的争论,试图证明或者反驳上帝的存在。毫不令人惊奇,卢梭也用了同样的方式表达他原始人的概念。但是,在令人迷惑的原始人观念里,他们没有任何权力欲望,并不渴望自我扩张,很明显释放了卢梭很久以来隐藏的侵略性的冲动。在描述这个还未曾意识到自我存在的纯洁造物的过程中,卢梭也创造了独一无二的自我形象,确定了自我的个性。似乎是,通过把问题投射在文明人身上,他在这一领域已经解决了疑问。至少,在他早年的生涯中是如此。但是,他的自我怀疑在不久后以更强大的力量回来,把他推入到社会政治的矛盾之中。

在对童年纯洁性的回忆中,他发现一个从不和父亲争夺统治权的生物。像我们所看到的那样,由于哥哥遭到鞭打产生的恐惧,混合着他自己以其他方式取悦父亲的成功,这合在一起诱惑他服从父亲。他说服自己是为了爱才服从父亲。他的早年,像他自己看到的那样,没有任何矛盾的渴望和意志,他童年的自我很容易与周围成年人世界的意志相融合。在那些日子里,在他意识到对其他人矛盾的感情之前,似乎只有家庭的意志,而没有他自己的。②

---

① 哺乳动物中争夺领土的现象非常广泛,很多物种中长幼强弱的序列很快就会建立起来(Carthy and Ebling, *The Natural History of Aggression*, pp. 7 – 14, 23 – 38)。关于侵略性的一般特征,最近的一个论坛集中了各个科学领域的代表人物,其编辑者总结道:

目前精神病学的证据是明确的……侵略性不仅仅是对挫败的一种回应,而是一种深刻而普遍的动力。(Carthy and Ebling, p. 3)

劳伦兹(Lorenz)评论道:

对于生物学家来说,人类和其他高等脊椎物种一样,侵略性是一种本性的冲动,这是毫无疑问的。动物学和精神分析学共有的证据表明,弗洛伊德所说的"死本能"只不过是侵略本能的失败,而这种本能对生存来说不可或缺。这次论坛上,精神病学家、精神分析学家和生物学家在这一点上达成了令人最为满意的共识。Carthy and Ebling, p. 49)

② O. C., I, p. 10.

这样，在社会契约论中，即使人已经转化成了文明社会的一员，个体的意志对社会而言还是最危险的。社会契约论的基础，变成了个体意志对公意或者所有人利益的服从。① 卢梭劝告社会状态中的公民服从更伟大意志似乎回应着他自己童年的经历。他父亲的意志被一种叫做公意或者全体公民的意志所代替，在那里每一个人在不考虑他人情况下独立地投票。公意得以运行的最重要一点是，人们必须自觉服从。一旦人们开始注意自我的利益，他们自然倾向于脱离它，以公共利益为代价寻求个体满足。单纯的人，因为他们的简单，不容易被引诱进不诚实的阴谋诡计。② 公开表达反对意见，掀起争论的混乱场景，使人们不再听从公意的信号，也是国家堕落的开始。③ 毫不自私、内心清白的公民，对卢梭而言，是公意表达和发展的最重要因素。紧跟着，他阐明了如何保持公民的清白无私，这在后面的章节，他的《思考波兰政府》提及教育的部分会讨论。

这样，即使是卢梭的社会状态的概念，依然保持着自然单纯的内涵。这种单纯性似乎压制了自我扩张的冲动和追求权力的欲望。并非卢梭否认这些冲动的存在，而是他相信，如果社会的存在和他童年时一样，压制下去自己对父亲竞争性和侵略性的感情，那么，这些冲动就会保持在毫无意识的状态。

尽管卢梭在最初的两篇论文里对自然人表现了极大热情，在《社会契约论》中又赞扬社会状态的来临，但是在这些政治著作里隐藏着一根持续不断的心理线索。他期待建立一个社会，在其中，尽管有连续的个人和他人之间的交往，人们经由最初的纯洁清白完全意识不到自我的存在。

应该是，并非是单纯的清白抑制了作为小孩子的卢梭进攻侵略的冲动，而是恐惧——还有发现他能够从眼泪中获得很多益处。这样，原始单纯的神话，原始人的虚假假设，公意的神话则源于他童年时的混乱记忆。这一切基于一种形而上学的一致性，而不是和现实心理生活的结构相似性。他在那些在童年时喜爱服从的人们心里激起了反响，而对那些发现这

---

① V., II, p. 33.
② Ibid., p. 102.
③ Ibid., p. 104.

些感情并不愉快的人那里,则提供了镇压侵略性和竞争性情感的工具。

他创造的神话拥有和亚当夏娃的故事同样的模式,他给自己的时代提供了一个已经熟悉的故事——一个失去最初的伊甸园的故事。信念的潜在结构已经在那里了,他给人们展现了古老神话的素材,却没有把它们和时代奄奄一息的宗教信条联系起来。相似性的核心存在于他的理论给社会带来的影响。社会毁坏的原因是个人意志反对公意,就好像因为人们违背上帝的意志而失去天堂一样。

当说到公意的真理,人们不能仅仅考虑到和心理动因的联系,而要考虑到,当在18世纪的人们面前宣称信仰时,相关的社会需要的宽广程度——对一致性的渴求,公共认可的不受个人变幻不定意志和特殊解释干预的法律。卢梭的公意给出了坚固的基石,让人对公正的法律的可能性保持信念。如果的确存在公意这样的东西,那么无法达到正义的法律就是人自己的过失。在《社会契约论》中公意并不来源于上帝或者君主的智慧,它代表着法律的来源,应该是人民的智慧。在这一方面,卢梭劝说人们服从更高的权力包含着对合法权威的新定义和解释。国王也应该服从法律,必须服从公意,否则就不是合法的国王。①

尽管有英国大宪章和孟德斯鸠《论法的精神》,但是法律的统治在法国并没有真正深入人心。尽管对很多人来说,法国君主制的弊端十分明显,但是一个人进行统治的政府依然是大部分人民的期待。那些期待变化的人或许会幻想一场入侵或者某个大公爵挑战国王的权力。当一个人遇到麻烦,最好的办法似乎还是恳求一个有权力的贵族或者其他重要人物,尽管这样的恳求在一个世纪以来已经迅速减少。贵族逐渐被剥夺权力,一个巨大的集权国家诞生了。很多资产阶级发现金钱比高尚贵族的话更有效、更加雄辩,而且一些贵族头衔也开始出售。那些依靠老办法解决麻烦的人很快发现,他们必须向管理者,而不是贵族申诉,而且要经过很多办事员和特别助手的过滤。管理者是经常更换的,当新的到来,就会带来新规定。人们越来越迫切地需要一个在法律之上运行的政府来放置他们的信

---

① V., II, pp. 49–50.

赖——独立于管理者个人意志的法律。卢梭意识到了这些需要,他的理论通过抑制行政权力的范围,为个人独断意志设计了一个闸门。公意的概念,在某种意义上,是一个法律神话,是后来更加理性、合法合理的争论的先驱。

六

为什么社会需要神话制造者?《社会契约论》如果没有公意的神话,是否会成为伟大的历史文献?这些问题无法通过分析卢梭的理论给出答案。神话,代表的不是理性的解释,而是信念和理性的证明。卢梭意识到,仅仅用脆弱、精致的理性和法律工具来反对古老的神话,比如神圣权利,是远远不够的。政府权力分立的观念一点都不新鲜,很多作者表达了这一观点,并且在孟德斯鸠那里获得了最完善的陈述。但是,卢梭强调了这种分立的心理基础,把它和公意、特殊意志联系起来,陈述了其在政府合法性中的位置:

> 因为号令人的人如果不应该号令法律的话,那么号令法律的人也就更不应该号令人;否则,他的法律受到他的感情所支配,便只能经常贯彻他自己的不公正,而他个人的意见有害于他自己事业的神圣性,这将是不可避免的。[①]

法律,如同卢梭发现的那样,不仅仅应当考虑到它们是理性的和明智的,也同样要考虑到人类的激情和罪恶。他意识到立法者应该有超越众人的高明智慧,但是如果他那里除了独裁什么也没有的话,就不值得敬重和感激。那么,没有权利的概念,一个明智的人怎样才能为他的人民制定法律?良好的法律对每一个人并非都是显而易见、不言自明的,尤其是它们

---

① V., II, p. 52.

恰好和一部分公民的个人意志相矛盾。伟大的法律造就伟大的人民。只有伟大的人民才接纳伟大的法律吗？

> 为了一个新生的民族能够爱好健全的政治准则并遵循国家利益的根本规律，便必须倒果为因，使本来应该是制度产物的社会精神凌驾于制度本身之上，并且使人们，在法律出现之前，便可以成为本应该由于法律才能形成的那种样子。这样，立法者便不能使用强力，也不能使用说理，因此就有必要求助于另外一种不以暴力而能约束人、不以论证而能说服人的权威了。①

在头脑中蕴含着这样的考量，卢梭感觉到，如果人民还没有被教育到能够察觉公意的存在，立法者必须利用外在的权威，比如"上帝的声音"，来建构他的法律。但是，他加了一句，除非是来源于理性，否则法律就会因为缺乏尊敬而崩溃。

> 人人都可以刻立石碑，或者贿买神谕，或者假托神灵，或者训练一只小鸟向人耳边口吐神言，或者寻求其他卑鄙的手段来欺骗人民。只会搞这一套的人，甚至于也偶尔能纠集一群愚民，但是他绝对不能建立起一个帝国。他那种荒唐铺张的把戏很快就会随着他本人一起破灭。毫无疑义的骗局和诡计只能形成过往烟云的联系，唯有智慧才能经久不衰。②

在以上的引文中，卢梭声明他认为理性是法律的基石。他接纳神话和奇迹作为政府建立的一种条件和因素，但是，把他和同时代人文主义传统明显区分开的，是他对人类通过理性完善自己能力的确定信念。尽管他认为人类在本性上是善的，但是，对普通人自我觉悟和自我发展的能力有一

---

① V., II, p. 53.
② Ibid., p. 54.

种深刻的怀疑。他确信，政府形式、政治制度和社会习俗传统会给人民的个性带来无所不在的影响。从这一点推论，必须有一个良好的社会，便于得到有价值的民众。独裁者统治奴隶，奴隶无法建构伟大的文明，因此，建设一个良好社会的唯一途径是和那些从未经过文明污染的人民一起工作，或者就是摧毁现有的文明。改革是毫无意义，不明智的。

当风俗一旦确立、偏见一旦生根，想再加以改造，就是一件危险而徒劳无功的事情。人民甚至于不能容忍别人为了要消灭缺点而碰一碰自己的缺点。像愚蠢胆小的病人，见到医生就要发抖一样……革命给人民造成的打击，就像是私人的灾难给个体的打击一样：对过去的恐惧代替了遗忘，那些被内战所损耗的国家，可以这样说，从死中复活，脱离了死亡的怀抱，从灰烬中重生，又获得了青春的活力。①

这样一种政治哲学，并不排除政府随着时间的流逝逐渐成长和变化的需要，它只是暗含着一种要求，政府必须根据公意建立。否则，在未来的岁月里将不能良好成长。因为，习惯于生活在不公正之下的人民也会屈服于这样的改革，而这一改革只是维护当权者和特殊阶层的特权和利益。这样，立法的过程就分解为两部分，在社会建构的最初时期确定公意，以后，一直保持着法律良好的状态，反映最广泛领域的公共需要。

七

卢梭具体化诸如公意这样的抽象概念的能力，还有他所选用的神话的表达形式，成就了他的理论，在以后的数代人中间广为流传。但是，理论逐渐演进的过程，比如完美无缺的万能力量和模糊的个人利益之间的明确划分，为卢梭的理论制造了他自己也不可能解决的矛盾。公意永远都是正

---

① Ⅴ., Ⅱ, p. 55.

确的,但只有在以下状态下才是这样:每一个人都投票选举,不厌其烦地弄清楚每一件事,没有人被其他人的观点所影响,并且每一个人都对权力的滥用充满警惕。无论什么时候一个人感觉自己的自由被威胁,不用和他的同伴商量,他应该时时准备着批判施加于自己身上的统治和管理。像卢梭评论的那样,所有人加入其中的公意的统治需要的是神的种族。但是,因为没有任何政府可以不在公意指导下生存,普通人的政府命中注定要灭亡。涂尔干(Durkheim)以他惯有的清晰分析揭示了卢梭的困境。

考虑到他的基本信条,卢梭只能接受公意是绝对统治者的社会。但是,因为政府的意志是个人的,它在国家中扮演着至关重要的角色……它是一种持续的威胁但仍然是不可或缺的……很明显,同一实体的两面(主权者和人民)之间,没有给中间物留下任何位置。但是另一方面,公意需要一个中介之物,却只能局限在自身当中,那意味着,它只能在宇宙的王国中运行却无法具体化地表达自身。这一概念,源于卢梭只看到现实的两个端点这一事实,抽象的、普遍的个人意志和具体的、经验主义的个体,前者是社会存在的代表和客观化,后者是集体存在的反抗者和敌人。①

抽象化使公意变得完美的同时,又使它脆弱不堪。直到康德发明了"绝对命令",哲学家们才找到一种方式来把握公意,一种从这一抽象概念里衍生出来的思考和行为方式。但是,在《社会契约论》里,人们找不到任何东西衡量他们的行为,没有仪器可以衡量和决定他们离理想有多远或者多近,没有方法判定在多大程度上社会的法律顺从了人类的自然天性和倾向。如果君主没有服从公意,人民应当反叛,但是,当一个狡猾的阴谋家煽动起对一个正义君主的仇恨,人们应该怎么判定?

尽管,卢梭缺少对于普通人能够改变自己提高政府这一能力的信心,但是很明显,他希望由他们来决定摧毁自己社会的时刻。他认为自己是

---

① E. Durkheim, *Montesquieu and Rousseau, Forerunners of Sociology*, pp. 128–29.

"人民"中的一员，人们应该对不正义爆发出他自己所经历的同样的愤慨。当他看到充满美德的农民时，泪眼模糊，对统治者的暴行表达了私人的愤怒。人民，因为是无权的，在他那里似乎有种内在的善和美德。他没有经历过法国大革命的争斗，在大革命期间狂吼的群众厌倦了那些他们不赞同其观点的法院发言人，在民众代表刚开始讲话时就疯狂地欢呼。大厅和走廊里都是忽然之间沉醉于新发现的权力的农民和所谓的"街上的民众"。卢梭，简而言之，对革命缺乏足够的洞察力——在过去的两个世纪里，一小部分人开始觉醒。

但是，在他的私人生活中也缺乏那样的经历，让他对怀有良好愿望的管理者这样的问题更加敏感。他没有政治经验。他有过一系列的职业：钟表匠、仆人、大使秘书、会计员。他只是经历了文明社会中不公正的管理者的命令和需求。他只是感觉到了来自上层的压力，在内心深处认同于被压迫者，这使他疏忽了来自下层的威胁。[1] 在他的故事里，穷人是单纯和具有美德的，因为他们的贫穷，自然地保有着美德。权力和金钱可以腐蚀灵魂，因为它们的致命的影响力，即使最好的人也会在它脚下被清除。这样，卢梭对个体行动的担忧和惧怕直接针对有权力的人。文明堕落是因为政府官员的个人意志违背了公意，这是不可避免的。[2]

八

尽管，很多圈子的人们依然相信卢梭的观念引起了法国大革命这样的神话，但目前的很多研究削弱了这一观点。[3] 他的政治论文实际上有很强的保守主义色彩，但是仍然毫无疑问的是，他的作品在相信暴力的人当中

---

[1] 就像特隆钦（Tronchin）在对《社会契约论》的反驳中所说的，卢梭看不到统治者和被统治者之间任何互惠的关系。前者只是后者的工具，而且可以被改变。（R. Derathe, Annales, 1950 – 52 XXXII, p. 18）很明显，大众的专制权力和以前"大人物"对小人物的专制一样完全，而卢梭明显认同小人物。

[2] V., II, pp. 88 – 92.

[3] Joan McDonald, *Rousseau and the French Revolution*, 1762 – 1791.

广泛流行。很多方面,他的名字和刺激革命的热情紧密联系在一起。

琼·麦克唐纳(Joan McDonald)描述了卢梭的文字怎样在法国大革命中被尊崇。① 她发现卢梭的名字几乎和每一个革命的胜利相联系;行军的队伍中带着他的半身像;在革命领袖的带领下,人们朝圣他的墓地;在情感方面他的名字唤起了眼泪的洪流。在书的最后一章,她使得读者们毫不怀疑,卢梭成了反叛的象征,但是,这一切是怎么发生的?琼·麦克唐纳清楚地描绘了卢梭的政治观点实际上并不支持革命者的规划和行动,实际上,卢梭反对革命者们表述的那些原则。《社会契约论》,被后代如此狂热地欢呼的著作,在巴士底狱风暴之前,几乎未被阅读和引用,她指出,在革命的年代存活的只是卢梭的圣徒符号,其他的政治观点嫁接在之上。尽管没有直接说明,她似乎在暗示卢梭是被革命者误解,他们在卢梭的政治著作里读出了他未曾想到的内涵。

当然,卢梭的很多政治观点的确和革命的计划相悖,但是反叛和蔑视的精神回荡在他所有的著作当中,从第一篇论文开始就充满着这样的气息。卢梭爆发出令人迷惑的戏剧般的呼喊和声明,号召武装推翻所有的社会结构。在一系列的警告和解释之后,随之而来的就是这样的号召,但是,他并不是因为这些解释而声名显赫,也不是因为他警告人们提防国家中的小团体和压力集团,而是因为他曾经说过,"人生而自由,却无往不在枷锁之中"。

可能,革命者们根本就没有误解他。很有可能,卢梭对于革命发展所具有的隐秘而无所不在的影响,不是那些一味审视历史观念的人所能了解的。尽管,他告诫他的追随者怀疑他,但是,他以如此过分简单化的方式表达他的思想,以至于似乎暗含着这样的意思,他的思想是这样明白无误的完美,根本不需要深入严肃的思考就能理解和依照它们行动。他经常恳求并且呼吁宽容,但是,他把敌人(国王和贵族)描述得这样不可宽恕的无耻,以至于人们无法设想与他们妥协和共处。这是命运,不可避免的国家堕落,超过了他所有建设性设想和计划,没有其他选择,只能采取革命

---

① Joan McDonald, *Rousseau and the French Revolution*, 1762–1791, pp. 155–73.

行动。

　　卢梭，和伏尔泰不同，不会满足于怀疑一些社会制度的效用，或者讽刺政府行为的腐朽和过时。他攻击社会结构的基本前提是，他断定他那个时代的文明需要完全的重塑，他对社会整体严厉的、系统化的批评吸引了同样极端严厉的、充满献身精神、教条化的后来者们。伏尔泰，和路易十四一样，是一个伟大而有权力的人。但是，当伏尔泰主义者在摧毁旧秩序时，面对罗伯斯庇尔，还有其他卢梭的信徒，是后者在激烈的理念和意志竞争中获得了胜利。① 因为卢梭主义者是革命者，世界已经为反叛做好准备。伏尔泰的著作激发了怀疑、疑问和好奇；卢梭的著作却激励了一种狂热献身精神。②

　　像卢梭急切地期待读者了解他的内心一样，他的追随者似乎抓住了隐藏在卢梭书本背后的强烈感情，而没有仔细而必要地阅读他到底说了些什么。他警告避免在国家内形成小团体，坚持每一个人应该独立地、不受同时代其他人压力地选举，这些都是很好的观点，但被遗忘了，他对权威过分的恐惧，向毒药一样，流向了下一代人。

　　巴黎的贫民窟和法国赤贫，承担沉重赋税的农民唤醒和激发了整个国家的被剥夺公民权和继承权的人们。他们在卢梭身上发现了这样一个人，分享着他们的悲伤，同情他们的苦难，他的书中回荡着令人目眩的反抗挑战的光芒。这个人和他们一样经受过痛苦，但在痛苦中诞生了一种奇怪的喜悦，他所受的伤害证明了他所持有的正义的理由。他告诉他们，不需要为自己的贫穷和赤裸而羞愧，因为他们是上帝造物，最高权力者的后裔。那些富有的人、贵族、上流社会的夫人、法兰西的国王都不配亲吻他们

---

　　① 普罗尔（Proal, La Psychologie de J.-J. R., pp. 204–06）和龚古音（Choulguine, Annales, 1937, XXVI, pp. 233–34）都注意到在多大程度上罗伯斯庇比尔的行为和观念都来自于卢梭。他坚持国民议会通过的法令代表了上帝的存在和不朽的灵魂，这直接来自于卢梭公民宗教的观念。他的上帝节日直接来自于卢梭的公共节日，在这一节日中公民需要向上帝和国家确认自己的信仰。龚古音书中用很多例证说明卢梭影响力的秘密，这表明了卢梭广受欢迎，不仅影响了法国革命的领袖，也包括其他追随者。当年的报纸上经常性引用卢梭的《社会契约论》。

　　② 龚古音指出，不仅仅是革命者通过使用卢梭的观念来加强自己的地位。卡洛纳（Calonne）在1790年写了一个小册子，指出代表团作为人民的代表，无法表达人民的意愿，马卢埃（Malouet）攻击革命者俱乐部，也援引卢梭说国家内部的私人组织有悖于自由原则。

的脚。

  在革命洪流暗暗上涨的时候，贵族们被伏尔泰的自由主义思想深深迷惑，宣布放弃他们的头衔，呼吁古老税收法律的改革，但他们发现人们已经不再对这些标记性、象征性的让步满意了。受压迫的人们已经承受了太久的痛苦，现在才来友善的和解已经太迟了。贵族们必须面对他们罪恶和堕落的全部后果，独裁者的罪恶必须以血相偿，高高在上者必须被强迫爬行。

  卢梭没有活到看见革命的狂热，还有革命的流血的结果。如果他看到了，他温柔的感情应该会爆发强烈的愤怒，因为他的观念被奇异转化和挪用了。但是，面对他的雄辩所带来的可怕后果，他真的可以被赦免吗？如果我们去读他的心灵，像他期待和邀请的那样，我们必须看到那里不单纯有对人类善良温柔的感情，对自由和正义的激情。我们必须察觉和接受这个伟大的人不可避免的另外一面，他深埋的对权威的不理性的仇恨，还有滋养这种仇恨的内在的心理结构。

第七章　爱弥儿

《爱弥儿》是卢梭这一生中最重要时期的第二部重要著作，在很多方面似乎比《社会契约论》更具有煽动性。写一篇关于教育的论文，这个想法在他头脑里酝酿了很长时间。他早年做家庭教师的失败经历，还有埃皮奈夫人偶尔向他的请教，以及德恩夫人的询问（她曾经非常恼怒丈夫教育孩子的方式），这些都让卢梭进一步深入思考这个问题。一个人，通过把原始人的观念嫁接进文明社会，如此具有说服力地讨论到了人天性中最初的冲动和缺陷会不可避免地传给儿童，这是文明污染自然人的典范。只有儿童是新鲜的、未经污染的存在，可以期待避免偏见、教条主义和那些已经控制了大部分成年人生活的严酷规则。但是，该怎样教育一个小孩子，使他成为真实的自己，清楚地看到自己的利益，找到自己生命简单满足的方式，而不必屈从于社会、习俗、观念这些从摇篮开始就袭击着他的无所不在的压力，并且躲避那些在他还没有机会选择自我道路之前就已经塑造了他的力量？

作为传播的媒介，卢梭创造了一个想象中的男孩——爱弥儿，他的教育完全在卢梭的指导之下。当教师进入爱弥儿生命的那一刻，他再也听不见父亲的声音，教师成了父亲、母亲、教育者和道德导师。卢梭很可能用爱弥儿代替了他自己已经失去的孩子。抛弃他们令他现在很懊悔，所以，他重复说了很多次，一生都会和爱弥儿在一起，做他的教师。他已经成了爱弥儿真正的父亲。当然，拉下来，卢梭对孩子的教育是从他的摇篮时代开始。他反抗那种用襁褓紧紧裹住孩子的传统习俗，坚持为了适宜的成长，他们的小身体应该无所拘束、自由自在。他攻击把孩子寄养在农民家庭的传统，决定让母亲自己抚养小孩。这些观点以前也曾经有人提及过，但卢梭使它们成为一个系统教育方案中的一部分,一种生命哲学。

孩子持续作无用的努力,耗尽了他们的力量或者阻碍了他们的成长。在子宫里比在襁褓中,他更少受到阻碍、限制和约束;我没有发现他从诞生中得到什么好处……他们最初的感觉是疼痛和不舒服:他们在每一个必要的动作里都只能发现障碍,比一个囚犯在枷锁中更加不愉快,他们徒劳地抗争,变得生气,他们哭,难道不能说他们最初的语言是哭泣吗?我很相信这一点。从出生开始你们就约束他们,他们从你们那里得到的最初礼物是枷锁,他们最初经历的是折磨和痛苦。为什么他们不能反抗?他们哭是因为你们伤害了他们。如果你们像那样被捆绑起来,一定哭得更大声。①

他对那个时代教育习俗的第二点重大的反抗是,反对在孩子们非常幼小的年龄,教导他们成为理性的人。卢梭意识到小孩子们在他们的年龄有自己思考和理解事物的特殊方式,他们能够吸纳抽象观念,但是需要具体的例证。在这一点上,他在传达生理学而非道德真理,实际上他只赞成用实例教导他们,而不是口头描述。他反对机械地教孩子一些智慧的格言,或者关于物理世界真理的简单陈述。他谨慎地教育爱弥儿思考和理性地判断自然,让人回想起柏拉图回忆录中关于苏格拉底的描述。爱弥儿通过观察突出在水面的一根棍子学习折射原理。当他看到一根断裂的棍子,他的老师引导他观察,棍子并非真正断裂,而是形象被水扭曲了而已。当孩子亲身经历到折射,就有机会告诉他关于折射的抽象理论,并教他折射指标的数学应用。其他的诸如这种通过经历学习知识的方法,对教育方法的发展产生了深刻影响,特别是实验室教育。

作为一个教育方法的观察者,卢梭拥有很多非正式的方法,使他能够抛弃他所在的那个时代很多的虚饰学问。他有一种天赋,能够轻松地呈现流行方法的荒唐的那一面,并且轻蔑权威的教育方法。他曾经在意大利的

---

① E., pp. 14 – 15.

都灵与之有过短暂的交锋。对卢梭来说，教师不是上帝，而是帮助孩子寻找真理的朋友，并启发他们自己寻求真理。卢梭感觉到，孩子们那一方面的"态度"有着至关重要作用，他所有的关注和注意力都指向培育和维护这种态度。

一个小孩不会去熟悉一种只给他带来痛苦和折磨的工具，但是要注意到，当这些工具成为他幸福来源的时候，他很快就会自己去学习而不在意你做了什么。

找到最好的教导阅读的方法是一件伟大的工程。人们发明了办公室①和卡片，把孩子的房间弄成印刷店。洛克自己曾经通过骰子进行学习。今天看来很聪明吗？依然很可怜！比这一切更好的方法，遭到普遍忽略的方法，就是模仿学习的热情和渴望。唤醒他们的热情，忘记你们的办公室或者骰子。任何的方法都可以。②

尽管，卢梭的实际例子，他用来唤醒学习热情的具体技术，都有很大的缺陷，但是，他发现了教育中最基本的问题并试图解决它们，这本身就是一个伟大的贡献。他能够发觉自己同时代大部分人所忽略的受教育的需要，这种能力很大程度上来源于他对孩子们思想发展过程本质的非凡把握，并且，这种能力也深深根源于他对孩子们的深刻认同。没有心理学的专业背景，卢梭却给我们提供了皮亚杰（Piaget）后来详细发展的很多观念。对于教师把一堆抽象概念填到孩子脑海里，他深深感到了其中隐含的危险。

"教导孩子理性"是洛克的伟大格言，也是今天流行的狂热。但是，它应用的结果似乎并没有证明其可信。作为我自己来说，我没有见到有比教导一个孩子理性更荒谬愚蠢的事情。在所有人类的本领

---

① 18 世纪的教育机器包含着用字母组成单词。
② E., p. 116.

中，理性是所有其他一切的产品，是最后的和最难以发展的品质。他们竟然希望把它作为工具来发展其他基本的能力！……自然使孩子成为孩子，在他们成人之前，如果我们坚持扭转事物的秩序，我们会制造出既不成熟也不美味的果实，并且会迅速凋谢。我们会有年轻的博士和老成的孩子。童年拥有其特殊的观察、思考和感觉的方式，代替这些东西是最没有意义的尝试。期待一个十岁的孩子能够正确判断，就像期待他有五英尺高一样。①

卢梭对当前教育最核心的指控就在前面的引文里。卢梭早年和父亲在一起散漫的、无拘束的阅读，包括浪漫小说、哲学家的一些理论著作，给了他一种悠闲愉快的学习知识经历。这并没有给他提供平衡性的教育背景，但是却给了他学问中最至关重要的东西——主动的好奇心。尽管老卢梭有很明显的缺陷，但是他试图为敏感的儿子提供一种充满兴奋和激情的学习和阅读经历。卢梭对现有教育体系的攻击正是基于它无法提供这样的生命经历。他在都灵学院接受了足够多的教条和管束，这他蔑视这些教条。人们告诉他，什么事物是真实的，仅仅是因为老师这么说。他被教导用语言证明一些东西，而他自己的好奇心却被引导去寻找其他的知识。他知道，他在学院里面吸收的规则和教义，并没有得到内心信仰的支持，并不是发源于自己对于理解事物的渴求。同时他发觉，自己在他父亲手中所得到的教育，尽管在内容上存在很大的不足和缺陷，但却给了他更伟大和重要的东西。这种重要性他发现只有通过故事和例证，否则就很难表达。在一个已经具备理性高度的年纪里，卢梭发现，教育首先是一个情感历程，伴随着发现的浪漫和冒险感情，如果没有浪漫和冒险的经历，就像习俗婚姻一样干涩和冰冷。

在《爱弥儿》中，卢梭试图把这种情感品质、教育经历应该包含的内在推动力的概念传达给年轻人。而这也是他个性的产物，来源于他那种个性化的写作风格。这样，在其他作者看来是诽谤的一些特征，在人们阅读

---

① E., pp. 76–78.

的卢梭作品中，却强化了它的深刻和亲切的品质。他的天真在早期的作品尤其是第一篇论文里，已经被我们注意到了。现在，《爱弥儿》中人们再一次看到了这种天真，所不同的是，它被一种充满魅力的风格所支撑。看上去，有时候卢梭只是在证明把孩子的教育搞得这么复杂的人们是多么愚蠢。

这种天真让卢梭能够深入到孩子们之中，因为他从来没有真正和自己的童年失去联系。他能够清楚地识别婴儿和小男孩是如何应对全新经历的。他理解孩子们抽象思考能力的局限性，对缺乏明显实际意义的事物的不耐烦。在卢梭的天真里有一种活力，包含着对新鲜的和未曾尝试事情的准备，期待着微小的愉快冒险的感觉，这些通常在成年人那里都是缺少的。然而他也付出了代价，因为他拒绝长大而承受了痛苦和折磨，但毫无疑问，他也以这些代价换来了很多有价值之物。因此说他"不成熟"的人，还没有作出对他的人生和作品的最终判断。

二

卢梭并不满足于把观察局限在某一个特殊的领域，作为一本讨论教育的书，《爱弥儿》延展到了社会、宗教、政治等其他领域。他在最广泛的意义上使用"教育"这个词，在他描述同时代教学方法和抚育孩子方法的同时，刻画出那个社会最普遍的不足之处。把孩子交给别人抚养，母亲自己无法养育子女，这些表现出18世纪的法国缺少真正的温暖和人道感情。① 孩子被带到妈妈跟前，在她去沙龙、球场或者宴会前的几分钟，得到一点点的关爱。一切都是虚伪的。抚育孩子的方法只是普遍腐朽的一个症状，教育方法只是炫耀学识，徒有光芒四射的外表，就像女士们的聪明才智。学生们被教导如何炫耀他们的博学，而不是怎样自己思考。教育体

---

① 卢梭特别关注这一阶段孩子的生活，可能是他自己缺少母亲的童年的一种反射，在他的经历中有一种强烈的被剥夺的感觉。

系只不过显示出社会整体的肤浅。改革一个就必须改革其他。

在描述他的教育方针的文字中间,卢梭向读者们展示了社会的巨变。他指出,每一个孩子,即使是贵族的儿子,也应该被教导掌握某项职业技能,因为没有任何保障他的位置会永远保持不变。

> 你们接受了目前的社会秩序,没有想到这个秩序正经受着不可避免的巨变,你们不能预言或者阻止那些发生在你们孩子身上的事情。伟大人物变得渺小,富人变穷,君主变成臣属。命运的袭击如此的罕见,你们会幸免吗?我们正走向一个国家的危机和革命的时代……只有自然能造就不会消亡的伟大人物,但自然不会造就王子、富人或者贵族。这个尊贵伟大的长官,在他的堕落中会做些什么?这个靠金币才能生存的交税的农民,在贫穷中能做些什么?这个爱卖弄的傻瓜,不知道关于自己的任何事情,只为那些本不是他自己完整一部分的东西骄傲,但被剥夺了所有一切时,又能做些什么?在这个时代,真正的幸福属于那些人,能够放弃已经无权享有的生活中的位置,不管命运如何变迁,依然是一个真正的人。①

卢梭在以上的陈述中并没有表达什么非凡的预言。革命的气息弥漫在四周,每一个人都可以闻到。和平常一样,他评论的力量来源于他朴实无华的根本性的单纯。其他人也预言了这一事件,好像他们根本不相信会发生,好像它是一个奇怪的、不可思议的灾难。一些贵族试着去取笑它,相信不管何时,这些麻烦会消失,只要人民转向其他方式和路径,假装一切都不存在。卢梭谈论将要到来的革命,就好像谈论季节的转变,用一种完美的熟悉性和陈述方式,告诉所有人要为这一不可避免的事情做好准备。法国,他说,是一个严格而且过分专门化的社会,精细的习俗和惯例并不能够让人们对未来的世界做好准备。

---

① E., pp. 224–25.

三

《爱弥儿》出版的时候，法国新古典主义处于最耀眼夸张的阶段。古希腊的黄金分割，在所有事情上的自制的观念，对传统的尊敬，已经通过对文艺复兴风暴般的重新发现，成为激烈的现实改革力量。"华而不实的人道主义者"，像布林顿①（Grane Brintion）所称的那样，已经让位于"古典人道主义者"，最终让位于18世纪的"新古典主义"学派。形式，古希腊人最初认为是一种约束和自制的方式，现在却变成了通行证。做什么，什么是正确的似乎并不是问题的关键，只要遵循适宜的社会礼仪，这些一点也不重要。卢梭提出的重新塑造法国社会的方法，仅仅是抛弃形式。人们从内心的冲动出发，应对每一种情景，他们的行为受到理性而不是习俗的规范和约束。在卢梭很多闪电般爆发的反对文明滥用和过分精致化的言语中，他反对的只是形式，而不是文明本身。似乎没有比《爱弥儿》中他屡次攻击形式、习俗和教条更能说明这一问题的。

> 她们（女孩子们）不应被教导爱她们的妈妈。喜爱之情并不应该出自于义务……绚丽的服饰可以吸引我们的注意力，但是只有人才能带给我们愉快。我们的服饰并不是我们自己，它们的美因过分做作而被淹没……②
>
> 首要的一点，避免教育孩子学习空洞的礼貌规矩……富人的华而不实的教育从来都是教会礼貌的专横……对我来说，我一点都不害怕爱弥儿变得粗鲁和傲慢；我宁愿他说"做这件事"，作为请求的用语，而不是说"请"作为命令。他所使用的字并不重要，重要的是给予的含义。③

---

① C. Brinton, *The Shaping of the Modern Mind*, pp. 31–35.
② E., pp. 462–65.
③ Ibid., p. 72.

但是，卢梭最雄辩的攻击是有关于餐桌礼仪。他自言自语地说着财富的痛苦和如何克服它，他试图教会爱弥儿自己特有的品味。抛弃了富有者的谈话和娱乐方式，这些逐一被批判为虚伪的、缺乏愉悦的。然后，充满那种卢梭特有的贯穿他最伟大著作的魅力和热情，他描述了一个真正富有的人的生活，一种充满着友谊和自然之美的生活。

在那里，所有城市里的空气都被遗忘，我们是村民，居住在乡间；我们会发现很多娱乐，我们唯一的问题是在晚上选择明天运动的项目。运动和充满活力的生活会帮助我们消化，使我们的味觉敏锐。每一次饮食都是一次宴会，丰富和充足比精细更让我们满意。好心情、体力劳动和游戏，这些是世界上最好的厨师，精美的调料对那些从日出开始就激烈运动的人是一个讽刺。用餐时不讲究先什么后吃什么，我们的餐厅可以在任何地方，花园里、小船上、树荫下，有时候在户外较远的地方、活泼的喷泉附近、绿草地上、榛子树下。一群客人为宴会做好充分的准备，草地就是我们的桌椅，喷泉岸边是我们的餐柜，餐后的甜点从树林里端出来。先吃哪道菜，后吃哪道菜，凭心意而定，胃口可以解决适宜的问题。每一个人都尽量地满足自己而不必顾忌别人，自然而然地认为每个人都是这样。这样，真诚的、理所应当的习俗就会渐渐生成，没有粗鲁、虚伪或者约束，一个玩笑的矛盾比礼貌更有魅力一百倍，更利于心灵的团结。没有讨厌的人倾听我们的谈话，低声耳语批评我们的行为，用贪婪的眼光注视着每一口食物，以让我们等待酒作为他们的娱乐，埋怨我们饮食的时间长度。我们为了成为自己的主人而变为自己的仆人。我们不会计算吃饭的时间，饮食是休息的时间，让我们度过一天中最热的时候。如果一个农民在工作结束回家时路过，他把工具扛在肩上，我会用一些和善的话语和几杯酒温暖他的心，这会帮助他在贫穷中保持乐观和幽默。我自己也会因为一阵满足而愉快，我会悄悄地对自己说：我自己，也是一个人。①

---

① E., pp. 439–40.

这种非正式的习俗中包含着一种魅力，但是也回响着干脆的确信感。读者们也许会疑惑，如果他自己想在餐桌上吃饭，是否会被强迫去丛林里。卢梭否认这一点。在他攻击习俗之前，他断言了自己与固有的信念和强大的流行观点决裂的自由。他以谦逊的态度引介爱弥儿，这与他自己的自卑相关。他拒绝所有他的任务中的特殊成分和品质，只是表达他自己的希望，让每一个人去审查事实，得出自己的结论。

爱弥儿变成了法国大革命的教育圣经，米拉波（Mirabeau）把它描述为时代最伟大的著作之一，激励启发了现代教育的很多方面的原则。我们注意到，他攻击的并不仅仅是教育，而且还包含着攻击社会和宗教的革命观点。我们会在卢梭的那篇坚持声称自己没有期望控制别人观点的序言面前微笑。

> 这里的思考和观察，没有顺序，甚至缺乏一致性，是许诺献给一位自认为是好妈妈的女士……一个在退隐之中的人，把他的著作展示在公众面前，没有任何人的宣传，没有一个团体为它辩护，甚至不知道如何思考和谈论这些事情，他不应该害怕，如果他弄错了，人们会不加审视就接纳他的这些错误。①

四

很多在爱弥儿时代引起激烈反对的观点——对待宗教的态度（在后面的章节会讨论到），关于孩子需要被自己母亲抚养，应该从身体的约束中解放出来的要求，对形式和适当性的攻击，认为孩子和成人的思考方式不同，因此不能像成年人那样被教导的论述——在今天不会再引起什么争论。但是，一个人在怎样的范围内可以合理控制另外一个人，在这种控制中使用什么样的方式，仍然是当代很重要的问题。

---

① E., p. 1.

卢梭的个人控制概念从来不被当做他教育理论的一部分。它没有发展成一种建议和规则，只是偶尔提及。大部分出自他的例证，而在这一方面，可以说它是无处不在的。它源自于卢梭自己对权威的自相矛盾的态度，轻蔑挑衅和完全服从所带来的喜悦的奇妙混合。像已经注意到的那样，他对受难服从的热切渴望被另一种对残酷和命令的渴望所填充。① 卢梭，和同时代萨德（Marquis de Sade）在表达虐待现象的方式上很不相同。在萨德的故事里，人们被鞭打和折磨，以满足观看者的愉悦。在爱弥儿的故事里，人只为了自己的利益而受苦。他从不被鞭打，但是，他超越了萨德最精致的情感，承受了一系列感情的折磨。更进一步，受害者被告知为了所承受的痛苦，还要爱那个折磨者。

卢梭对儿童世界的理解很大程度上基于这样一个事实，在他和成年人的关系中，始终认同自己是一个孩子②。他的反叛并不仅仅包含拒绝那个时代的法律和习俗，也包括抛弃权威和社会义务。这是儿童对成年人的反抗，尽管认同于孩子，但是却渴望征服别人，让他人完全服从他的意志，在这一过程中用道德折磨他人。但是这些冲动和他的良知完全相反，他无法接受。如此害怕自我的另一面，以至于他学会后退到这样的境况中，完全没有权威、控制和残酷的成分。

因为在理性中不可能意识到自己的冲动，所以根本无法理智地思考这一点。残酷统治的思想让他感觉罪恶，这一感情很快弥漫了所有有关权威的情景——即使是教育所必需的权威。每一个人服从自己最理性的需要这一观点，隐秘地联系着他自己无法容忍的秘密愉悦，统治的欲望如此强烈以至于他自己根本无法控制。他小心翼翼地踏上那些需要实施权威的场景，但是他的专横需求总是借用友谊、爱和自由的名义。

在《爱弥儿》中，人们会比别处更多地看到这种内在的动力。他奉献

---

① 卢梭渴望承受痛苦经常是有意识的，和他对自己的理解相适合。但是，他察觉到的是为了高贵理由受痛苦的"意愿"。另外一方面，残酷的渴望在他而言是完全不可接受的，这无法成为自我概念合理化的一部分，因此是需要被压抑和遗忘的。

② 这一章的第一段引文明确表达了这种认同（E., pp. 14–15）。《爱弥儿》的前面几章又附加了一些证据，表明卢梭把孩子看成一种特殊弱者，和他自己一样，受到社会不公平的待遇。

于自己的使命,把孩子从权威束缚中解放出来。利用一系列精心的策略,他会让一个孩子在不知道的情况下学习。所有环境都被教师严格地管理,以达到所有的学习都是孩子经历的一部分的效果。在这样仁慈的自由和自然的教育的渴望之下,隐藏着完全控制无助的小生命的企图,引诱他完全服从教育者的意志。在其中最明确的一段,卢梭这样评论:

> 用相反的方法对待你的学生,让他们相信自己是主人,而实际上你才是真正的主人。这种服从是如此彻底,以至于看上去还像是自由,在这里意志被囚禁。这个可怜的小孩,什么也不懂,什么也不理解,什么也不会做,不是在你的怜悯之中么?你不能控制和他相关的一切环境么?不能以任何你喜欢的方式影响他么?① 他的工作、他的游戏、他的愉快、他的痛苦,不全都掌握在你的手中,而他们却意识不到么?毫无疑问,他会做自己希望做的事情,但是他不会希望你不让他希望的东西。他不会走出任何你预料不到的一步。他不会张开他的嘴而你不知道他要说什么。②

这就是自相矛盾的自由的核心,根植于卢梭的个性之中。只要他还是被压迫者,他会同情他们。他想要引导孩子们反抗自己那个时代成年人的道德准则,但是当他们反抗教师的时候,会引起他的愤怒。这一点,在卢梭自己做家庭教师的时候,他的态度就很明显,像他在《忏悔录》中告诉我们:

> 只要所有的事情很顺利……我是个天使,当事情很糟糕的时候,我是魔鬼。当我的小学生不理解我,我很愤怒;当他们发出不服从的

---

① 孩子对外在世界影响力的感受来自于"白板"这个概念,这是洛克所有心理学的起始点。但是卢梭无视这些表述,并不认为孩子一生下来头脑中是白板一块。他认为孩子生下来就有某种特定的能力,能够根据"自然"的阶段而发展自己的智力,而这种智力发展应该受到老师的尊重。在这一点上他和自己原则的背离是令人吃惊的。

② E., p. 121.

信号，我简直要杀了他们。①

但是，在《爱弥儿》里，事情有一些不同，正是这种可怕的、侵犯性的控制和权力的欲望导致了他之前的失败。在他的理想学生面前，他要成为一个理想教师。他决不会阻碍年轻学生的意志，从不命令他们，只是管理他们的生活，让他们不需要命令就会服从。爱弥儿通过种豆学习私有财产的观念，教师会激发爱弥儿的兴趣，直到他非常喜欢自己的豆子园地。

我们每天去浇豆子，我们看着它们的成长传递着喜悦，我通过告诉他"这个属于你"不断增加着他的快乐。②

然后，卢梭让园丁毁了这块地，对爱弥儿指出，豆子种在了别人种瓜的地方，财产权属于他，爱弥儿没有权利侵犯。

卢梭，作为一个管理者，总是存在着，但决不会对孩子轻轻抬一下手，决不表现生气，但仍然保证罪行会得到应有的惩罚。当孩子打破了玻璃时，他给出以下的处理方式：

他打破了自己房间的玻璃：让风日日夜夜地吹进来，不要担心他会感冒，因为感冒要比愚蠢好得多。绝对不要抱怨他给你来的不便，但要明白他自己首先感觉到这一点。最后，你把窗户修好，什么话也不说。他再一次打碎怎么办？改变你的方法：冷静地告诉他，但不要生气，"这个窗户属于我，我经历了一些困难才把它放置在那里，我想要保护它们。"然后，把他关进一个没有窗户的黑屋子里。在这种新环境里，他开始哭和愤怒，但没人会去注意。很快他放弃了，改变了语调，他哀求和抱怨。一个仆人经过，小小的反叛者乞求更换住的地方。找不到任何理由拒绝他，仆人回答说，"我也有要保护的窗户"，然后离开。最后，当这个孩子在那里待了好几个小时，足够长

---

① O. C., I, p. 267.
② E., p. 90.

的警告给他留下深刻的记忆。一些人会建议他和你达成协议,如果他不再打碎玻璃,你就放他出来,给他自由。他不可能要求更多,他乞求见到你,你来了,他作出自己的承诺,然后你立刻接纳了,说"那是个好主意,为什么你以前没有想到?"然后,没有要求他宣誓或者确认他的承诺,你愉快地拥抱他,立刻带领他到自己的房间,把协议看做神圣和不可逃避的,好像他曾经宣誓过一样。你想他会怎样对待自己的承诺,结果会如何?如果我没有弄错的话,这个世界上没有一个孩子,只要他未被污染,会无视这样的经历,再一次故意打破玻璃。伴随着完整的思想教育,小淘气鬼做梦也不会想到,在挖一个洞种豆子过程中,他也为自己掘了一个监狱,他的知识很快征服和套住了他。①

这样的思想教育的确非常聪明,只是在教师介绍新的课程之前,孩子不会安静地等待完成其中的一课。他不会只打碎窗户玻璃,他也会弄坏烟灰缸、椅子和图画,他会撒墨水、乱涂泥巴、踢花、追赶小鸡、把衣服弄脏,他会,简而言之,永远领先于这些精心设计的课程,教师的独创性和耐心很快就会被耗尽。在打碎玻璃的事件中,有种毫无感情的精致的残酷,让人的血液变得冰冷。人们感觉到这样一个有方法有系统的教师,一直说自己的准则是"枯燥乏味、没有愤怒",相信感冒会比愚蠢要好的教师,是不能给予孩子真正的感情和爱的。卢梭做得很好,在警告人们理性的应用只能达到有限的完美的时候,他自己的例证十分清楚地表明,理性是如此易于被污染的工具,以至于人们可以以理性的名义满足所有的渴望。

种豆子和打破玻璃的事件不是相互分离的。爱弥儿被激励起阅读的兴趣,因为他收到一个聚会的邀请,但是他读不懂其中的内容,也没有人读给他听。当终于查出意思的时候,宴会已经结束了。太糟糕了,如果他曾经学会阅读,将会享有怎样的优势啊。为了教会爱弥儿辨认方向,在早饭

---

① E., pp. 92-93.

前带他去森林,然后他完全迷路了,在饥饿的眼泪和绝望中,他被教导怎样学习找到回去的路。

经历了在集市上被一个魔术师彻头彻尾地羞辱,爱弥儿学到了空虚的危险。在认真学习魔术和表演之后,教师带着爱弥儿来到集市,他们观看了一场令人惊异的表演,一个机械鸭子围着魔术师手里的面包转圈。爱弥儿回到家,思考他是怎么做到的,发现他在鸭子里放着有磁性的磁针,在面包里放上铁块。第二天爱弥儿又去了集市,宣称自己可以和魔术师一样玩这个把戏。在后者的邀请下,爱弥儿拿出口袋里的一块面包,然后那个鸭子就立刻凑了上来。魔术师很惊讶,承诺如果爱弥儿来表演的话,第二天带更多的人来。

这个孩子带着可笑的激动数着每一分钟,直到明天到来。他邀请了每一个他认识的人,希望整个人类见证他的辉煌;他不耐烦地等待那个时刻,他飞般地跑到那个地方,人已经满满的。当他进去的时候,年轻的心膨胀起来。其他的魔术在前面,魔法师超越了自己,变出各种令人惊异的戏法。这个孩子却什么也没有看见,他绞着手,冒着汗,几乎无法呼吸,他玩弄着口袋里的面包挨过时间,他的手不耐烦地颤抖着。①

最后,爱弥儿得到了机会,但是今天机械鸭子却远远离开了他,围观的人全都嘲笑他。爱弥儿很懊恼,又试了一次,却是同样的结果。他大声说这不过是个愚弄,魔术师也不能做到。但是后者用爱弥儿的面包很容易地做到了。然后魔术师在观众面前拿出了面包里的铁块,他继续羞辱爱弥儿,只用面包就把机械鸭子吸引到面前。最后他走到房子中间,用声音驱使鸭子,雷鸣般的鼓掌声彻底击败了爱弥儿。后来,魔术师把爱弥儿叫到家中,向他解释说:他只不过是一个可怜人,一个孩子期待扰乱他的生活是不公平的。他拿出自己的器具,仅仅是一个躲在桌子下面的小男孩手中

---

① E., p. 194.

的磁铁。"第一次虚荣的行动是多么屈辱啊!"卢梭呼喊道,"年轻的教师,请认真地观察这一最初的倾向。如果你知道怎样带来羞辱和耻辱,你就可以确信这些事情在很长时间内都不会复发。"①

卢梭很满意,孩子们绝不会知道他们的行为可以扰乱教师头脑的平静。只有在青春期的年纪,他才允许孩子们看到,教师对他的成功和幸福是如何热切。在这一点上,当青春期的性冲动开始觉醒,卢梭抛开自己不谈,生动地描绘这种放荡的危险,这种新的激情的可怕的、不可控制的力量。年轻人如此害怕这些危险,他们紧紧抓住教师寻求监督。教师现在向爱弥儿清楚地表明,他的管理对于他的幸福是多么重要!教师在臂弯中紧紧抱着他,向他指出一个高贵的人应有的美德和一个好女人最根本的价值。但是在这里,爱和之前应用的逻辑是用同样的方法来控制孩子。爱弥儿被提醒,他的教师有多么爱他,如果他不能找到自己的幸福和生命的美德,将会怎样地伤害到他所爱的老师,这幅景象该有多么可怕。② 卢梭,他绝望地需要每一个人的爱,敏感地意识到,他将会受到觉察到这一需要的孩子的控制。这样,在抚育爱弥儿过程中,他种植了爱和愤怒,使得情况就像一个人能够在图书馆控制一只狗。孩子的每一个需要都是精心准备的刺激物,这样所有的反应都是事先注定的。但是,小孩子毕竟不能和狗一样具有可预测性。他们在广泛的概念网络和一系列的童年经历里,吸取和转化了这种刺激物。最终的回应却能让最聪明和最科学的成年人迷惑。一个人试图教导虚荣的危险性,但是却灌输了一种个体无助的感觉和对所有知识的鄙视。更进一步,如果小淘气鬼发现他被以这样的策略教育,他会一直警惕狡诈的教师。很快,他会意识到,真实的世界只不过是被他的教师管理组织的一个剧场,而这一切只不过是为了欺骗他学习。

---

① E., pp. 196-97.
② 这是教师唯一可以施加的对于个人的控制。这种控制和自虐的动力相一致。"看看你对我做了什么"看上去好像是指导教师说的,正是这一表达唤醒了一种被压制的负疚感。

五

完成了他所有的身体和道德教育,教师开始承担起为爱弥儿找一个妻子的任务。一个有价值的女孩必须接受过和爱弥儿不相上下的教育。未来的新娘有了父母、她自己的历史和名字"索菲"。她是卢梭自己理想中的索菲的翻版,卢梭想象着她 15 岁时的样子:燃烧着对梦想中的男孩的爱,不满意所见过的所有花花公子,轻视他们肤浅的小聪明,渴望着真诚的、具有美德的、毫不虚伪的年轻人,他会用完全的单纯来吸引她。

介绍了索菲,卢梭现在有机会描述妇女的教育,当然,又一次攻击他那个时代的时尚风俗。"巴黎和伦敦的女士们,原谅我!"他呼喊着,"可能任何地方都有奇迹,但是我却从不曾知道,如果在你们当中有一个真正真诚的,那就是我完全不理解我们的制度。"① 和这些女士作为对比,索菲在一个安静的乡村长大。

但是,爱弥儿怎样发现和认识这样一个完美的造物?他的教师已经看到了这一点,一切都安排好了。卢梭鼓励他谈论自己理想中的女孩,不时给出一点点建议,然后,只是为了给这个想象中的生物一点现实性,他建议一个名字,也许他们可以叫她索菲。同时,和索菲真正的父母商定,他和爱弥儿将会有一次长途旅行,晚上不能回家,他们会在索菲家里暂住一晚,索菲恰好准备读《忒勒马科斯》。当卢梭和他的学生来访时,只是暗示性地告诉她来访的是忒勒马科斯(Telemachus)和他的教师。女孩会燃起热情,她本来很仰慕忒勒马科斯。但是,这比不上在餐桌上,母亲偶尔呼唤索菲带给爱弥儿的震撼和影响。

在叫索菲名字的时候,你发现爱弥儿觉醒了,呼唤他如此熟悉的名字震惊了他。他忽然觉醒了,热切地抬头看那个承受住他眼光的

---

① E., p. 492.

人。索菲,哦,索菲,你就是我所爱的人么?①

如何把这种觉醒的兴趣培养成持续的热情,是卢梭和她的父母亲最关注和最尽力掌管的事情。但是一旦爱弥儿真的在恋爱中,又需要另外的策略。

一天早上,他们两天没有见到彼此,我走进爱弥儿的房间,在我手上有一封信。我一动不动地看着他,告诉他,"如果有人告诉你索菲死了,你怎么办?"他哭喊着,跳了起来,紧紧握着手,没有说一句话,以一种我从未见过的表情看着我。②

读者不难发现其中的残酷动机,但对卢梭而言,这只是一种教育手段,只是一种方法,让爱弥儿集中注意力,意识到自己太年轻和没有经验,不能和索菲结婚。爱弥儿怎样知道他对她是真实的,而她不会失去对他的兴趣?除此以外,爱弥儿还没有机会学习一个公民的职责,这是当他成为一个父亲和丈夫的时候应该具备的东西。最好是他出去旅行数年,了解周围的世界。他回来后会有丰富的经历,足以承担坚实的责任。爱弥儿和他的教师分开了,但是在旅行中仍旧进行交谈,民族的特征,世界上不同的政府,后者是《社会契约论》的减缩本。当爱弥儿回来的时候,他和他的索菲都足够适合彼此,两个人最终被允许结婚——但不是上床。最后的一个策略,爱弥儿被剥夺了在他们结婚新娘的爱抚,这样他可以学会节制和尊重配偶的意愿。

六

《爱弥儿》中间所展现出的古怪之夜品质,在卢梭整个生命方式中如

---

① E., p. 526.
② Ibid., p. 564.

此明显，是一种他在所有人类关系中寻求诚实和坦白与支持大规模欺骗的奇特对比。在种植豆子的事例中很明显，卢梭允诺爱弥儿在这块园地种豆子是合理的，但是他命令园丁挖出豆子，惩罚小孩子。同时，他应该为所有的惩罚负责，却试图避免所有直接行使管理的责任。在《忏悔录》的开篇，我们再一次被提醒，"我自己为一切结果负责"，当卢梭描述自己的性格时这么说，读者会感觉到受了欺骗。相反的，读者被邀请"收集起所有碎片"，然后自己决定，他是一个什么样的人。[①] 卢梭拒绝为自己的性格承担责任，好像它是一种可以推论出来的科学的客观存在。这里，这个推论还有另外一层含义，好像他说自己是某种自然现象，像火山——因此，不必为他的观点和带来的社会影响负一种个体的责任。如果人们惊叹于这样火热的器具，他们可以自由地理解在他里面究竟包含着什么。他甚至会帮助人们走近来看，他会表现得很诚实，决不试图隐瞒任何东西。

在《忏悔录》、《社会契约论》和《爱弥儿》中，卢梭时不时地展现出他自己令人惊讶的尖锐矛盾：对自由的渴望和惩罚的设计，对爱的渴望和挑衅性的冲动，他因为孩子的身体被约束而生的愤怒和孩子们应该完全地服从于教师指导的天真的信念。他渴望人类关系中诚实的同时，却支持大规模的欺骗。他呈现出这些对比，没有任何评论，也没有任何解决这些矛盾的企图，甚至没有明确地意识到它们的存在。他似乎通过他的作品和生命告诉我们，"这就是我。如果你不满意你所看见的东西，你可以自己决定是否要理解这一切，并在这些混乱的因素中寻找意义。那是你的事情，我只能向你们呈现生命的对立、矛盾和绝对的讽刺"。他仍然想要揭示出一种新道德，似乎他是一个新宗教的唯一神使——一个失声的野兽，从它的嘴唇中，上帝的语言传达向人类。野兽不能够解释神圣的语言或者解决上帝法律的矛盾，他被一种超越自我的力量紧紧抓住，只能表述统治者的语言。他不为自己所说的一切负责。

当然，卢梭并没有真的采取这样的立场。他承认被激励，但不是被某个超越性的力量激励。他拒绝为自己哲学中的矛盾负责，表明他拒绝更深

[①] O. C., I, p. 175.

入地考察自己的观点。在下一章我们看到,他支持理性作为解决道德问题的手段,但是他又说明好的良知是不会变坏的。认真考察他的观点和宣言,似乎所有这些总是和这样一种恐惧相关联:也许并没确定的证据证明,他自己拥有神圣的美好和公正的良心。

童年时加尔文主义的信条让他深怀这样的信念,上帝自然而然地铭刻在每个人的心中①,上帝在每个人心中播下了宗教的种子②。尽管一些人压抑着他们心灵的这种认识③,但上帝通过经文启发着另外一些人。④ 但是根据加尔文教,只有那些有圣灵精神内在见证的人才能理解真正的经文,否则只靠单纯的知识是无法救赎自己的。⑤ 这样,言说的过程并非我们个人意志的产物,而是来源于上帝的恩典,这种恩典在所有人类价值之上,没有任何人的意志倾向能够完成有益的事情,除非他是上帝的选民。⑥

对卢梭而言,质疑那个乍一看上去感觉是善的观念,就是质疑作为它真正指导的良知的合法性。思考意味着开启了怀疑的大门,摧毁了作为救赎基础的信仰。一个自发进入他脑海的念头在道德上可能是错误的,这样的想法很明显会深刻地扰乱他。诚实,对他而言,不是对概念的考察探索和面对概念所带来的后果,而仅仅是表达他的观点和想法。承认道德原则是需要通过争论来不断修正的,也就意味着承认卢梭不是无污点的,而他的论说当中也包含着一些道德真理。

在后面的章节里,他思想的复杂性会得到更具体的讨论,因为他自己也关心如何保持清白无辜,还有深思熟虑地选择善与恶的自由。

---

① Calvin, j. *Institutes*, I, iv, 4.
② Ibid., iv, 1.
③ Ibid., I, v, 4.
④ Ibid., vi, 1.
⑤ Ibid., vii, 5.
⑥ Ibid., II, iii, 6-8.

第八章 《信仰自白》

一

对现有社会制度的批评，对待革命的批判态度，这些要为卢梭在出版他最重要著作时引起的敌意负责。《社会契约论》在日内瓦被谴责和批判，在法国得到宽容（尽管售书是秘密的活动），但在那个时候，无论法国还是日内瓦，都没有极大规模的抗议和反对。① 但是《爱弥儿》中的一部分，题目为"一个萨瓦牧师的信仰自白"，却被认为是可怕的宗教异端。今天，这个简短的宣言是他所有重要著作中争论最少的一个。

我们曾经提及的《信仰自白》如此扰乱了度克罗（Duclos），以至于他请卢梭忘记曾经为他读过这篇文章。这是一篇描述卢梭自然宗教信条的文章，基本观点是不需要任何中介物和正式仪式崇拜神。它包含着对教皇制度和僧侣独身生活的批评，认为这违反自然法则，并且呼吁在理解上帝的时候要用自己的理性。

《信仰自白》中的宗教观点，在很多方面，和伏尔泰很相似，即使后者是个无神论者。尽管其中所包含的很多观点曾经被自由思想家们谈论过，但是，在这里有一种尊敬和真诚的谦卑，那些充满讽刺智慧的宗教怀

---

① Fabre, *Annales*, 1933, XXII, 9. Derathé (*Annales*, 1950–52., XXXII, p. 11) 提到了1762到1766年之间的四次驳斥，但这并不意味着它会被完全接受，这是不容易读的一本书，充满了雄辩和矛盾，它看上去是为现存的很多事实提出了疑问，但并没有更清楚地更正的步骤。直到1789年，革命的浪潮达到了最高点，《社会契约论》才获得了群体的颂扬（Derathé, pp. 7–12）。

疑主义者完全缺乏这样的品质。这是对宗教实践行为的批评,但毫无疑问,它也维护宗教信仰。当卢梭宣告要使用理性来理解宗教时,他警惕着针对教义和琐碎信条的毫无疑义的争论。

从卢梭的观点看来,18 世纪的人是分裂为两部分的。有的时候,人完全沉溺于抽象,失去了和自己感情的联系;而另外的时候,人则颠簸在激情和感觉的深渊,没有任何理性的控制和约束。他催促着理性和激情的重新联合,用理性进行控制,但是以人类本能的对于善的感觉作为指引。那些把卢梭当成感觉主义的传道者和自我纵容的人,并没有把《信仰自白》计算在内。

> 沉思人类天性的时候,我相信我发现了两条不同的原则,其中之一引导他寻找永恒的真理,热爱正义和崇高的道德,引导他走向智力的世界,这个世界中有智慧的人们幸福地思考。另外一个则引导他躲藏到自身内部,在感觉的王国中被奴役,引导他走向作为主人的激情,反对被一种感情所鼓舞的一切事物。当我觉得自己被这两种力量牵引、被两种对立的力量分裂,我对自己说,"不,人不是只有一面;我将要,我将不要,我觉得自己是一个奴隶的同时,也是一个自由的人;我看到了好和善,我爱它,但是却做了坏事;当倾听理性的时候很活跃,当激情让我屈从在脚下时很被动;当我屈服时,最折磨我的是我本来可以抗拒的知识。①

但是,和平常一样,这个如此虔诚地相信简单和直接的人,却根本没有给读者以简单的观念。除了理性,人们不应该服从任何声音;他必须抵抗激情,但同时需要被良知所引导。只有良知能告诉他,他所听到的声音是否真的就是理性。

良知是灵魂的声音,激情是身体的声音。这两种声音经常彼此矛

---

① E., p.337.

盾，不是很让人惊奇么？然而我们应该听从哪一个的声音？理性经常欺骗我们，我们只能有一个很好的基础才能面对它的挑战；但良知不会欺骗我们，她是人类真正的向导。她来自于灵魂，就像本能来自于身体。①

人们需要理性以便于发现什么是好的，而良知则是用来爱它并且遵从它。

> 知道什么是好并不是爱它；这一知识对人来说不是天生的，但是一旦理性发现了它，良知就会去爱它；这种感情才是天生的。②

他开始意识到复杂网络的心理特质，在其中真理可能是混乱的。他在自己的宗教哲学中，渐渐发展出为人的灵魂彼此斗争的三种力量：原始的动物激情，更高级更严格的人类理性能力，他认为人与生俱来的良知的更高原则。当他抽象地描述这三种力量时，他也意识到它们之间不断的交流和互动。尽管，他不断地给出良知绝对可靠的信条，但是，即使这种高贵的资源也需要人感情渴求的鼓动，以便揭示自然的进程和上帝的意图。萨瓦牧师发现了独身者非自然规则的虚伪特征，因为他的良知依然继续遵循着和一个女人做爱的自然法则。

贯穿整个《爱弥儿》，卢梭都试图澄清他在《信仰自白》中提出的人类道德存在的三个基本因素：激情、理性和良知。他详细陈述了它们微妙的影响，希望寻找到引导人走向真理和正义的路径。在一个世纪的哲学争论后，弗洛伊德用更具心理学洞察和清晰的词语把这三种力量描述为：本我、自我、超我，但是新的分类并没有解决这个谜一般高深莫测的问题。关于超我及其堕落性的知识已经增加了太多复杂的内容，但是卢梭所给出的道德三角始终还在运行，一个想要找到真理的人会发现，并没有什么确

---

① E., p. 348.
② Ibid., p. 354.

定的指引。

为了努力向他的同胞们展现通往美德的路径，卢梭继续让他们更加关注这一问题，但他并没有说服自己他已经找到了答案。在萨瓦牧师的位置上，他告诉读者：

> 把我的话语只当成一种理性的权威。我不知道自己是否弄错了，当一个人表达观点，有时候很难避免用确定性的语调，但记住，我的所有论断都是怀疑我的理由。自己去寻找真理，在我这里，我只能承诺你们真诚。①

通过从想象中的牧师口中说出的话，卢梭提醒读者注意到所有人类都是可能犯错的——即使那些像上帝那样说话的人。在谴责宗教典礼和基督教信条的言语里，他在已经聚集起来的长长的清单里，又加上了其他的异端因素。

> 崇拜上帝需要的是心，如果是真诚的，就都是相同的。想象上帝会对牧师的制服样式、他说话的语序、在圣坛上的姿态和所有他的屈从感兴趣，这是多么愚蠢的虚无。啊，我的朋友，站起来，你仍旧会和大地一样地接近，上帝希望人们在精神和真理中敬拜他……②

尽管他相信信仰的美德，但是不会让理性屈从它，像教堂所要求的那样。

> 那个从特定的人群中选出来的人，他剥夺了其他种族的权力，那么他并不是人类共同的祖先。那个注定让大多数人受罪的人不是我的理性向我展示的充满仁爱的上帝……我所崇拜的上帝不是黑暗的上

---

① E., pp. 360 – 61.
② Ibid., p. 362.

帝，他不会给予我理智却不允许我运用，告诉我服从理性却会触怒它的创造者。真理的主人不会统治我的理性，而会启发它。①

在攻击宗教权威的热忱中，他没有忘记自己的老朋友们，霍尔巴赫沙龙里的无神论者。

> 避开那些在解释自然的借口下，在人们的心灵中播种令人沮丧的信条的人，那些怀疑主义者比他们对手确定性的语调独断和专横一百倍……抛弃、毁灭、践踏人类的一切敬畏，他们掠夺了承受苦难的人最后的安慰，也摒除了富有者和有权势者欲望最后的障碍。他们从内心深处撕毁了所有对罪行的懊悔、对美德的希望，面对这些，还敢夸口是人类的恩赐者。他们告诉我们真理不会伤害人，我相信这一点，但是根据我的观点，最重要的证据证明他们所教导的并非真理……傲慢的哲学家引领人们走向幻想。避免这些极端，依然保持在遵守真理的道路上，保持着年轻心灵的单纯，决不要被空虚和软弱扭曲。敢于在哲学家中间宣示上帝，敢于在不宽容者中间布道博爱。②

在《一个萨瓦牧师的信仰自白》中，卢梭已经学会控制他对无神论者的感情，找不到像《社会契约论》中对不相信者的严厉指责。这是一个人的信条，而不是国家的。这里，在这一小部分里，一个平静的灵魂中似乎升腾起和平与信心。我们看到的是勇气，而不是故意的挑衅，他从自己病态的情感中解脱出来。卢梭，一直都对自己的著作非常挑剔，认为《一个萨瓦牧师的信仰自白》这一篇是他最好的作品。

---

① Ibid., pp. 367–68.
② E., pp. 385–86.

二

　　当卢梭发展自己关于宗教的观点的时候，很多力量都在起作用。尽管他抛弃了怀疑主义者哲学式的批评，但是深刻地受到哲学家用理性来理解上帝这一方法的影响。但是，《信仰自白》最终表明的是，上帝，超越的神是靠信仰，而不是靠逻辑证明它的存在。这一最终的立场经历了长久和曲折的进化过程，从童年时在日内瓦的加尔文主义的日子开始，通过和罗马天主教、华伦夫人自然主义教派的交流，到最终在日内瓦他父亲的教堂里再次确认。从这些斗争中诞生的产品，看上去似乎是宗教和爱国主义的奇特混合，源自于一种想要对自己的教堂诚恳，又想超越它的渴望。卢梭渴望被日内瓦的教堂和这个国家接纳，但并不是仅仅作为一个和其他日内瓦人有同样美德的市民那样被接纳。对他来说，升上一个更高的道德平台是很重要的，感觉"高于"其他人。爱国主义和道德改革，在他的政治作品中是这样突出，似乎源于他和自己的家。自己出生的城市之间的特殊关系。

　　日内瓦对卢梭的影响是显现在他作品中的很重要的一个方面。① 他倾向于小的民主共同体作为理想的政治单元，建议新形成的政治单元采纳日内瓦式的朴实和严厉，比如波兰和科西嘉，并且强调个体对于邻居和其他市民的看法作为国民美德发展强大推动力的重要性。这些只是很少的例子，表明他的政治理论多大程度上受到了生活背景的影响。是什么让一个人这样回应他的祖国和故乡？他和日内瓦之间是怎样的关系，使得他这样继续自己的政治和宗教观点？在早年自愿离开日内瓦以后，他和故乡之间似乎没有什么特别的联系，虽然他童年和祖国之间的关系很愉快，但是这并不足以解释他强烈的爱国主义感情。

---

① 龚古音（*Annales*, 1937, XXVI, pp. 7 – 283）对这一事件作了详细调查，特别是关于爱国主义精神。

直到成年的岁月，他开始通过自己的思考观察日内瓦，才开始"理解和欣赏"它。作为一个小国家，它是所有权力中最弱小的，却始终保持着独立的热切渴望。人民对自我牺牲怀有一种强烈的骄傲之感，没有任何其他国家的奢华，人民却勤劳和乐于付出。日内瓦的气氛是如此适合一个专业的受迫害者。他最初被日内瓦人热诚接待，还有，后来他不再住在日内瓦，不必受到其法律和束缚的伤害，他与很真实的生活保持距离，这些都使他在情感上紧密地联系着日内瓦。

从一种道德的观点看来，日内瓦厌恶感官享乐和情感表达的倾向。辛勤工作和严格的个人举止的观念与卢梭散漫的生活和多愁善感的气质形成尖锐的冲突。他的心灵在巴黎膨胀，那里所有伟大的友谊都是一种精神错乱，他怎么会接受日内瓦的道德标准？仅仅是因为早年的生活在道德发展中占有重要的位置，或者，还有其他理由对他的个体经历而言非常特殊？

不考虑他开始逐渐敬慕的个人美德的标准，希望被认为是"善"和"好"很明显是早年生活的产物。卢梭家族，像第一章指出的，并不是特别虔诚的宗教主义者，家庭中好多成员都背叛了教堂和社群公开接纳的道德标准。卢梭曾经劝解他父亲的经历，和正义相联的强烈的幸福感，强化了他寻求善的渴望——要比任何人都好。对一个道德主义者来说，最重要的事实是，当他考察道德问题时，决不会接纳身边的传统准则并试图寻找超越其之上的东西。他曾经体验过的正义的狂喜把他紧密热烈地联系到这样的概念上——成为，不仅是好，而且是更好。卢梭善的概念，不仅仅是日内瓦那种冷漠的安份守己，也是他所有心神迷醉的爱情关系的折射。

在日内瓦，社群的标准和教堂的标准是相互协调的。市民们相信应该依赖宗教信条生活。在巴黎，关于善的宗教标准和日内瓦其实没有太大的不同，基督教圣徒在教堂里很被敬慕。官方教堂的道德被允许有一定的节制和保留，但是官方道德声名狼藉，人们普遍认为那是邪恶的。卢梭圈子里的道德家和哲学家，通过指出主导性的社会道德的虚伪，似乎已经置身于同时代的人们之上了。他们的答案是把时代虚假的宗教变成怀疑主义，用理性作为美德的导引。如果卢梭想要超越他们，必须找到一种概念超越理性。他和"善"的概念的情感性联系，把他带回良知的概念，从那时起，信仰才是道德生活的主导因素。有着日内瓦的例子，他并没有像同代人那样，从宗教的力量中醒悟，而是开始把很多日内瓦所仰慕的美德因素嫁接到自己的个性上。粗犷、简单的工作成了他的理想，所有人类关系中的诚实、坦白，即使是粗俗的直接，也远远好过精心的礼仪，因为礼仪只不过是道德堕落的症状。他将会把自己塑造成一个新人。然而，像已经观察到的那样，嫁接并没有成功实施，感性的卢梭一直都和他严厉的对手处在竞争状态。他一直都被一种感觉所困扰，那就是，他不能真正成为自己的偶像——日内瓦文化中的有美德的公民。这样，《信仰自白》中的英雄，只不过是个堕落的牧师，一个热爱美德的人，却常常在内心游荡着关于罪恶的秘密感觉。

在卢梭自己的性格内部，战争可能模糊地在继续，他不断挣扎着证明自己是有美德的，一天又一天地修正着自己的怀疑，依然没有让这个世界通过他的性格和作品作出判断。一天早晨当他醒过来，发现这个世界给予他的判决是"有罪的"，他又被推入了全新的、突如其来的怀疑和恐慌之中。

第九章 逃亡

一

在 18 世纪的巴黎，出版和销售书籍并不是和今天一样受到尊敬的事业。有争论的书籍经常在国外出版，然后走私带回国内，经常没有作者的名字。这个传统是绅士们和国王与自己的文字宾客之间的协议，如果一本书将被审查，国王将不会特别处罚作者，只要这个人庄严地否认具有某些颠覆性卷册的著作权。伏尔泰微笑着否认了大部分他的著作，尽管所有人都知道作者是谁。但情况到卢梭那里就完全不同，他坚决地在每一本书上签上自己的名字，坚持为它们承担完全的责任。他对出版者持小心谨慎的诚实态度，拒绝了从中谋取利益的机会，但是，他还是遇到了一些不诚实的出版商和书商。卢森堡夫人，这一次她保证新自监督《爱弥儿》的出版，作者也同样可以分享利益。她和一个非常明智的巴黎大检查官马尔施伯（Malesherbes）是朋友。他们两个共同向卢梭保证，他的书会非常安全，并且将会在巴黎出版。马尔施伯认为《信仰自白》非常优秀，一定会赢得公众的喝彩。有了马尔施伯的赞赏和首肯，卢梭似乎再一次得到保障。他同意在巴黎出售，但是坚持在荷兰交给内奥尔姆（Néaulme）印刷，这样，他感觉不会违背法国的法律。

有关《爱弥儿》的合同非常复杂，看上去似乎这本书永远都无法出版了。提交的样本得到了卢梭的首肯和赞赏后，更多的样本送了过来。同时，他完成了《社会契约论》，把它交给了荷兰的雷恩（Rey）监督出版。

考虑到雷恩进行的速度，卢梭开始关注《爱弥儿》，他和杜欣（Duchesne）已经达成了协议规定交给荷兰的内奥尔姆出版。但是，内奥尔姆并不相信杜欣，开始向卢梭抱怨自己没有及时得到书稿。很快，《爱弥儿》在巴黎和荷兰同时出版。由于他没有同意巴黎出版其作品，所以巴黎向他提供的保证是巴黎的版本加上内奥尔姆作为出版商的标志。在任何一种情况下，他都觉得有责任进行修改或看出版物的稿样。

与此同时，卢梭的尿道炎又复发了，比以前的任何一次都严重。1761年秋天的一次探测仪事故更加重了他的痛苦。他相信自己快死了，这样对还未出版的《爱弥儿》的关注变得更加焦虑起来，内奥尔姆已经引发了一些他对杜欣的怀疑。卢梭也开始相信耶稣会教士拿着《信仰自白》那一部分的手稿，打算拖延到卢梭去世以后，出版一个修改的版本。

与此同时，耶稣会教士在法国也承受着动荡不安的痛苦。这个曾经强有力的权势集团已经在法国议会的监督之下了，它已陷入绝境，需要找一个替罪羊。哲学家们已经煽动起了普通民众对教士的敌意，伏尔泰已经在全世界明智地保护了许许多多被宗教迫害的无辜牺牲者。从前的巨人已经开始变弱，许多的小作家和政治家开始被关起来等待处决。耶稣会在马提尼克岛的使命失败只不过是个借口。法国议会指控他们的信条，关闭他们的学院，并且已经给国王施加压力，要示国王赞成议会的决定，完全镇压他们。

卢梭虽然曾经宣布过很多次有权势者的不稳定性，但是并没有真正遇到他们的问题。耶稣会的势力似乎遍布全世界，看起来不可消灭。他感觉到，所有耶稣会衰败的谣言都是一些狡诈牧师所散布的，他们不失时机地尽一切努力诋毁和削弱对手的武装。尽管卢梭曾经和百科全书派有所争论，但是仍然被教堂的忠诚者和当局看做哲学批评圈子中的一员。他曾经给很多人读过《爱弥儿》中的部分段落，无论什么时候他听到耶稣会的教士谈论他的书，都会被一阵新的恐惧所袭击。他非常确信，《信仰自白》相比于所有无神论者的喧嚣，是对固有传统的更加严厉的挑战和威胁。

在灾难中，他更关心的是自己的著作而不是他自己。这在卢梭是很典型的，轻视目前的生命，眼睛永远注视着未来。如果世界将接纳他写下来的那些观点，他将愿意为此承受痛苦。

> 我感到自己快要死了。我完全不理解为什么过分的想象力没有杀死我。我是这样的恐惧死亡，一想到死后，我存留在那些最好和最有价值的书中的记忆将会被玷辱。我从来没有这样惧怕死亡，我想在这样的环境中死去，无异于在绝望中死去。即使今天，我看到最黑暗最可怕的阴谋阻碍了一个人记忆的发展和继续，但却不能阻止其执行，我会更加平静地死去，确信留在我文字中的宣言，无论早晚，总会胜过人们的阴谋。①

最终，《爱弥儿》出版了，卢梭放松下来。实际上，他是如此完完全全地放松下来，以至于任何人都无法唤醒他警惕正在袭来的威胁。他以前在日内瓦的一个朋友曾经警告他，日内瓦人对《信仰自白》不像从前对《给阿尔伯特的一封信》那样欢迎；当听到这本书在巴黎出版的时候，度克罗也曾公开地给他敲过警钟。但是，卢梭在最终的出版稿中看到了在历史法庭上的见证，他产生了一种平静而确信的态度，相信诚实的人们会看到作者内心的真诚，会一致起来保卫它。他拥有智慧而有权力的朋友狄康德王子、卢森堡先生和他迷人且颇具影响力的夫人。他确信这些人会在最终真理的时刻站在他这一边，因为他们曾经向他和他的作品表达过自己的信念。

目前，回顾历史并确定到底是什么应该为这一小团体、这一群推动《爱弥儿》在巴黎出版的久经世故的人们明显的错误负责，是完全不可能的。马尔施伯，应当是对法庭和议会的态度最了如指掌的人，公开和自由地赞扬这一本书，似乎坚定地相信它不会冒犯任何人，他甚至亲自给作者写了一封信②，保证《信仰自白》会得到广泛接受和认可。可能，马尔施伯和他圈子里的自由主义者同僚们，把自己想象为处于一场新的启蒙运动

---

① O.C., I, p. 568.
② Ibid., p. 534.

浪潮的浪尖上,浪潮很快就会席卷整个法国。的确,卢梭拥有一个强大的保护人——狄康德王子,还有布费尔夫人依然对他的利益保持着温柔的关切。尽管他们的关系已经失去了以前的亲密,但是这个高贵的女公爵依然热诚地赞扬他的美德和哲学。然而此时,她正深深陷入另一个新的道德激励中:休谟。布菲尔夫人曾经以一个热爱阅读并且敬仰他著作的女士的身份结识了休谟,她邀请他来巴黎的时候拜访她。休谟刚开始很害羞,但很快被她的魅力征服。忽然之间,她想到两个哲学家应该彼此了解和认识。作为英格兰和英国自由的仰慕者,她认为休谟是战斗中的卢梭理想的保护者。她立刻给休谟写信,告诉他她建议卢梭到英格兰去寻找避难所。①

二

很快,卢梭就感觉到他身边的氛围开始起变化。他的朋友们对《爱弥儿》出版的热情看上去非常节制。布费尔夫人很慷慨地赞扬了他的书,但是请求卢梭退还她的信,同是他注意到阿尔伯特的信没有签名。一切中最神秘的是,卢森堡夫人要求他归还马尔施伯关于《爱弥儿》的所有信件。但是,这本书现在已经成为一个事实,卢梭已经准备好了面对同时代人的裁判。

审判不用多久就来了,1762 年的 6 月 3 日,《爱弥儿》被警察查禁。几天之后,索邦神学院最优秀的神学家,公开指责这本书;同一天下午,有人带话给卢森堡夫人,说卢梭在议会中遇到很大的麻烦;7 月 9 号,议会指控《爱弥儿》公开诬蔑宗教,签署了对卢梭的逮捕命令。在巴黎,一个著名人物遭到逮捕总会被看成不幸的事情,人们会根据他的需要尽力帮助他逃走。在《爱弥儿》出版的那些混乱的日子里,公共官员特别注意要平息有争论的观点,与此同时又不激怒难以控制的民众。对卢梭的公开审判和惩罚可能会引起大范围的暴风雨,这是谁都不想看到的。小道消息通

---

① H. , II, p. 368.

过很多渠道传到卢森堡夫人和马尔施伯那里，人们希望卢梭可以得到足够的警告，以避开法庭缓慢的机械行动。法兰西，在它历史上的这一时刻，迫害了寻求真理的圣徒。

卢梭看待事情的角度却完全不同，牺牲他的自由甚至生命，也许会让他的观点得到更大的认同。他敏锐地感觉到这个社会中的人们已经不会再给他什么了，他还经常处于身体的病痛之中。在他的书刚刚出版时，他拒绝接受警告，尽管他从很多人那里得到一系列的暗示和建议，告诉他他的宗教观点可能会带来麻烦。一个执政官员辩驳说烧掉他的书是不够的，还应该烧死书的作者。刚开始，卢梭只是嘲笑这些谣言，怀疑哲学家圈子为了把他驱逐出法国而散布谣言。当卢森堡夫人告诉卢梭，他引起了怎样的激烈争论，并且处在危险之中时，他开始认真地对待朋友们的话了。

但是，在卢梭和他的朋友之间依然有着巨大的、未曾察觉到的误解。对他那个时代的大部分人来说，友谊意味着喜爱某个人、亲密、信赖、建议、分担痛苦，或者在很特殊的情况之下，没有利息的借贷。但是卢梭却希望朋友们为他而牺牲生命，公平地说，如果给他机会的话，他也会为朋友而死。他在《忏悔录》中评论到，尽管他因为周围的谣言很不安，但是感觉到卢森堡夫人和马尔施伯在他和他的敌人之间，这些正直的人会保护他。他的朋友们，在另一方面，认为卢梭应该意识到他继续留在巴黎给他们带来的危险。最后，布费尔夫人把卢梭叫到一边，跟他解释说，如果他被拘捕和审问，将会被迫揭发马尔施伯和卢森堡夫人在《爱弥儿》的出版中扮演的角色；如果他还对他的朋友怀有感激之情，就应该离开法国，并且建议他去英格兰，他可以在休谟那里寻求到庇护。他被她的话深深打动了，但还是犹豫不决，他从来没有关注过英格兰的气候和人民。

当卢梭收到马丁（Martin）的信件，警告他他将会被议会逮捕时，他只把这看成一个恶作剧。当盖伊（Guy）告诉他，他个人曾经在检察长的桌子上看到一份起草好的命令初稿，要求查禁《爱弥儿》和它的作者，卢梭依然怀疑。

我很明确地感觉到，在这一切背后有某些秘密，所有人都不会告诉我。我安静地等待着事情的进展。在整个事件中，我对自己的正直和良心都有信心，无论什么样的迫害等着我，我都会因为被称做为真理而受难这份荣誉，感到幸福。①

想要成为圣徒很明显是他行动中的一个因素。但他这一方面的愚钝还有另外一个理由。卢森堡夫人的态度已经让他恼怒很久了，在他被警告有着迫在眉睫的灾难的时候，她仍然以惯常的自信和愉快参加所有社会交往和事务。布费尔夫人已经向他指出了他的女主人所面临的危险，但事实却无法让他确信，除非她谦卑地怀着真实的感情来到他面前，他决定一直等待结果的到来。一个含着泪的女子对卢梭是最有吸引力的，即使全法国的警察也不能让他错过。

6月8日，逮捕令签署的前一天，卢梭和两个演说学的教授一起野餐，他们三个用黑麦杆吸同一个瓶子的酒，度过了快乐的一天。他回来后，一直打盹读书到天亮。突然间，拉罗西（La Roche）带着卢森堡夫人的口信和狄康德王子的信闯了进来，后者向卢梭保证，如果他逃跑将不会被继续追捕，并警告他如果他继续坚持，警察一定会带走他。拉罗西还告诉他，卢森堡夫人一直都没有睡而是等着见他。卢梭这样描述了他们的会面：

> 第一次，她看上去很担忧，她的忧虑打动了我。在午夜中这令人惊讶的一刻里，我并未从自己的感情中解放出来。但是，当我见到她的时候，我忘记了我自己，只想到她，想到我被逮捕后她不得不承受的一切。因为，尽管我有足够的勇气说出真理，不怕为此伤害或者毁灭自己，但是，如果在艰苦强烈的压力之下，我觉得自己也许没有足够的头脑或者坚强可以避免危害到她。这让我决定为了她心灵和头脑的平静，牺牲自己的荣誉，为了她，在这样的情景之下，做一些单纯为自己决不会做的事情。②

---

① O. C., I, p. 579.
② Ibid., p. 580.

这里,她最终还是来到他面前,在他的怜悯中,为了挽救她,他要牺牲很多东西。这个重要的时刻终于到来了,戏剧般的在眼泪中告别的时刻。她会永远感激,他将会离开并思考着他放弃自己最伟大的财富——成为圣徒的机会,只是为了保护她的平静。

但是卢森堡夫人的表现似乎把事情搞糟了,她感到他只是做了一个明智的人在面临逮捕的时候应该做的事情。她没有给出任何高贵离别的表示,看上去似乎也并不感激他的牺牲。

当我决定告诉她自己决定的那一刻,并没有想到要贱卖我的牺牲,让她来购买。我很确定她不会弄错我的动机,但是,她并没有跟我说一句表示感激的话。我被她的冷漠震惊了,以至于考虑到收回我的承诺,但是卢森堡先生走了进来,布费尔夫人也很快从巴黎赶来。他们做了卢森堡夫人应该做的事情。我任凭自己被恭维,不好意思再收回自己说的话,现在的问题只剩下我撤离的地点和离开的时间了。①

伟大友谊的氛围现在被破坏了,尽管他们四个人一起讨论卢梭未来的安全,但是他的心里已经充满了恨意,从这一刻起,他朋友的每一个姿态都被从另一个角度来理解。他们真的关心他,或者只不过想要除掉他?对卢梭来说,要么是毫无保留的爱,要么一无所有。他们担心他的安危只不过是关心自己个人的安全,这样的想法是不可容忍的。

只有泰雷丝扮演了他所期待的角色。她被拉罗西带到了城堡,她以为自己的情人应该已经离开了。当她看见他的时候哭了出来,投进他的怀抱。当他拥抱她的时候,似乎预感到了等待在他面前的漫长的人生道路。他告诉她说,"我的孩子,你必须用勇气使自己振作。你曾经分享过我幸福日子的成果,现在为你所留下的,像你希望的那样,只有分担我的痛苦了。从现在开始,为了你的荣誉,除了灾难和侮辱之外,你不能期待任何东西。我的命运在这令人悲伤的一天开始,将会继续伴随着我,直到生命

---

① O. C., I, p. 581.

的最后一刻。"① 泰雷丝在后面照看着行李，卢森堡先生在他旁边，准备离开。两个男人穿过花园，卢梭用钥匙打开了门。然后，他没有把钥匙放回口袋，而是把它交给卢森堡，后者以一种让卢梭惊讶的速度拿了过去。他无法忘记这一幕，他变得如此敏感，那个游荡着的问题又回到他的脑海中：他的朋友真的是他的朋友吗？他们的动机是关心还是轻蔑呢？

在颠簸的路途中，他忍受着尿道疼痛，躲过了四个来逮捕他的官员。他们微笑着和他打招呼，然后走了过去。他看上去是化了装，这个小小的诡计把他的朋友们从尴尬中解救出来，并且把卢梭带到了一个未知而不确定的世界。他也想到了人们警告他命令签署的时间是在早晨七点钟，但是现在已经过了中午，他并没有把这一差异归结为行政延误，而是将其加入到已经在他头脑中形成的广阔而复杂的图景里面。这个世界充满了敌人，他们以一种奇怪和隐秘的方法影响着每一个人，甚至那些号称是他朋友的人，这样他们就可以计划着如何毁灭他。在这样奇异的悲喜交集的想法，卢梭离开了卢森堡公寓的庇护，开始了漫长的旅程和艰难的任务，来完成他对泰雷丝所作出的预言。

---

① O. C., I, p. 583. 这个预言很可能是当日后卢梭开始回想自己身上发生了什么，在《忏悔录》中所写的事后追悔和思考。在后来的岁月里，卢梭倾向于把自己的一生戏剧性地分为"好的"和"坏的"阶段。

第十章 迫害

一

卢梭所认为的在他身边形成的"阴谋",不仅在他那个时代,而且在很久之后,都是一个争论很大的主题。霍尔巴赫圈子的人对此窃笑,很多卢梭的传记作家都把它仅仅描绘成一个头脑混乱的病态恐惧。但是另外一方面,麦克唐纳①,一个卢梭和卢梭主义的支持者,提供了很多证据翔实

---

① F. MacDonald, J. J. R., A New Criticism. 麦克当娜人发掘出很多事实,证明这阴谋更大程度上是那些不喜欢卢梭或者不认同他作品的人相互独立的攻击。霍尔巴赫圈子的人不遗余力地造谣和搬弄是非,格里姆和狄德罗已经是非常亲密的朋友,觉得对卢梭共同的敌视让他们更密切。埃皮奈夫人和狄德罗,一开始不喜欢彼此,最终因为他们共同的朋友格里姆而联系在一起,愉快地发现卢梭对他们所有人都不公平。埃皮奈夫人已经收集了她自己和一些朋友的信件准备写小说,格里姆和狄德罗阅读了这些文件,认为这表现出来一个太受人欢迎的卢梭。他们贡献了自己的经验,帮助她修改回忆录,这样其中卢梭的形象就成了三个朋友眼里的大恶棍。这种修改怎么看都不是聪明的工作,埃皮奈夫人直接在原有的墨迹退色的手稿上修改,麦克当娜夫人发现手稿上有很多旁注,是狄德罗的笔迹,指导埃皮奈夫人如何更改卢梭的个性特征。这一修改很长时间遭到许多作家的怀疑。大约在麦克当娜夫人发现的 50 年之前,莫勒(Morley)评论《回忆录》说:"我们无法确定是否是格里姆事后操纵了这些信件。"(Morley, Rousseau, I, 283) 但是法国文学界的作家一直都在用《回忆录》作为权威材料,直到麦克当娜夫人发现他们伪造的证据。
麦克当娜夫人急切地想为卢梭辩护,但她忽略了《回忆录》中大部分受损的信件也同时出现在《忏悔录》和《通信录》中。埃皮奈夫人写给卢梭的信,以及格里姆和狄德罗关于他们遭遇的评论才是值得怀疑的。
麦克当娜夫人为揭示《回忆录》中的合谋做了很多事,而且表明格里姆在他的《通信录》中极力诋毁卢梭。格里姆的任务比较容易,因为卢梭的著作基本上都被禁止,因此很难获得,这让他能够作具体的总结,而不害怕和卢梭的著作相互冲突和矛盾,他指责卢梭帮助那些狂热者,而且支持迫害新教徒。(MacDonald, II, 126, M. Grimm, Correspondence littéraire, III, 375)。如果我们能回忆起来伏尔泰这个时候保护卡拉家族,并且反对任何地方的宗教迫害,就不难想象格里姆的评论怎样激怒那些和伏尔泰站在一起的人。
在她发现新材料的热情里,麦克当娜夫人失去了学者应有的平衡视野和学术研究基本的客观性。卢梭在她眼里全是无辜和美德,她希望为卢梭所有指控敌人的行为辩护,甚至为卢梭指控休谟的行为辩护。斯迈利(Smiley)认为,《文艺通信》是贵族们小心谨慎传阅的刊物,而在麦克当娜夫人看来,它则是一个秘密刊物,格里姆控制着核心观点,旨在摧毁卢梭的声誉,并让他在欧洲贵族中失去庇护。(J. R. Smiley, Diderot's relationship with Grimm, 1, MacDonal, I, 39 – 42) 很不幸的是,她对自己发掘的最重要和有意义的资料作了很大的扭曲解释。但是,在她表达自己观点的同时,也提供了大量有价值的档案资料,这样可以让读者找到她研究中有持久价值的部分。

地证明，卢梭的敌人和他的一些朋友在酝酿一场摧毁卢梭声誉和他的神圣性的阴谋。

有关他身边的阴谋和反阴谋的氛围，充斥着卢梭卷轶浩繁的通信。很多他的朋友，出于一种对他错误的忠诚，彼此竞争地揭露阴谋家，给他带来日内瓦和巴黎哪怕一点点的流言。尽管所有的事情基本上是真实的，但是这中间有调味剂，一种狂妄自大、一种和幻想盲信相联系的热情。[①] 毫无疑问，他是迫害的受害者，但是，问题在于，在什么样的程度上，他刺激了那些迫害他的人，而又在多大程度上，是他主动寻求"受害者"的身份。事实是，他因为迫害的幻觉而遭受的折磨和迫害本身无关，而产生被迫害的幻觉是由于他对迫害原因的特殊解释。对卢梭来说，这些攻击并非仅仅证明人类的卑鄙本性，他们揭示了一场在国际范围内摧毁他荣誉的黑

[①] 下面的这封信来自于卢梭的日内瓦牧师朋友保罗，在卢梭年鉴（*Annales*）中重印，这封信不是写给卢梭的，而是 1763 年年底写给瓦特州的所罗门（Solomon Reverdil），它显示出日内瓦关于卢梭的争论中双方的强烈情感，也表现出"反对卢梭的团体"的概念在他的支持者中间接受的程度和范围：

我的朋友，并不是卢梭的宗教带来了日内瓦的法令。那些迫害他的人并不是基督徒，但是他们利用基督徒愚蠢的轻信试图摧毁他。这个时代他们一手支持伏尔泰而另外一只手则摧毁卢梭；牧师拥有的信仰是自由人民用以点燃社会契约的火把。我发现这个阴谋团体已经形成很长一段时间，我预见了其图谋并提醒卢梭注意。我知道他们担心卢梭和德鲁克（De Luc）的友谊，他们警惕他的共和国原则，恐惧他的天才。总之，这些人无法容忍平等，准备放逐没有主人的人。但是卢梭，因为他献身于共和国（关于平等的论文），还有关于戏剧的书（《给阿尔伯特的信》），保守了我们的道德，防止了我们的毁灭，成为了资产阶级的偶像。攻击他就是攻击资产阶级。他的反对派们了解这些，但这并没有阻止他们行动，他们得出结论说有必要更缓慢和更有技巧的行动。他们开始散布关于卢梭生活习惯的谣言，他们收集那些可以怀疑他宗教信仰的作品，《新爱洛绮思》出现了，你可以自己判断，为了给他们的模糊讽刺找到证据，他们怎样谩骂这本书。打击将要开始，宗教法庭已经胜利了，而天主教的巴黎给予一本书（其中仅有新教徒能够得到赦免）的赞誉引发基督教会的担忧，担心它会招致嘲讽性的告发。同时，《爱弥儿》的写作在推进，卢梭很看重我微不足道的天赋，他把《一个牧师的信仰自白》草稿寄给我。我立刻感觉到如果卢梭发表它就会毁了自己：巴黎的詹森教派非常有势力，他们不会不抓住这个机会报复，他的日内瓦敌人，学习巴黎的权威，一定会模仿所有的行动。我写信给卢梭，几乎用了同样的语言，希望这一预言绝不要应验。卢梭轻视我的恐惧。他向我保证他能明智慎重地处理一切危机。我却比他自己更能看到这一危险。你知道，这本书出现在了巴黎，关于它的新闻立刻传到日内瓦。我不会告诉你它带来的反响，你会认为我可以修饰和渲染。实际上它引起了公共的谩骂和谣言，对资产阶级的突然打击，其他人的胜利。他们四处散布警告：卢梭至少是一个信仰败坏的人，一个伪君子，无信仰者。他终于脱去了面具，他回到日内瓦只是为了嘲讽自己祖国的宗教。人们只觉得没有足够的锁链、刽子手、火刑，来摧毁这个本来不应该存在的魔鬼。(G. Vallette, Annales, 1907, III, p. 375)

暗阴谋。社会上平常性的反对意见或者误解,他的朋友对他观点所持的部分保留意见,所有这一切他都认为是阴谋。如果供给他太多的食物,那就是整个阴谋的一部分;如果食物太少,那就是侮辱他,暗示他无法养活自己。他对朋友的每一件礼物都分外警惕,以免他们诱惑他背弃自己坚定的美德。有时候,他对一样礼物的可能的内涵是如此的敏感,以至于他无法给予一种有尊严的拒绝。看上去他似乎被面前的小零食所折磨。德埃维诺斯(D'Ivernois),一个日内瓦的崇拜者,用持续不断的小礼物折磨他,而他又难以拒绝,但是礼物如此频繁,使得卢梭不得不想办法阻止他。1764年12月29日,他终于倾泻出了堆积已久的愤怒,那几乎会让任何一个坚强的恩赐者失望。

您赠送给我的奶酪应该以您的名义分发给您的家人,我不会收您宣布给我的酒,除非您接受我的付款。我想您应该注意到我们所达成的协议,如果您没有的话,我会自己解决这些问题。我发誓我开始害怕您对待我的方式会在我们中间造成裂痕,那会让我非常痛苦。①

但是德埃维诺斯依然坚持,把他的礼物限于他自己园子里生长的简单产品,并经常以妻子的名义赠送。1765年8月,卢梭抱怨出口的杏,再一次威胁说要和德埃维诺斯决裂。12月,他非常简略地提到李子,"我有其他的李子要消化,所以,不要您的。"②

在这样的态度中,卢梭布置了一个舞台,在其中他扮演着因美德而承受痛苦的人。阴谋成了他所有问题的解释,所有他私人不满的解释。他早年朋友的疏远现在在他看来似乎很明显是预先计划的一部分,却丝毫不考虑也许是自己曾经触犯了他们,或者不公正地对待过他们。

他一直非常敏感,很容易气愤——一种社会中的不确定的感觉让他害怕其他人取笑他。但是直到他离开乡间,在逃亡和遭受迫害的时期,他才

---

① C. G., XII, p. 172.
② C. G., XIV, p. 308.

开始失去曾经的现实感,开始幻想有一群人策划阴谋要毁灭他。在这种情况下,很容易想象,他会迅速堕落,在自杀或者精神病院里结束自己的生命。但事实并非如此,卢梭依然会见和招待他的朋友,来往的信件中充满了对他社会性和个人魅力的好评,尽管他依然有着暴躁的性格,但是却无法提供一幅泡沫满嘴、眼睛疯狂的古典"精神病"的图画。卢梭喜欢描述自己的敏感和优雅,提供了没有人可以怀疑的有力证据,更进一步,还有朋友和熟人仰慕他的观点。社会改革家和革命者写信赞扬他,或者寻求帮助。有一些他的朋友,出于强烈的忠诚,甚至对他的幻觉感同身受。这样,他衰微的自我获得了他所急需的支持。

二

1762年6月14日,他到了伯尔尼行政区的凡尔登,他的朋友们欢迎他并要求他留下来。但是,穆尔图(Moultou)从日内瓦给他写信说,他的书被声讨谴责,并在城市议会的命令下烧毁,而且对作者发出了逮捕令。这预言了接下来要发生的事情。卢梭又被迫上路了,然后穿过部分普鲁士弗雷德里克的领土。他并不仰慕弗雷德里克国王,但是用他所特有的勇敢给这位君主写了一封信。

> 我曾经指责过您很多,也许,我还应该说更多。然而,在法国、日内瓦、伯尔尼被驱逐,我来到您的领地寻求避难所。也许一开始没有在这里是个错误。这是一篇您足以匹配的颂辞。先生,我不值得从您那里得到礼遇,也没有寻求,但是我想,通知您我在您的权力范围内是我的责任,并且我期望这样。您可以以任何乐意的方式处置我。①

弗雷德里克命令当地地方长官凯思(George Keith),一个苏格兰伯爵,

---

① C.G., VIII, p.7.

给卢梭提供一处小的隐身之处，有一个花园、柴火、面粉和所有日常需要的东西。卢梭接受了国王提供的容身之处，但是拒绝了他的礼物，原因是他对弗雷德里克没有什么用，接受他的援助是不正当的。

卢梭和他新的保护者的关系确定下来了，他住在莫提尔一个小村庄里，将泰雷丝接过来。马里绍尔（Milord Marischal）很快和他成了好朋友，他们经常一起在凯思的避暑庄园里吃晚餐。他们的友谊可以看做是和另一个著名的苏格兰人——休谟——之间联系的前奏，这将会给卢梭平静的头脑带来灾难性的后果。马里绍尔经常给他的朋友休谟写信，描述了卢梭的亲切态度和他令人愉快的社会性格，并且建议如果卢梭去苏格兰的话，他们三个可以进行伟大的三重唱。休谟，之前已经听到了很多关于卢梭的事情，很有兴趣为这位共和主义者提供避难之处。

但是卢梭相信他在莫提尔已经得到了应有的庇护，每天很满足地回复大量的信件，采集植物。因为在那个时代，收信人支付邮资是惯例，而且很大一部分信件是匿名者发泄对他著作的不满，所以卢梭慢慢开始觉得通信是一件讨厌的工作，带来了大量经济上的压力。但是，信件是他和朋友们保持联系的方式。他知道，伏尔泰仍然承受着《给阿尔伯特的信》带来的刺痛，所以在日内瓦挑起了反对《爱弥儿》的热潮，而德鲁克奋起反击；他还知道，古怪和多变的伏尔泰想要和他和解（但是他并没有从伏尔泰那里得到消息）。他感觉到自己已经完成了大部分的著作，想从文字争论中解脱出来，所以他拜访了当地的一个牧师，在莫提尔加入了一个新教教堂服务组织。他很快学会了编织，经常坐在门前编织带子。他的尿道疾病需要经常留意和探针治疗。为了让治疗便利，也为了自己舒适，他接纳了美洲式的服饰，流动舒畅的长袍和毛皮帽子。渐渐地，城里居民注意到这个身着奇装异服的人，他像一个女人那样编织带子，穿着打扮又像是一个美洲人，他们听说他是个有着疯狂的非传统宗教观点的英雄。很多好奇的人来拜访他，一些人很有礼貌，另一些则无理取闹。

1762年8月20日，一个巴黎的大主教博蒙特（Christopher de Beaumot）在他的文章中不仅攻击《爱弥儿》的内容，并且攻击作者的行为和道德。卢梭聚集着回应的力量。当他处在一种明显不公正对待中时，会激发出最大的能量,处于最好的状态。在他的《给博蒙特的一封信》中(他在很短的几个月内完成),他挑选出了对手所有的攻击观点,用一种极其聪明的清晰逻辑把它们全部都扔了回去,让人回忆起他的《关于法国音乐的信》。

但是,卢梭引发起了如此多的熊熊火焰,让他在对付完巴黎大主教后无法松弛和休息。从《给阿尔伯特的一封信》开始,卢梭就是日内瓦市民的英雄。这些人在二十五人小议会和两百人议会的贵族统治下(他们彼此协作维持日内瓦被选家族的永久统治),已经变得难以控制。卢梭因为其关于平等的言说和谴责日内瓦大戏院的建立,受到日内瓦人民的钟爱。日内瓦大戏院是贵族的娱乐场所。在他的著作被焚毁、官方签署了逮捕他的命令后,他以一种戏剧般的姿态辞去了日内瓦的公民身份。市民们听到这个消息,他们对迫害他们自己的英雄的行为很愤怒并采取了行动。德鲁克,还有其他四十名市民签写了一个"代表陈辞",或者可以叫做抗议书,声称卢梭事件应该由城镇中的公民议会审理。但是这份请求送到了二十五人小议会后,他们只是简单地拒绝提交给公民议会,声称这些人没有权利选举代表到他们面前。争论扩大了,焦点针对权利问题,问题从卢梭不公正待遇转变成日内瓦市民在贵族统治下长期遭受的不公正待遇。渐渐地,一个称做代表的党派发展起来,市民们很快起来革命。

这个时候,1763年9月,日内瓦的一个长官特隆钦(J. R. Tronchin),站在贵族的立场上,在他的《来自乡间的信》之中,基于制度问题对当前的纷争作出了非常仔细的理智的回应。德鲁克和他的朋友完全失去了主张,不知道该如何回应这个陌生的入侵者,他们给卢梭写了一封信,催促他"勇敢报复这种精细巧妙和欺骗性的攻击"①。卢梭抗议说,他已经被公共争论弄得筋疲力尽,他期待着一小段时日的休息,并且他也不了解日内瓦的历史和制度。德鲁克回信说他可以提供所有需要的事实材料,而卢梭的雄辩才能对于他们的事业来说是绝对必不可少的。德鲁克表达了他多么需要卢梭,在这种奉承中,卢梭开始了为回应特隆而做的长期艰苦的准备

---

① C. G., X, p. 143.

工作。

在整个过程中，他搜集了大量的材料和信息，不断咨询德鲁克和他的朋友们。拜访他的客人像一条绵绵不断的河流，他也收到了数不清的来信，或者赞扬他、寻求建议，或者攻击他是社会秩序的威胁。符腾堡的王子纠缠着卢梭——《爱弥儿》的作者，向他寻求教育女儿的具体办法（从四个月前开始）。他用一种与他的地位不相称的耐心温和地回应卢梭尖锐的批评，并且，他让一群德国人加入了拜访卢梭的大潮中，去亲眼目睹一下这位美德之王。卢梭，经常要坐在尿壶上，经常处于疼痛中，开始对他的称号感觉很厌倦。他是一个从来都没有足够时间给普通拜访者的人。他喜欢亲密的朋友，但是对那些希望通过拜访他巩固在群体中位置的人毫无兴趣。

作为被压迫者的支持者，他拥有国际性的声誉，不久，另外一件有价值的事业又呈现在这个漫游流浪者的头脑里。卢梭被波利（Paoli）将军所领导的科西嘉岛上的革命军英勇反抗热亚那统治的运动所鼓舞，并且很高兴他们在 1755 年获得了胜利。卢梭已经在《社会契约论》中写道，在欧洲仍然有一个国家有能力立法：科西嘉岛。① 1764 年 8 月，布达富柯（Buttafuoco），一个出生在科西嘉的法国将军，开始和卢梭通信。他是波利将军的朋友，询问卢梭是否可以为科西嘉政治制度作出规划。② 卢梭又一次答应了请求，开始索要关于科西嘉历史和政治制度的完整资料。他决定一旦完成回应特隆这件事情，他就在科西嘉岛上住上一两年，仔细地调查那里的人民和历史。然后，他就有第一次把自己的政治理论转化为实践的机会，而这对政治理论家来说几乎是毫不可能的事。

霍尔巴赫圈子的人听到这个消息非常愤怒，这个背弃的哲学家竟然介入为科西嘉岛准备立法——一个小小的国家将会成为欧洲自由的标志。格林在《自由通信》中散布谣言，说科西嘉人给每一个欧洲哲学家都写了信，为制定法律向他们求助。后来他评论到科西嘉对卢梭的请求时指出，

---

① V., II, p. 61.
② C. G., XI, p. 246.

只不过期望取笑他而已。① 不用说，所有这些评论都传到卢梭那里，唤醒了他对科西嘉人背后动机的怀疑。仅仅提到他可能是某个聪明人玩弄的对象，这一点已经足够触怒这个敏感的哲学家了。②

1764年10月，卢梭出版了他的《山中来信》，在其中他为《爱弥儿》辩护并质疑日内瓦的教会权威。他描述了日内瓦人如何失去了主宰自己命运能力的过程，和当权者怎样获得否决一切反对声音的权力。这是一篇篇幅很长也很理智的辩护，在更大的风暴来临前他有了一个短暂休息的机会。他的科西嘉岛的计划获得了一些关注，但是他大部分时间用来回复庞杂的信件和应对他的尿道麻烦，看上去他的病似乎已经很严重。

尽管情况是这样，他仍然拥有很多拜访者，实际上来访的人如此多，以至于大部分人还没有见到卢梭就回去了。这个时期少数见到卢梭的幸运者中有一个叫波思文（James Boswell）的人，他刚离开伦敦的偶像约森博士（Dr. Johnson），打算出来看看世界。因为有着纪录谈话细节的诀窍，波思文给我们呈现了这个时期有关卢梭的独特纪录。波思文那时刚刚24岁，骗取了一封卢梭好朋友的介绍信。他是一个富有感染力、有着孩子般魅力的人。卢梭很喜欢他，因为他只会被成年人威胁。波思文怀着对这个人的无比仰慕离开，这甚至可以抵挡住约森博士那已经褪色的攻击。几次拜访后，波思文编撰了一个关于自己生活的故事留给卢梭看，然后回来寻求建议。卢梭告诉他，自己不能给任何人建议，因为他自己也已经做了如此多的恶，唯一的补偿就是下决心做好事。下面是波思文对他所拜访的这位人物的纪录的摘选：

星期三，12月5日，1764年

……波思文："对于修道院和苦行忏悔，您是怎么看待的？"卢梭："可笑的仪式，所有的一切都是人的发明。不要被人的判断所指引，否则你会发现自己永远被扔来扔去。不要让你的生命听从他人的

---

① Grimm, IV, pp. 247, 315.
② MacDonald, II, pp. 133–34.

判断；首先，因为他们可能像你一样犯错误，而且，你不可能知道他们是否会告诉你真实的想法；他们或许由于利益的驱动或者传统习俗，以一种并不是他们真实想法的方式和你谈话。"波思文："那么，先生，您呢，是否可以做我的向导？"卢梭："我不能，我只能对自己负责。"波思文："但是我将要回去了。"卢梭："我不能承诺再见你，我在痛苦中，每一分钟都需要夜壶。"波思文："是的，您将会再见到我。"卢梭："再见，旅途愉快。"（231 页）

星期五，12 月 14 日，1764 年

"……下午过来，把你的表放在桌子上。"波思文："多长时间？"卢梭："一刻钟，不能再长了。"波思文："20 分钟。"卢梭："现在就取消，哈哈。"尽管他承受身体的疼痛，他还是被我奇怪的俏皮话感染，大笑起来，看上去非常愉快。（253 页）

星期六，12 月 15 日，1764 年

……我们喝了些红葡萄酒和白葡萄酒，很简单愉快地就餐，非常放松。有时候我忘记了自己，又开始变得注重礼仪，"我可以帮您拿食物吗？"卢梭会说："不，先生，我自己能来。"或者我问："我自己可以多拿一些吗？"卢梭："你的胳膊够长吗？一个人出于虚荣在房间里做主，他不想忘记谁是主人，但我希望每一个人都是自己的主人。没有人扮演主人的角色。"（259 页）

波思文离开：

……卢梭先生拥抱了我。他是一位非常温柔的有武士风度的圣徒。他亲吻了我好几次，用一种极为优雅的诚恳的态度拥抱了我，我永远不会忘记。卢梭："再见，你是个不错的年轻人。"波思文："您给予我伟大的仁慈，但是我是不值得的。"卢梭："是的，你是心存恶意的，但是，愉快的恶意，我并不是不喜欢。写信告诉我你怎么样"

……波思文:"再见,如果您还能活七年,我会从苏格兰回到瑞士来看您。"卢梭:"好的,这样,我们就是老熟人了。"波思文:"最后一句话,我能确定我和您之间有一根线连接着吗,即使是最细的一根?一根头发?"(抓住我头上的一根头发。)卢梭:"是的,记住在某个地方我们的灵魂永远相连。"波思文:"这就足够了,我,一个忧郁的人,经常想自己是一个卑鄙的造物,一个毫无益处的生物,早应该放弃生命——想到我和伟大的卢梭先生的联系,这将永远是我的鼓舞,再见了,我会活到生命的最后一天。"卢梭:"这是一个人要做的最无疑问的一件事,再见。"①(264—265 页)

三

1764 年 10 月底,有兴趣的党派开始琢磨消化卢梭的《山中来信》,回应开始增加。即使卢梭已经准备好面对隐藏着的阴谋队伍,也惊讶于其激烈和广泛的程度。12 月 31 日,他收到了一个标题为"公民的感情"的宣传册子,这本册子呼吁以死刑来惩罚他,把他描述成一个依然保有放荡的可耻标记的人。② 卢梭震惊地读到,有人指责他导致泰雷丝的妈妈在被忽略中死去,尽管他带着她走过一个个乡村——她现在依然活着,——有人还揭露了他很多其他罪行,包括煽动暴乱和诬蔑教会。③ 如此虔诚,甚至有些笨拙的小册子,很明显表明作者是个日内瓦人。④ 卢梭确信这个人除了韦尔纳(Verna),一个曾经是他敌人的日内瓦牧师,不可能是别人。谣言的散布者拒绝明确自己的身份,这让卢梭很恼火,他写了一个小册子,一点一点进行辩驳,并且指控韦尔纳是作者。韦尔纳激烈地否认自己知道

---

① J. Boswell, *Boswell on the Grand Tour: Germany and Switzerland 1764*, ed. F. A. Pottle, pp. 231 – 64.
② F.-M. A. de Voltaire, "Sentiment des citoyens" in *Oeuvres de Voltaire*, ed. M. Beuchot, XLII, p. 81.
③ Ibid., pp. 75 – 84.
④ 小册子的风格是刻意伪装的。

这个小册子。他的抗议如此激烈，卢梭不得不停止了第二版印刷，但是他从来没有承认自己是错的。

小册子的真正作者是伏尔泰，因为那些笨拙的指控风格和虔诚的语调，使卢梭从没怀疑过他。文学界曾经因为卢梭不经意间揭露了伏尔泰是臭名昭著的《第五十次布道》的作者而被触怒，因为这几乎是所有人都知道的一个事实。卢梭在所有著作中签名，并没有对这一揭露考虑太多。伏尔泰却认为这是一次粗鲁的背叛和对他安全的威胁。① 伏尔泰下决心围攻卢梭，认真地准备了下流卑鄙的小册子，并采用一种不会暴露作者身份的风格。伴随着《公民的感情》而来的是大量对卢梭和卢梭作品的攻击，《山中来信》在海牙被烧毁，在日内瓦遭到议会的审判，在巴黎同伏尔泰的《哲学辞典》一起被烧毁。② 尽管伏尔泰的著作和卢梭的同时出现，并且具有相似的煽动性，但这并没有让敌对的双方和好。

卢梭把《山中来信》的副本拿给他的牧师蒙特莫林（Montmollin）看，后者阅读的时候并没有表现出明显的被侵犯之感，只是把它看成一个礼物。③ 卢梭和蒙特莫林之间的关系非常好，特别表现于在其他市民的抗议中他接纳卢梭到他自己的教堂。在这些信件公开发表后，公众反对卢梭的声音愈发高涨，蒙特莫林也因为在教堂中庇护这个异教徒受到来自日内瓦和其他地方牧师的压力。蒙特莫林尽管是个自由主义思想家，但是很明显缺乏足够的自信和坚定来支持他的思想观点，很快就屈服于古老的神圣阶层。④ 最终，他告诉卢梭需要限制他来教会服务，卢梭却坚持要来，理由是只有宗教法庭才有权利驱逐他。蒙特莫林现在完全被卢梭的顽抗激怒了，要求他自己去宗教法庭前面解释为什么他不能被逐出教会。

这样，卢梭生命中又一次发现伏尔泰的才智可能会帮助他，意识到自

---

① Voltaire, *Les Oeuvres complètes de Voltaire*, LIX, pp. 5, 500. MacDonald, II, pp. 334 – 83.
② G. Lanson, *Annales*, I, p. 115.
③ O. C., I, p. 624.
④ 需要提及的是蒙特莫林承受的压力远远不止一些不经意的偶然评论。他的亲戚、朋友、同事和教堂里的神父似乎看上去都在共同努力希望改变他的看法。波特德（Berthoud）关于这一方面提供的证据（*J.-J. R. au Val de Travers* and *J.-J. R , et le pasteur de Montmollin* 1762 – 1765）可以让读者对这个发狂的牧师产生一点的同情。

己口头转化能力的不足，他便试图记住辩护词的每一点。当他去法庭的前一天晚上把所有的都记住了，但第二天早晨，却似乎全都忘光了，他从第一个句子开始就结结巴巴。在一阵紧张中，他把一切写下来给宗教法庭，总结了自己的辩护，借口是他的听力有一些问题。蒙特莫林对付卢梭用尽了所有武器。

不知何故，驱逐最终并没有实现，可能卢梭在教会年长者中间有足够的朋友，可以把持最后的秩序。这样蒙特莫林只好退回到讲道坛前，拼命地向反叛的教民咆哮，并且在农民中间煽动反对卢梭的情绪。

四

泰雷丝的出现让卢梭和当地市民的关系处在很不利的状态中。她变得爱争吵、脾气很坏，习惯于在白兰地酒精的作用下生活，卢梭的尿道疾病阻碍了近一步亲密的性关系，他们之间亲密的信赖也逐渐退色成病人和护士之间的事务。考虑到这种情况，泰雷丝在和卢梭的关系中找不到什么重要意义也是理所当然的。① 她在和当地农民的争吵中似乎可以释放很多积聚起来的不满，但是这些争吵却引发了农民们对卢梭一家普遍不满的情绪。而市民们不需要更大的刺激就能增长他们的不满，当地的牧师告诉居民们这个男人和他的情人是社会的威胁，并且亵渎了上帝，他们终于找到借口公开实施他们的攻击。很快卢梭被大街上的污辱包围，人们向他的房子扔石头；他在森林里采集植物的途中，人们经常用东西砸他；对于他美国式的服装和他亵渎上帝的议论，有人开始威胁他的生命。有一次当他路过一家门口，听到一个男人说，"我要是带着自己的枪就好了，我就可以杀了他。"② 尽管这个受了惊吓的充满想象力的男人在威胁面前不断地向人们解释，但是毫无疑问，人们被他激怒了，比从前更多地攻击他。

---

① 我们无法知道被强迫抛弃孩子这件事对泰雷丝的态度有多大的影响，并且在多大程度上是他们之间摩擦的潜在原因。

② O.C., I, p. 628.

尽管他和泰雷丝的关系伴随着非常多的争吵，但是，她从来没有成为针对他的阴谋的一部分。尽管泰雷丝在别人眼里是多么令人讨厌和卑鄙，但是卢梭在他的《忏悔录》和这一阶段的所有信件当中没有说过任何指责她的话。也许，他们两个所面临的压力都太严峻了，以至于他们必须分担彼此的痛苦和问题。泰雷丝这一边，根本没有能力判断什么时候迫害者能停止攻击，什么时候卢梭开始他的幻想；卢梭这一边，则倾向于站在她的角度上理解她和仆人、农民之间的争吵。他认为所有泰雷丝生出来的事端全部是阴谋家们试图伤害他而捣的鬼。

有一天晚上，他被一阵鹅卵石砸在窗户上的声音惊醒，他正打算从房间走进厨房时，一个大石头砸碎了厨房的窗户，打破了他卧室的门。他的狗，跑到了房子最里面的一个房间里，受到很大的惊吓，以至于跑到角落里用爪子挠墙，想逃走。泰雷丝颤抖着跑到他跟前，后来发现有人试图趁着晚上破门而入。① 卢梭和泰雷丝被这一场经历深深惊扰了，并非因为身体上的伤害，这是可以忽略不计的，而是因为意识到他们面对着如此多的敌意。② 尽管市长承诺提供保护，但是卢梭还是决定离开。在一阵匆忙的商议后，卢梭认为如果最大的反叛者离开，泰雷丝会比较安全，于是他单独出发去了圣皮埃尔岛，泰雷丝不久就带着东西投奔了他。以前访问这个小岛的时候，卢梭就深深地被它吸引，现在，更加完美的现实照亮了那些美好的记忆。在这里，卢梭可以四处漫游。闲暇的时候采集植物，准备科

---

① O. C., I, pp. 634-35.

② 波特德（J. J. R. au Val de Travers）指出，戴舍尼承认他对卢梭的攻击是自己渴望戏剧性的离开莫特（Motier）的产物，简言之，是一个有预谋的诡计。格里姆（*Correspondence Littéraire*, V, pp. 60-61）告诉读者，卢梭通过丰富的想象力，把醉酒者扔来的一些小鹅卵石转变成大石头。作为观察，这是比戴舍尼更好的作品，尽管卢梭不会伪造事件以获取公众的注意，但经常强化自己遇到的危险。格里姆进一步说他的看法可以得到司法审判的支持。杜弗尔（C. G., XIV, pp. 362-70）搜集的案件的档案，确认了卢梭对于事件的描述。市民的恶意是毫无疑问的。但是房子并没有遭到很大破坏并不能告诉我们卢梭经历的心理威胁，他被邻人公开的恶意所包围，还有他去镇里和树林里散步经常会遭遇骚扰。

泰雷丝要对很多针对卢梭的恶意行为负责（O. C., I., 1598, n. I）。她在莫特（Motier）被攻击，可能夸大了事态，威胁卢梭离开镇子。玛格丽特（Margaret）（*Annales*, 1927-28, XVIII, pp. 75-79）分析了泰雷丝在休谟和卢梭争吵中扮演的角色，证明泰雷丝是让卢梭和小镇村民以及休谟卷入纷争的重要因素。

西嘉制度的设计，这项工作因为之前的压力暂时停止了一阵。一个多月里，他早上写作，中午在船上飘荡或者在森林里漫游，这是一段安宁平静的美好时光，在他生命剩下的日子里，永远都没能忘怀。

但是圣皮埃尔岛是伯尔尼领土的一部分，而这个国家的政府三年以前就驱逐了他。在秋假期间，官方召集了一个会议通知卢梭必须离开这个岛。卢梭已经被激怒了，不久传来的另一个消息把他推到了绝望的边缘。他得知法国，一个他以无法解释的激情热爱的国家，和热亚那签订了条约，将会派遣军队到科西嘉岛，帮助热亚那人镇压革命。卢梭的健康一天天变坏，现在又在一个又一个地方被追捕，唯一一个以他的赞美为骄傲、寻求他帮助的国家被不可战胜的命运所粉碎。他的整个世界似乎都在塌陷和瓦解，对布达富柯将军忠诚的怀疑已经给他的工作带来了麻烦，现在法国又加入其中干涉阻挠，卢梭很怀疑，这个科西嘉出生的法国军官将会如何保持自己的忠诚。① 这些疑问对他那个已经充满麻烦的头脑来说实在是太多了，他很快失去了对科西嘉的兴趣。

五

必须承认，科西嘉制度的工程从一开始就是模糊不清和构想错误的。卢梭开始发觉要确定什么是真正需要的非常困难，布达富柯只是强调科西嘉需要一个"立法者"，但是却向卢梭要求一个政治体系的规划。当卢梭向他询问细节，要求进一步澄清时，这个通信者明显只是在取悦卢梭，建议说凭着卢梭无穷的智慧一定能辨别出什么是真正需要的。布达富柯是需要一个完整的法律系统，还是科西嘉人已经拥有自己的民法执行团体？是

---

① 卢梭关于布达富柯将军（Buttafuoco）的怀疑是正确的。这个官员成为负责外交事务的部长，和热亚那人签订了邪恶的条约，科西嘉因为这个条约在1768年被卖给法国，所有人都成为奴隶。但是科西嘉人却在这场交易中获得了最后的发言权，因为科西嘉有一个叫拿破仑的人，这是科西嘉给法兰西的礼物，这个人将会把脚踩在法兰西的脖子上，留下两个世纪都无法磨灭的印记（参见 J. Morley, *Rousseau*, II, p. 99）。

的，布达富柯回答，科西嘉已经有一套民法系统，但是，根据新的体系可以修改它们，他不想轻率地从贤能长者的善良意志那里要求太多东西。卢梭很慎重，这样的一项工作很花费时间，在把它呈现在科西嘉人面前之前，必须先让自己满意。他不能给他们碎片似的东西，因为这是一个相互关联的有机整体，但是科西嘉不能两三年时间都没有整体性的法律，他们必须找到某种可以指引自己的东西。是的，卢梭非常清楚地理解，立即建构科西嘉法律制度是多么重要的一件事，当然，在交出设计之前，卢梭必须对自己的工作满意，而且科西嘉的领袖对他从事这一工作的热情有充分信心。但是，又没有办法逼迫他的立法者，布达富柯在犹豫，是否在开始阶段，应该匆匆拼凑一些基本的普遍性原则。

在阅读这些信件①的时候，布达富柯被卢梭作为有美德的人和政治启蒙者的声誉打动了，或许他渴望通过把卢梭的名字和科西嘉连接起来，在科西嘉的事业中获得自己的位置；但是他并不理解提供一个范围宽广的立法系统是多么复杂的问题，也许，只要签上那个杰出的名字，任何一点点智慧都会让他满意。但是，在卢梭的这一方面，肯定想到过他和波里将军，科西嘉真正的领袖和权威，并没有什么通信和联系，他花费三年或者更久的时间制定详尽的法律体系，而科西嘉并没有义务要接受。被伏尔泰愚弄，被霍尔巴赫圈子的人嘲笑，因为身体疾病而消耗力量，又被充满恶意的政府从一个居所驱逐到另一处，卢梭已经没有力量完成这项工作了。而且，他本人和美德的名誉被不断增长着的怀疑所攻击，他需要从这个世界中退隐，审视那些开始困扰他的个人道德的问题。《公民的感情》仍然困扰着他，他决定讲述关于自己的真实，一种完全的、毫无保留的真实，没有任何隐瞒。1765 年 5 月，当他给布达富柯写信的时候，已经开始书写《忏悔录》，他说自己必须执着于关注自我，如果可能，他将会用多余的时间来考虑科西嘉的问题。很快，这一点脆弱的兴趣也被深深沉浸其中的自我的生活所取代。

---

① 卢梭和布达富柯之间的通信可以在此找到。C. G., XI,, pp. 246–351.

六

卢梭在莫提尔遭受迫害的那一段日子里,还有离开圣皮埃尔岛的时候,他收到来自各地朋友们的信件,向他提供避难所。卢梭曾经希望和凯思一起住,但是他已经接受了弗雷德里克邀请他去柏林居住的提议。凯思建议他去英格兰休谟那里寻求庇护,盆格鲁的女公爵邀请卢梭去拜访她。她已经收到了格林的《自由通信》,但是并不容易接受这种自作主张的、看似高贵的文字批评,她仰慕卢梭,希望能够款待他。

卢梭在一段时间的惊慌失措和犹豫不决之后,决定去柏林。他只走到斯特拉斯堡,在那里待了一个月,被一群仰慕者和新朋友们奉承招待。在10月底,他感到了迎面而来的冬天风的寒冷,决定不再去柏林。他停下,踌躇犹豫着。布费尔夫人已经离开了休谟,重新投入到追随狄康德王子的热情中(在丈夫去世后她想嫁给他)。但她依然很喜欢休谟,催促两个哲学家见面。休谟给卢梭写了好几封奉承的信。沃德林夫人曾经反对布费尔夫人和休谟之间的恋情,现在也加入到赞扬苏格兰哲学家的行列中,她许诺运用自己和朋友的能力弄到去英国的通行证。永远忠诚的狄康德王子许诺,当卢梭经过巴黎时,在自己的宫殿里庇护他。最终,这些朋友们的建议和诱惑让他下定决心去英格兰,寻找他极端渴望的孤独和安宁。英格兰是一个陌生的土地,有着陌生的语言,从斯特拉斯堡出发的时候,他怀着好奇和抵制的双重情感,被吸引,也暗含着厌恶。1765年12月4日,他写信给休谟说,他将在四五天后离开斯特拉斯堡,"投入到您的怀抱"[①]。

---

① C. G., XIV, p. 315.

第十一章　英格兰

一

卢梭在他的朋友中间发现的那种对英格兰的狂热，不过是18世纪法国逐渐增长的气氛的一部分。很久以来，古老王国的腐败和衰落，在很多人心里早已敏感地察觉到了，现在又被1763年的巴黎和约所公开证实和宣布，这个和约是七年战争的一个可耻和侮辱性的结果。在和普鲁士的战争中，法国耗尽了它全部的能量，同时，英国又在海上击溃了法国舰队。战争结束时，法国已经被剥夺了所有的殖民地，英格兰却如此明确地建立起一个日不落帝国。

在法国贵族中，对英格兰的尊敬是对堕落的国王和他的情妇表示轻蔑的最礼貌的一种方式。而国王的情妇，蓬巴杜夫人，不但被认为是战争的原因，也被认为是灾难性结果的根源。狄康德王子在宫廷中被蓬巴杜夫人击败，然而在贵族中间却聚集了最主要的资源，很快形成一个反对路易的核心，使得路易认为他是"蛊惑的表兄"。法国被党派、阴谋、贵族和知识界中间不断增长的动荡不安所分裂，但是另一方面，英格兰却迎来它的辉煌。伏尔泰的《与英国人的哲学通信》在巴黎广受欢迎，狄康德王子和布费尔夫人的沙龙以其英国式的气氛而著称——陈列着海峡那边最新出版的书籍，提供着英国茶，讨论那个国家新发现的自由。一些人更加勇敢地宣称，英格兰作为一个世界权力中心的崛起，要归功于公民自由地公开表达自己意见的机会。

作为一个英国思想的解释者，休谟在巴黎成了非常出名的人物。1763到1765年休谟作为英国大使的私人代表，在法国被第一家庭接待，享有男人的赞誉和妇女的奉承。一个安静、甚至温柔善感的单身汉，对法国的这种公众认可非常满意。由于他的苏格兰出身，在英国他从来没有受到如此待遇，尽管，他也抱怨接受这么多赞誉带来了很多压力，但是在给朋友的信中，他表明，他终于找到一个国家对他这样的天才表现出适宜的尊敬。在他见到卢梭的前两年，他穿梭于巴黎各种沙龙和自由主义的小团体之间，和霍尔巴赫圈子非常熟悉和友善，他吮吸着巴黎的热情和闲适，直到自己完全地、愉快地筋疲力尽。现在，是他回到英格兰或者苏格兰再一次重建自己的时候了。他和布费尔夫人最初热烈的爱情，由于后者想要嫁给狄康德王子的野心，已经开始褪色。在一种悲伤的感情中，他还保持和混合着惯有的冷静和顺从，他准备承担和忍受一切，只是不会再热爱英格兰。

二

从前面的章节可以看出，卢梭和休谟并没有彼此吸引，只是由于他们共同的朋友的热情才被推到一起。休谟对所有的受迫害者都很同情，在布费尔夫人热情地为卢梭寻求支持之前，休谟并没有特别的兴趣想要见到他。他对卢梭困境的同情是真诚的，并且他把卢梭看做法国最优秀的文章作者之一；但是，他认为卢梭的文字风格有些夸张，而且他的朋友们也警告休谟要留意这个孤独者那尖锐带刺的个性。

卢梭，在他的这一方面，没有读过任何休谟的作品，他对这位恩赐者的知识仅仅局限在布费尔夫人对于他高贵个性的论述之上，他也被休谟和凯思之间的亲密友谊所打动，凯思对卢梭来说就像是父亲一样。作为一个多愁善感的人，卢梭本能地不信任英格兰人那种冷漠的性格，尽管这个国家向来享有自由的国土的声誉。但是，他现在却到了选择的十字路口，英格兰或者柏林。在冬天将要来临的时候，在朋友们的喧闹声里，英格兰似乎是一个更好的选择。

卢梭开始出发去巴黎，1765年12月16日到了那里，在一个书店老板那里作短暂的停留之后，他很快去了狄康德王子家。怀着善意的人们可以克服很多困难，休谟和卢梭，尽管个性不同，已经决定要喜欢彼此了。最终见面的时候，休谟头脑中依然回荡着霍尔巴赫圈子朋友的忠告。当他发现这个荣耀的英雄其实是个和善的人时，他完全放心了。他被卢梭生动的谈话、单纯和温柔的个性迷住了。尽管巴黎还依然传播着关卢梭他的逮捕令，但在英格兰，人们却成群结队地来拜访这位避难者，这一点深深触动了休谟。他写信给尊敬的休·布莱尔（Klugh Blair），说道：

几乎无法表达或想象这个国家喜爱他的程度。尽管我想要自己照顾他，然而整个世界，尤其是上流社会的女士们，强求我把她们介绍给他：我手头就有柔勒思（Rouleaus）① 的催促，最热切的请求，期望我会说服他接受，劝说我如果在他的同意下签署开放这里，那么，两个星期我将会得到五万英镑。他到达的第二天早晨，偷偷溜出去到公园散步，事情很快传开了，人们强烈地恳求我说服他再出去一次，我则警告我的朋友，如果公众知道了，他一定不得不面对成千上万的观看者。人们或许会以自己喜欢的方式谈论希腊，但是从来没有一个国家，像这样钟爱一个天才。伏尔泰和其他所有人，在卢梭面前，全部都黯然失色。我感觉到，自己和他的关系，在目前，增加了我的重要性。②

紧接着，在这封信里，休谟描绘了这个时期卢梭最好的肖像之一，展现了他的社会性和对社会的恐惧，自发的愉快和突然间情绪的变化：

在我和他的交往中，我发现他和善、温柔、谦恭，有很好的幽默感，他比任何有教养的人都更加有男子汉气概（除了布费尔先生）

---

① A roll of money.
② H., I, p. 529.

……他的谦逊看上去并不是礼貌的仪表,而是对自己优秀的遗忘和忽略:他根据天才的冲动写、说和行动,而不是应用普通的才能,很可能他忘记了这一力量,无论何时它都沉睡着……我想卢梭在很多地方很像苏格拉底,日内瓦的哲学家似乎比雅典的还要多一些天赋……从很多地方我听说,他对我的判断和喜爱与我对他的一样:我将会非常后悔让他离开英格兰……

  当他来到巴黎,他似乎决定住到下个月6号或7号。但是现在喧嚣的人群让他如此难受,他表现出极大的不耐烦,想要离开。这里的很多人认为,这个独居者的幽默不过是伪装和矫饰,只不过为了获得更多的关注,但是我很确定这是自然而然和不可克服的。我知道,两个美妙的女士侵扰了他的生活,给他带来如此巨大的不安,以至于之后他甚至吃不下饭。他长吁短叹,而且我经常观察到,当他和我在开心地聊天时(他天生的乐观),如果听到开门声,由于忧惧来访者,他脸上会呈现出巨大的痛苦,沮丧一直不会离开他,除非来访的人是一个特别的朋友。①

  尿道炎带来的尴尬让卢梭不得不尽可能地掩饰他对尿壶的需求,但在成千上万访问者面前不断找借口,这简直让他疲惫不堪了。他给德鲁兹(他将陪同这两位哲学家去英格兰)写了一封紧急的信,告诉他自己无法继续承受巴黎的这种公共展览了,想要早一点离开。德鲁兹同意了,然后时间便定在了1766年1月4日。为了躲避公众的好奇,也为了避免警察的打扰,向外宣布的是更早一点的日期(1月2号)。在两个同伴的陪伴下,卢梭一行三人四天以后,很轻松悠闲地从巴黎旅行到加来(法国北部港口)。休谟尽管已经听到很多关于卢梭疾病的传言,期望可以常常停下休息,但是很惊讶地发现他朋友的病似乎一点都看不出来。因为很不愉快的大风阻碍了一天的行程,他们第九天继续前行,可是很不幸地遭遇到了大风暴,船开始颠簸和摇晃。休谟生了很重的生病,蹒跚着躲到甲板下面他

---

① H., I, pp. 530 – 31.

的小房间里以减轻一点痛苦，同时他还在担心忧虑着卢梭那脆弱的身体怎样忍受这恶梦般的航行。第二天早上准备登陆的时候，休谟脸色苍白、身体摇摇晃晃，但他发现自己的同伴满怀着和平常一样的精力和愉快。航行的激烈和狂暴让卢梭入迷了，他整个晚上站在甲板上享受着难得的激动，而船员却几乎要冻僵了。在一封给布费尔夫人的信中，休谟表达了当他看到卢梭这种强健情形时的惊讶，说到也许他的朋友身体的疾病一点也不明显。① 因为这种评论，他被布费尔夫人严厉批评了一通，她告诉休谟不要轻易判断卢梭的身体状况，因为事实上他从不抱怨自己的病痛。②

但是，最初怀疑的种子在休谟心中开始生长，在离开的前一个晚上，他拜访了霍尔巴赫圈子的朋友们，他们已经警告他，卢梭是个骗子。他思考着卢梭的愉快、迷人和健康的身体与布费尔夫人给他描绘的受迫害的圣徒这两幅图画之间的鲜明对比。还是在巴黎的时候，他听说有人用一封想象中的普鲁士国王的信来娱乐，里面嘲笑卢梭对于遭受折磨的圣徒似的渴望。现在休谟有些不安，和卢梭一样，他也是一个在怀疑的社会里从来没有感到真正安全的人。因为他的体型、笨拙的法语、直接和平白的文字风格，他也经常成为人们俏皮话和玩笑的目标，他非常害怕有人玩弄他。可能，他想象着巴黎霍尔巴赫圈子的人重复着他对卢梭仰慕的文字，然后对于他的天真哄堂大笑。

穿过海峡之前，他跟卢梭建议，也许可能从英格兰国王那里得到一笔年金。当听到这个消息时，卢梭并没有立刻就拒绝。如果他身体的疾病是真实的，他可能会假装贫穷以赢得公众的同情和保护。他可能在巴黎或者日内瓦获得一笔年金吗？如果是，那么休谟努力为他争取一笔年金就是一件愚蠢的事情。但是，现在拯救自己的荣誉还来得及。如果休谟揭露了这个美德王子隐藏的秘密，巴黎的文字圈就不会认为他是一个傻瓜。尽管他仍然表达对他朋友的高度敬意，并继续努力争取这一笔年金，但他开始调查卢梭的经济状况。

---

① H., II, p. 2.
② Ibid., p. 2, n. 1.

三

到达伦敦后,卢梭立刻陷入了不安之中。汹涌的人群想和他谈话、要为他画像。请求他调解,诱惑他,或者只是看着他。他蔑视这些人,只愿意他的狗安静陪伴。但是乔治三世(George Ⅲ)已经在处理有关卢梭年金的事情了,他也是想要见到这位著名隐遁者的人当中的一个。克鲁里特剧院的加里克夫人(Mrs. Garrick)为卢梭在她的包厢旁边预定了一个位置,这样国王和王后就能在一场演出当中一直观察他。她和休谟商定在约定的时间把他的保护人带来剧院。但是他们没有把苏坦计算在内,它几乎成为历史上最出名的狗,因为它剥夺了国王晚上的娱乐。我们最好让休谟自己来讲这个故事:

> 当约定的时间来临时,他(卢梭)告诉我,他改变了主意,不去了:因为——我的苏坦怎么办?那是一只狗的名字。你必须把它留下,我说。他回答说,但是一旦有人打开门,苏坦就会跑到街上找我,这样它会走丢的。我说,那么我把它锁在你的房间里,把钥匙放在你的口袋。这看起来是有效的,但是当我们走下楼梯,那只狗叫起来,弄出很吵闹的声音。他的主人回去了,说在那种情况下他不能离开它,但是我握着他的手臂告诉他,加里克夫人为了给他留一个房间,已经拒绝了一家公司;国王和王后很期待看到他,如果没有比苏坦不耐烦更好的理由,让他们失望是很荒谬的一件事。部分因为这些,部分被我强制,我带着他继续前行。国王和王后看他比看演出还要多一些。①

很快卢梭表达了要远离伦敦的渴望——越远越好。他的保护人刚开始很不情愿,希望把他安置在距离城里几里远的地方,但卢梭却坚持自己的

---

① H., II, pp. 14-15.

前景计划，表明这一切不太可能。休谟仍然实兴高采烈的，在给布费尔夫人的信中（1766年1月19日）他写道："我的同伴非常和蔼，一直很礼貌，经常非常愉快，很善于与人交往，当他认为自己是孤独的时候，他自己并不了解这些。"① 渐渐的，卢梭坚持要住在南威尔士或者同样遥远的地方，休谟开始意识到他的朋友尽管看上去很和善，但是对要在哪里生活有着坚决明确的观点。他知道泰雷丝很快会到伦敦来，而这会让情况变得更加复杂。当他听说护卫她过海峡的是波思文，他写信给布费尔夫人："我担心一些对我朋友荣誉致命的东西。"② 在这里，他的恐惧是完全正确的，幸运的是，直到波思文的《旅行》公开出版，波思文一直试图为这次旅行保密。但这对于一个喜欢炫耀和著名人物的亲密关系的人来说，是一件很困难的事。

休谟已经从德鲁兹那里听说泰雷丝是"邪恶的、爱争吵和流言的女人"③，她极其愚蠢，不会分辨时间和计算金钱，她掌管着卢梭的生活就像一个护士对待病人。因为她即将到来，休谟更关注尽快安排好他的"小朋友"的住所，并给出了很多建议，但是卢梭接受以后，总是经常改变主意。2月12日，泰雷丝终于到了，她声称是他的管家，因为让这个具有美德的男人承认一个情妇是不可能的。但是卢梭并没有把她当成管家，他坚持所有的邀请都必须同等地对待他和泰雷丝。这为休谟对他朋友的社会活动安排增加了更多的困难，2月16日，他仍然提到卢梭的"独一无二"，似乎是美德的符号。但是，在他给巴哈邦达女侯爵（Marquise de Barbentane）的信中，他肯定卢梭的身体疾病不过是想象出来的，卢梭是"不真诚的，幻想着疾病的细节"。④

尽管这一段时间休谟内心不断增长着怀疑，但是当然，他在卢梭面前依然保持着固有的感情。但是在一个非常敏感的人面前，任何一些漠不关心的言语、姿势或者标记都会无意间泄漏他已经减少敬意的秘密。休谟开始问一些细节上的问题，特别是关于卢梭的通信，可能这与他调查朋友的

---

① H., II, p.1.
② Ibid., p.11.
③ Ibid., p.3.
④ Ibid., p.16.

经济状况有关。他没有意识到,他的好奇心已经让他的朋友很不安。最后,他决定把卢梭安置在沃特,英格兰北部达文波特(Davenpert)先生的别墅里。3 月 18 日,他邀请卢梭和泰雷丝到他莱尔大街的家里吃晚饭。吃饭前,他表达了对卢梭正在写的一封信的好奇。吃饭时,他发现朋友变得生气和怀疑,卢梭把休谟的话理解成企图占有这封信。坐在火炉旁边,卢梭朝休谟的方向瞥了一眼,发现了嘲弄的眼神,而休谟,人们经常提醒他有着令人惊慌失措的眼神,试图不直接盯着卢梭看,完全没有意识到他的眼光激起了怎样巨大的灾难。他继续看着卢梭,卢梭充满了恐惧,感觉到一阵寒冷的战栗袭来,在那一阵刺痛中强迫自己低下眼睛。然后,因为想到休谟可能是无辜的,他忽然热泪盈眶,跑到他面前紧紧抱住他,"不,休谟不是一个背叛者;那是不可能的,如果他不是最好的人,他一定是最黑暗的。"人们可以想象休谟在这种情况下的惊讶和困惑。天性冷静和矜持的他完全没有意识到自己的问题唤起了多么黑暗可怕的怀疑,他不能做得更多,只是轻轻地拍着卢梭的背说:"我亲爱的先生,什么让您烦恼?我亲爱的先生?"① 对一个多愁善感的人来说,这样苍白的回应是远远不能让他满意的。② 为什么一点也不渴望知道自己被指控的原因?是不是他完

---

① C. G., XV, pp. 156 – 57.
② 休谟,在他给布费尔(de Boufflers)夫人的信中,给出关于那天晚上发生的事情不同的解释。他指出卢梭不愿意付马车的钱,找借口说这一种轻型马车应该价格更便宜。格林更倾向于相信卢梭的故事,因为休谟给布费尔夫人的信是事情发生两星期之后,并且"从通信里可以明显看出卢梭直到离开伦敦之后才发现他们善意的计划"。(J.-J. R., A critical Study of His Life and Writtings, p. 335)
实际上,通信支持但并不能确认这样一种解释。卢梭好像是在 3 月 22 日才第一次说到马车的事情,指责休谟在其中扮演的角色(C. G., XV, pp. 117 – 18)。但是非常可能的是,卢梭只是重复了以前已经表达过的观点。3 月 25 日,卢梭写信后的第三天(可能休谟还没有收到那封信),休谟用给布费尔夫人信中同样的语言描述了那天晚上的事情(H., II, pp. 313 – 14)。如果相信休谟此时是在他们讨论这件事情之前,那么就可能推论出他在刻意地说谎。对于一个像休谟这样正直的人,即使是在布费尔夫人面前表现自己的无辜和美德,这样说谎也是不可能的(参见 Green, pp. 335 – 36)。最有可能的是,休谟只是简单地误解了卢梭情绪激动的原因。
卢梭和休谟关于那个晚上的描述还有两点不同。休谟说卢梭为自己的行为认真地道歉,还提到他"满含着热泪"地拥抱了卢梭(H., II, p. 30)。关于道歉这件事,我更倾向于相信卢梭的版本,既然他是说话的那一方,而且他描述的事情和他的个性比较符合(休谟笔下的卢梭更像是休谟而不是卢梭)。关于拥抱和眼泪,很可能休谟说的拥抱只是在对方背上轻轻拍了下,如果他此刻流泪,卢梭两臂抱着他,可能不会去看他的脸。
我强调这些不同的表述和细节,是因为这两个人日后指责对方说的是谎言,起源于他们对那个夜晚的不同描述。

全没有理由为自己是个背叛者辩护？这就是当卢梭孤独地隐居到沃特时，深深扎根在他头脑里的想法。

四

卢梭那天晚上突然的情感爆发并不仅仅是当天事件的结果。因为长年的迫害，他感到惊恐，只剩下少数几个朋友了。他对欺骗变得很警惕，很快就能观察到一个朋友厌倦了他的标记。在最初到达的那几个月里，他完全感激休谟，和英国人相处得非常愉快，他们知道如何不带谄媚地表达自己的敬意。尽管来访的客人让他筋疲力尽，但是他还是很高兴在整个英国人们如此尊敬他。1月18日，在给布费尔夫人的信里，他提到有一封伪造的来自普鲁士国王的信，专门用来取笑他，他有些困扰，但是决定不再进一步追问。① 但是，1月27日，迪佩罗（Du Peyrou）给卢梭写信说这封信已经传遍了巴黎，沃波尔（Horace Walpole）是它的作者。② 沃波尔是休谟的好朋友，而卢梭知道这封信是伪造的，但无法相信一个和休谟如此亲密的人竟然会是阴谋的一部分。他坚定地拒绝相信沃波尔和这件事有任何关系。1月28日，休谟临时带他出去，他开始思考他朋友的行为。休谟和他通信密切是很明显的事实。他坚持卢梭留在伦敦附近。为什么？他只渴望平静和孤独难道不是很明显吗？为什么休谟的很多朋友都是他公开的敌人？霍尔巴赫圈子的人，是的，甚至可能包括沃波尔。

3月9号，迪佩罗给卢梭一封普鲁士国王信的复件，就是他提到的那封广为流传的信。③ 沃波尔以他尖刻讽刺的才智描绘了一幅受虐狂和暴露自己的卢梭画像，卢梭从来没有发觉到自己的这一面，但是很不幸，这是真实的。对沃波尔来说，他的这些机智让他在好几天里成为巴黎沙龙的主题，而对卢梭来说，却是造成他一小段精神失常的因素之一。

---

① C. G., XV, p. 20.
② Ibid., p. 36.
③ Ibid., p. 93.

亲爱的让-雅克：

　　您已经和日内瓦，您的祖国，断绝关系了。您已经被瑞士驱逐，一个你在文章里盛赞的国家；法国已经签署了逮捕令，因此到我这里来吧。我仰慕您的天才；您有如此多的长时间幻想让我觉得很有趣。您一定敏感而幸福，也已经引起了足够多关于您的奇异稀有的谈论，而这对一个真正伟大的人是不合适的：向您的敌人表明有时候您也拥有常识：您会让他们苦恼而不危害自己。我的国家可以给您提供安宁的隐居地：祝福您安好并且会很好地对待您，如果您接受我的邀请。如果坚持拒绝我的帮助，不要期待我会告诉其他人这件事。如果您决定折磨自己的灵魂寻找新的不幸，那么，选择任何您所乐意的。我是一个国王，可以弄到您所渴望的所有东西，当然这一切不会发生在您的敌人身上。我会停止迫害您，当您停止以迫害为光荣的时候。

您友好的朋友：
弗雷德里克①

　　这个时候在巴黎，因为这一残酷的玩笑，沃波尔受到了布费尔夫人彻底的严酷惩罚。狄康德王子也介入进来，劈头盖脸地骂了他一顿。他已经拒绝再为自己的行为悔悟，那时他几乎失去控制要发脾气。② 布费尔夫人被整个事件激怒了，听说休谟也取笑这封信并可能也加上了一两句，她给休谟写信询问完整的细节。休谟否认自己介入了信件的书写，但是承认，当这封信公开的时候，他也在场。他似乎因为这一事件很尴尬，他向布费尔夫人保证沃波尔是个有价值的人，并且他尊敬卢梭③（沃波尔实际很轻视卢梭④），整个事件只是一时轻率。当卢梭询问休谟沃波尔是否真的就是

---

① C. G., XV, p. 367.
② H., II, p. 10, n. 2.
③ Ibid., p. 10.
④ Ibid., p. 4, n. 2.

这封信的作者时,他含含糊糊、言不及义地回答了卢梭。①

直到他们共进晚餐的那个夜晚,休谟逃避性的回答,以及他对卢梭和朋友之间通信的追问,还有普鲁士国王信件的神秘出现,这一切都让卢梭非常困惑。他开始怀疑是否有另外一个阴谋,这一次谁会背叛他?他必须为即将到来的攻击作准备,必须知道在英格兰,究竟是谁和他的敌人联盟。

休谟,一个希望成为所有人朋友的人,渐渐发觉一个人不可能在关于让-雅克的争论中保持中立。他一直认为自己是个客观的哲学家,希望对卢梭作出公正的论断,向其他人解释他,并且扮演一个无国界的伟大观察家的角色,看到所有人的缺点,却不和任何人争论。但是,不知道为什么,人们总是对他生气,他没有和沃波尔切断关系被认为是对卢梭的敌意。他毫无意识,也没有计划,就从观众中的一个变成了阴谋的参与者之一。呈现在眼前的事实就像是恶梦里的布景,他越是避免被攻击、避免被注意,就越是被推向战斗风险的前沿。很快,他发现自己成了和一个疯狂的、不安定的敌人战斗的最主要成员。莱尔大街上的事件只不过是这个高潮的开始。

五

当卢梭最终在沃特安顿下来,休谟完全放心了。他的信里似乎告诉我们他已经去掉了一个沉重的负担。"这个人,"他给尊敬的布莱尔写信时说,"是所有人中最奇异的一个,终于离开了我……"② 当卢梭审查评估一个又一个住处、一次次拒绝的时候,他内心其实聚集了很多气愤,现在终于结束了。在同一封信里,他评论道:

---

① C. G., XV, p. 99.
② H, II, p. 28.

他非常渴望进入这种孤独的生活中，不管我怎样抗议；我可以预料，他在那样的环境中不会快乐，就像他一直以来的那样，在所有环境中都不快乐。①

他很明显还记得霍尔巴赫圈子的预言，特别是狄德罗的预言。他因为曾经警告卢梭不要独自住在乡下别墅而骄傲。休谟已经开始后悔告诉每一个人，自己发现卢梭是一个怎样了不起的人，现在他开始寻找别人曾经在卢梭身上发现的那些东西。

3月3日，他向布费尔夫人宣称自己发现卢梭有一个从来没有提及的秘密基金的支持。他并没有描述自己证据的性质，也没有说谁提供了它②，只是简单地加上"他喜欢抱怨只是他自己的弱点之一，事实是，他很不幸福，他更易于把原因归结为他的健康、环境或者不幸的际遇，而不是他自己的忧郁和观念"。③

5月2日，他又一次没有任何证据地散布关于卢梭秘密基金的谣言。他说自己偶然发现了这些钱。④ 在所有这些信件里，休谟依然扮演着仁慈恩赐者的角色，仅仅因为"被保护者"的奇异性格而觉得很有趣。他依然努力为了卢梭争取英国的年金，仍然关心他的利益。但是，在一封给布费尔夫人的信里，可以看出，他因为她对卢梭过分的同情和偏爱而感到不安。在描述了沃特舒适的环境后，他保证如果卢梭愿意，可以一生都住在那里。然后他告诉她，"您看，在这样的环境中，他并不可怜……"⑤ 可

---

① H., II, p. 29.
② 格里（Greig）收集的信件无法支持休谟的说法。上面所引用的信，来自于巴龙（Baron），说到从卢梭的银行家那里转来一笔资金，但是并无明确的日期，也无法证明这些钱是用来做什么的，是否归还。总之，证据是不确定的。信件揭示了更多关于休谟（他让朋友帮忙调查卢梭的经济状况）而不是卢梭的事情。(H., II, 37 – 39, pp. 410 – 11)
麦克当娜（J. -J. R., *A New Criticism*, II, pp. 177 – 82）强调休谟使用"偶然"这个词描述他如何发现朋友的财政状况。她说休谟通过拆读卢梭的信件已经找到了卢梭小部分的钱，他对卢梭的财政状况是非常清楚的。
③ H., II, pp. 37 – 38.
④ Ibid., p. 39.
⑤ Ibid., p. 37.

能，他已经开始忧虑，如果她的两个哲学家之间发生争吵，她会站在谁的那一边。

5月3号，他通知卢梭，国王已经答应给他一笔年金，让他通过康威（Conway）将军表达接受，因为他一直代表卢梭在向国王申请这笔钱。5月15日，康威将军给了休谟一封卢梭写来的信，说他临时决定拒绝这笔年金，"暂时停止接受它"①，理由是有一些新的、模糊的灾难已经降临到了他的头上。

休谟非常愤怒。他直接写信给布费尔夫人，加上了一封卢梭信件的副本，说他会告诉卢梭"他已经作出了决定，当他允许我向官方申请，他又允许大臣向国王申请，他又写信给马歇尔领主，然后，他又允许我通知马歇尔领主回答大臣……"② 在5月17号他写信给卢梭之前，已经明显控制了堆积起来的愤怒，他催促他的朋友对年金事件进行解释，并对降临在他身上的灾难表达了深切的关怀。卢梭却没有给休谟或者康威将军回复一张便条，然后休谟写信给达文波特看看他的信是否寄错了，然后再寄了一次。这一次，态度更加疏远和冷漠，休谟告诉他，他认为对年金的主要拒绝是私人性质，而他将会试图得到公众的承认。③ 依然没有卢梭的回音。

休谟非常的困惑，他无法相信卢梭生他的气。不错，在卢梭离开之前，莱尔大街上的确发生了一件特别的事件。但是分开的朋友曾经给彼此写信，充满了友谊和敬意，他为什么长期沉默和拒绝回答这样理性的请求？他催促达文波特去拜访卢梭，找到事情的原因。

最终，6月23日，休谟得到了回答。这是一封充满模糊指控的信，却有着斩钉截铁的语调，"我了解您，先生，您知道我了解"。他继续指控休谟把他带到英格兰来，认为这就是为了摧毁他的荣誉，然后提醒休谟在莱尔大街那天晚上发生的事情。那天晚上他第一次怀疑，他断言自己击退了这些邪恶的想法，投身到朋友的怀抱里。休谟欺骗了他，他将能够欺骗整个英格兰，因为卢梭和他们没有联系。"我知道，但是有一个人您无法欺

---

① C. G., XV, p. 233.
② H., II, pp. 45–46.
③ Ibid., pp. 51–52.

骗，那就是您自己。"①

休谟震惊了，是什么导致了这样突如其来的爆发？他回忆不起来任何事件能够唤起卢梭对他动机的怀疑。我们试图追溯卢梭这一阶段曲折缠绕的思想，去探寻为什么他认为攻击他的恩赐者是公正的。

六

在去莱尔街的那天晚上，卢梭心中怀着很多朦胧的关于休谟和他的朋友在摧毁自己阴谋中所扮演角色的想法。见到和善、满怀感情的休谟后，他疯狂地想要从心里驱逐这种想法，但是，不像很多年前卢梭经历的满是泪水的场景，休谟并没有表现出卢梭所期待的热情。他安静的、冷静淡然的天性让那个晚上平淡无味，没有灵魂的净化、宽恕的狂欢式的场景，只有冷静和感觉迟钝地轻轻拍几下背。尽管没有所期待的满怀感情的结局，卢梭在离开后的日子对怎样对待休谟依然迟疑不决。

住在沃特后，他在新环境里非常愉快，他开始相信休谟只是对他犯了一些天真的错误，是无辜的。3月22号一封满怀友谊和感激的信里包含一个便条。在之前的一件事情中，休谟和达文波特为了给卢梭省钱，假装他们找到了便宜的轻型马车，达文波特秘密地为马车付了钱。卢梭因为这个秘密而苦恼，坚持认为在他们的关系中应该完全诚实。然后，他就不再表达对他的恩赐者尊敬和热爱的感情。

3月底，他已经开始留意报纸上的故事，他感觉这些似乎是他从前那些麻烦的翻版。作为一个名人，他收到大量无赖和好心朋友的信，他们寄给他报纸，让他知道英国媒体都针对他做了些什么。伏尔泰继续从事报复性的攻击，而媒体则愿意刊登任何精巧制造的迷人的毁谤和谣言。春天刊登了伏尔泰的《给万事通的信》，秋天又摘取了一封他给休谟的信，两者都在嘲笑卢梭。卢梭对自己的荣誉异常敏感，每一个公共批评的暗示都会

---

① C. G., XV, p. 275.

让他极度不安，他把媒体想象成一个邪恶的媒介，认为它会鼓动起整个英格兰反对他。① 过往的经历依然鲜活。

很快，他开始怀疑是否有人篡改了他的信，提供给他的敌人。在给迪韦尔努瓦的一封信里他提到休谟是他很多最危险的敌人的朋友，尽管他的物质生活的一切资源都得到休谟的帮助，但是"我的荣誉并非来源于这一切，我不知道为何在我们到来之前，报纸报道我那么多，而且一直满怀敬意，现在却变得沉默和对我不利"。② 同时，他又为自己的怀疑而觉得惭愧和负罪。他渴望一个朋友告诉他自己是对还是错，并评论说，如果休谟是无辜的，他必须和自己的良知和解。

3月3日，臭名昭著的普鲁士国王信件在英国出现。这一次，白纸黑字，法文原文，英文翻译。不知为何，这封在公众面前出版的信似乎成为了卢梭最重要的问题。他给出版者写信，坚持说这封信是摧毁他的阴谋的一部分，必须揭露它的伪造，尽管他的作者是法国人，但是在英国有他的同谋。③ 现在，事情对于卢梭很清楚了，小事件本身是不重要的，当一个人看到整幅图画的时候，它们就有了自己适当的位置。④ 他已经委托贝克特和德洪特的公司出版迪佩罗给他的信。很久以来，他一直想不明白他们为什么拖延执行这项工作。突然间，这也变得很清楚，这也是针对他的阴谋之一。他立刻给贝克特和德洪特先生写信。说自己已经识破他们了，普鲁士的信件出卖了他们。⑤

然后，他转向韦尔德琳夫人，也许这个可怜的女人是无辜的，尽管她把他送到敌人的手中。在那种情况下，他必须知道休谟的真面目。他被困

---

① 卢梭请求达文波特帮他收集报纸上对他不利的言论。达文波特开始很困惑，后来由于不希望卷入纷争，他让卢梭自己去收集这些文章，最后，在卢梭持续的要求下，他说，这些文章看上去是"支持您或者反对您，休谟，还有《圣詹姆斯编年》上的伏尔泰。"（*Annales*, 1910, VI. p.179）

② C. G., XV, p.134.

③ Ibid., p.153.

④ 玛格丽特（Margaret peoples）（Annales, 1927 – 29, XVIII, pp. 307 – 20）搜集了《圣詹姆斯编年》上卢梭和休谟争论的一系列文章，还有伏尔泰对卢梭的嘲讽。而评论一般都表现了英国人对卢梭的同情，他们把卢梭看做一个不幸的受折磨的生物。

⑤ C. G., XV, pp. 153 – 154.

在英格兰，四周都是敌人，不能和任何人沟通。他们已经计划得很周密，必须寻求帮助，以免一切太晚。在给韦尔德琳夫人的信里，他仔细地列出了他收集的"证据"：他在瑞士的迫害被隐瞒，在巴黎的欢迎被伪造，休谟在公众面前说自己负责护照（实际上是韦尔德琳夫人为他做到的），普鲁士国王的信件被从法文翻译成英文，还有报纸对他的赞誉变成了轻蔑。①

如果这些证据没有足够的说服力，另外两个小事件对卢梭具有决定性意义。第一个事件是他们离开巴黎的晚上，三个人睡在同一个屋子里，他听见休谟在睡梦中大声地叫了好几遍"我得到了让-卢梭"②。那时他以一种有利的方式解释——尽管休谟的声音里含着令人害怕和险恶的东西——但是现在那个深夜恐怖声音的含义似乎非常明显。

第二个事件是他离开伦敦前在莱尔街的那个晚上，他小心翼翼地描绘出休谟想要得到他正在写的一封信，把它拿出去交给媒体。他害怕为了获取关于他的信息，休谟什么事情都会做，他懊悔"审判这样一个伟大的人"，紧跟着是那个热泪盈眶的场景。整个经历中最为困扰他的是休谟冷默的关注和如此冷静地接纳对待一个不堪重负的灵魂。③

韦尔德琳夫人对卢梭的突然爆发非常惊讶，如果卢梭这些情感走漏出去，那么它们会从巴黎的一个角落传到另一个角落，他的敌人会很高兴。德芳夫人的沙龙，那里聚集着卢梭最主要的对手，会庆祝一个月。在一阵匆忙的回信中，她告诉这个孤独的隐居者，应该根据生活而不是报纸判断一个人。她告诉卢梭休谟对他的高度尊敬，试着解释一个努力寻求保护他的人摧毁他的荣誉是多么不合逻辑的事情。④ 但是，她感觉自己的努力几乎是白费的，卢梭的信充满了模棱两可事件的细节，但是却使用了完全确

---

① 尽管一些写给《圣詹姆斯编年》的信是嘲笑和对卢梭不利的，但是在卢梭给出版社写信控诉普鲁士的信件之后，情况开始渐渐变化，12月份，对休谟的批评和对卢梭的支持就占了大多数。但是，卢梭在那时可能已经不再读了。(Peoples, pp. 307 – 20)

② 休谟为自己辩护说他没有梦中说法语的习惯。但是，对这样的指控几乎是根本不需要辩护的。因为卢梭几个月之后才说出了这件事，卢梭是误解了休谟的梦中呓语，还是自己想象出这件事，还是因为幻觉的疾病，这很难辨识。看上去最有可能是第一种情况。

③ C. G., XV, pp. 154 – 157.

④ Ibid., pp. 184 – 88.

定的语调。可能只有一个人,她指的是库宠德(Coindet)①,只有她能够介入这次争论,平息两个自以为是的哲学家的纷争。这就是布费尔夫人,"高贵的女公爵"。对休谟而言,她仍然是法国最亮的星辰,一个把他拯救出无聊平庸生活的女人;卢梭,也完全因为她高贵的存在震撼和激动,几乎把自己的心完全给了她。她能够被说服去英格兰当中间人吗?弗尔德琳夫人决定寻求她的帮助。

同时,卢梭拒绝了英国国王的年金,休谟直接把这个消息告诉了布费尔夫人。她也完全没有意识到卢梭头脑中增长和考虑的黑暗的怀疑,决定深入到这个令人困惑的行为的最底部。休谟告诉她对待这个难以琢磨的哲学家的过程中有很多困难,她完全对卢梭恼怒了,因为他对于每一个人都成了尴尬和不安的来源。她给卢梭写了一封信,淡淡的愤怒掩藏在对他的问候和对他利益的关心中。到底是什么令他痛苦?为什么不给休谟写信?在休谟为他做了这么多事情以后,为什么要拒绝年金?最后还提醒他和一个住在英格兰的法国贵族德恩爵士②的友谊,认为他可以介入事件中帮助缓解他的痛苦。她说,"记住,个人的不幸有价值还是没有,过了一个时刻就不会再占据公众领域、令人感兴趣了。一旦人们不再关注和有兴趣时,谁越多抱怨,谁就会遭到越多的不满和指责"。③ 这个中间人很明显变成了一个偏爱者。现在这个男人已经开始运用他自己的幻想系统。后来,在她对卢梭和休谟的决裂提出严厉指责后④,卢梭得出结论,她已经成为针对他阴谋的一部分。她赞美英格兰的自由和休谟的美德,只不过为了更有效地把他送到敌人的手上。

战斗的阵营已经划清了界限,但是卢梭没办法和任何朋友交谈,只能整天一封接一封写着愤怒的信。迪佩罗是紧跟着听到这个阴谋故事的人,然后是马勒塞布。卢梭用充满想象力的细节描绘,再现着那个夜晚的喊叫和莱尔街那天晚上发生的故事。在这封信里,他又恢复了从前高度的雄

---

① C. G., XV, pp. 237–38.
② A notorious transvestite.
③ C. G., XV, p. 202.
④ H., II, p. 419.

辩。如果他找到了更值得为之努力的事业，也许，法国大革命要早发生20年。

> 独自在一个无人认识我的国家，生活在缺乏温暖的人当中，在这里，我不懂得他们的语言，他们被煽动起来反对我，没有支持，没有朋友，没有任何方式避免加诸我身上的污蔑，我应该，仅仅由于这个原因，而被怜悯。但是，我向您抗议，并不是因为我对自己遭遇的痛苦或者即将到来的灾难敏感：我早已经放弃了自己的荣誉，不再想保卫它；至少，在我的一生中，我会毫不犹豫地在我那些不知疲倦的敌人面前抛弃它。但是一想到这位先生，我从未和他争吵过，一个有美德的人，因其天赋而受尊崇，因其品格而受尊敬，这样一个人在我痛苦时向我伸出双臂，当我投身他怀里后却让我窒息。那位先生，正是这个想法完全淹没压垮了我。①

怀着这样的想法，年金的提供、来自于休谟的帮助，只能带来更进一步的侮辱。提供年金，毫无疑问，不过是侮辱他的一部分，因此，他决定不接受这份礼物。

尽管已经向马勒塞布愤怒地宣布了自己的意思，卢梭还没有向休谟表达这份情感。他意识到关于休谟背叛的"证据"还是太薄弱了，尽管在良知里他确信休谟是有罪的，但是他也意识到，这些证据在公共意见面前是不怎么能成立的。只要他没有被强迫宣布自己的意见，他会和现实一直保持着微弱的联系，期待休谟仍然会证明自己的无辜。这样，他就会拜倒在心爱的朋友的脚下，为自己曾经那样恐怖的想法而承受懊悔的痛苦。5月25日，他仍然给韦尔德琳夫人写信，"这就是我灵魂可叹的状态，没有绝对的确信，但每一天都会被说服一点点。在这样可怕的困惑中，除了等待，我什么也无法说。"② 他的确在等待，除非休谟强迫，他不会说出自己

---

① C. G., XV, p. 228.
② Ibid., p. 241.

的情感，但是最美好品质的人，耐心也是有限的。康威将军一直在等待回复，国王也是。在卢梭拒绝回复几封信之后，休谟变得更加正式和疏远，提醒卢梭他即将离开苏格兰，所以年金的事情需要一个最终决定。6月23日，他收到了"我知道你"的这封信。

现在，轮到休谟怀疑有一个秘密的阴谋了。卢梭如此残酷指控的原因到底是什么？没有，除非是"一个伤害我的冷酷阴谋"，他得出结论。① 霍尔巴赫和巴黎的哲学圈子已经知道了这个可怕的背叛，这明显是诱惑休谟向国王申请年金，而这个美德王子一定会炫耀性地拒绝，霍尔巴赫圈子里的人沉浸在疯狂的喜悦之中。另外一部分弹药也堆积在和卢梭争论的途中。新闻像火一样蔓延了整个巴黎，如此之快，以至于在7月15日他给布费尔夫人写信之前就传开了。他给她的信令她非常愤怒，因为霍尔巴赫的人是第一个知道他和卢梭公开决裂的人。因此，她只能通过新闻得到第二手的材料，她写给巴黎的信反映出她对整个事件一无所知，而这个时候，霍尔巴赫圈子的人已经在城市任何一个时髦的沙龙里，传播着关于这件事的重要信息。这就是人类自尊的弱点。

休谟向布费尔夫人寻求意见，坦率地表明他害怕卢梭文字论辩的技巧和才能。他知道这个著名的圣徒在巴黎群众中具有多大的能量，他不想在一个畅销故事中扮演坏人的角色。也许他也应该为论战作准备，并且公布于众，那么，她是怎么想的？

布费尔夫人认为自己是把两个哲学家聚合在一起的主要人物，现在同时讨厌他们两个。她曾经认为休谟"高贵的公正无私"会让他避免任何琐碎的争论，但是现在她发觉，两个她曾经仰慕他们智慧的男人，开始像小孩子那样向彼此扮着让人恐怖的鬼脸，而她高贵的休谟因为担心他的荣誉而颤栗。他开始忙于准备自己争论的内容，以应对卢梭发挥他可怕的雄辩技能，或者损害他的名声。她告诉尊贵的哲学家他的名声将会代代相传，这样微不足道的攻击绝对不会损害他。她指出，他给霍尔巴赫——一个急于挖掘任何有关他和卢梭决裂材料的圈子——那封激烈的信，并不能让他

---

① H., II, p. 61.

作为一个伟大仲裁者的形象永久保持。尽管她承认卢梭的信是残暴的,但坚持这并不是摧毁他的阴谋,卢梭会真诚地不安,并完全办不到这种事情。她警告休谟,比起卢梭所做的一切,他自己的恐惧也许会给他的荣誉带来更大的坏处。

但是休谟还有其他的顾问,霍尔巴赫和阿尔伯特建议他公开自己的故事,并且帮助他将这个争论出一个法语版本。休谟屈从了他们的请求,尽管他避免为法语版的《简单说明》负任何个人责任。但是卢梭永远都是不可预期的,决不会一次把所有的事件全部公布①,这样,对一些公众来说,休谟急切地证明自己的立场,显然是抗议得有些过分了。

当然,证据全在休谟这一边,在第一次指控结束的时候,休谟要求知道指控他的细节,卢梭给他写了一封满满18页对折纸的信。② 在其中,卢梭发泄似的给出他所有狂想的构思过程,揭露出所有这些想法诞生的环境。他描述了休谟的女房东看他的眼神,当做是她曾经听到他阴谋的有罪的标记;他冗长地评论在他到达伦敦后,那里的报纸怎样反对敌视他,那就是休谟诱惑他并反对他的景象。没有提供任何证据,这一切很明显地说明卢梭的精神有问题。③

发出这封信以后,卢梭似乎轻松了一阵子。当休谟的《简单说明》出现的时候,他没有回应。他不再热烈地写信,而是在沃特开始着手写《忏悔录》。但是这种孤独常常被打扰,当他想到在最近的论战中所失去的许多朋友,最珍贵的是他敬爱的凯思时——他和卢梭一样喜欢休息和安静,凯思已经告诉他他们的通信应该减少,因为他不想介入卢梭和休谟的争论当中,如果他继续写信的话,他必将指出卢梭怎样严重地误解了休谟。

从1766年4月到1767年5月,卢梭在满足和绝望之间不断交替。在一封信里,他描述了在沃特采集植物时的愉快;在另一封给凯思的信里,

---

① 卢梭的《忏悔录》完成于他去柏林的路上。
② C. G., XV, pp. 299 – 324.
③ 这封信全文重印在休谟的《简要说明》(Concise Acount) 中,但是并没有减少卢梭在英国的崇拜者们对他的热情。他的一个崇拜者在一封信中描绘了卢梭诚实的画像,毫无诡诈,希望向休谟敞开心扉。这个作者还注释道,休谟这样公开一个密友的信是冷漠的行为。(Peoples, p. 316)

他说自己的心沉浸在痛苦和折磨之中，请求他的朋友给一点点关于自己的消息。"我的保护者、我的恩赐者、我的朋友、我的父亲，这所有的称呼一点都无法打动您吗？我跪倒在您脚下只乞求您给我的一句话。"最后是戏剧性的结尾："我的笔从手中跌落"。①

与此同时，他依然和他的主人达文波特保持着友好的通信。达文波特先生一直忙着给卢梭寄送箱子、行李和巴黎的来信。他废除了租税，修好破损的箱子，并且以上百种其他的方式帮助自己的客人。他也提出，怀着一丝迟疑，国王仍然有兴趣给卢梭一笔年金，并非出自于休谟的努力。②起初卢梭怀疑，并拒绝回答。那应该是国王来决定去做，他评论道。1767年2月9日，他有条件地同意了，"我不想欠任何人这笔债，除了国王自己和他的大臣。如果年金是出自于国王自己的建议，我将会以适当的尊敬和认同接受，如果是因为任何他人的恳求，我将不会接受。这就是我的决定，先生，您知道这是无法打破的。"③ 3月19号，达文波特通知卢梭国王批准了100英镑，卢梭也告诉他的主人他将离开这里，搬到伦敦去。他说，泰雷丝的健康越来越糟糕，也许改变一下环境会对她有好处。④

从他意识到关于年金的协议正在运行之中那一刻起，他的忧虑就增长起来。但是，这一次泰雷丝以自己的方式进行煽动。那个害羞的寻找卢梭眼睛、寻求他帮助的少女已经一去不复返了，现在她是一个爱争吵的中年妇女。作为一个伟大男人的情妇，她充满猜疑和嫉妒，很在意自己卑微的出身，经常恐惧仆人们不能以正确的态度对待她，或者以某种方式欺骗她。她不断的吵闹成了家庭紧张的来源，她可以毫不费力地让卢梭确信，人们有意侮辱她，并且他们住在这里已经遭到所有家庭成员的怨恨。⑤

---

① C. G., XVI, p. 276.
② Ibid., p. 227.
③ Ibid., p. 361.
④ Ibid., p. 366.
⑤ 玛格丽特（Peoples, pp. 75 - 82）引用布费尔夫人、德鲁兹还有其他人的信证明泰雷丝是卢梭在英国问题的原因。她引用一个休谟的熟人——当地的药剂师——说的话，泰雷丝的愤怒导致了卢梭和休谟之间的争吵，如果没有她，卢梭在沃特会生活得很好。但是，尽管泰雷丝点燃了卢梭想象力的火焰，但是毫无疑问，是卢梭自己让它燃烧起来。

疯狂的幻想又一次开始了。泰雷丝有她自己想象中的敌人，卢梭也有他自己的。他们每一个人的怀疑都助长和滋养了幻想。达文波特的仆人计划通过泰雷丝来攻击卢梭，但是没有任何消息传到达文波特那里。这一切在他们之间回旋和扩大，甚至在这个亲切的主人还未曾怀疑的时候就开始了。他许诺在4月底，他的痛风好一点的时候，去拜访他们。当然，他们会给他一个机会并等待他的到来。同时，包裹、箱子、信件依然如潮水般倾泻而来，达文波特不顾自己的病体，依然关心这些东西是否能安全到达卢梭那里。他关心卢梭访问伦敦的计划，询问泰雷丝的健康状况，给他们提供了一处他自己在柴郡的房子，那里的空气更好些。① 卢梭回信说希望达文波特一家健康，期待着4月的拜访，但是只字未提访问伦敦的计划。尽管他给达文波特的信依然充满着关切和幽默，而戏剧性的变化已经悄悄潜入他给迪佩罗和米拉博的信里。给迪佩罗的信里他说自己被严密地监视起来，可能无法去伦敦。② 而给宋拉博的信里他写了更富有戏剧性的告别。③

4月底，达文波特的痛风忽然很严重，他几乎不能走动。5月4日，他给卢梭写了一封信，告诉他自己生病不能去，允诺给他们一辆马车，这样他们就可以旅行了。④ 但是这封信太迟了，4月30日，达文波特没能来，卢梭给他写了一封信说，作为主人他应该知道这里一切进展如何，如果他知道的话，他的错误就更加严重。还有，他违背了要拜访他们的承诺，这是不友善的。他突然通知自己的主人他们要离开，行李暂时放在这里（在这样一个突如其来的旅行中带这些行李的确太多了）。"我既没有忽略那些在前面等待我的埋伏，也并非对我无力战胜它们无知，但是，先生，我曾经是，现在仍然会尊严地、充满勇气地结束我的生涯。要压迫我很容易，但是要让我退缩堕落很困难。正是这些帮助我防御将要遇到的危险。"⑤ 然

---

① C. G., XVI, p. 368-69.
② C. G., XVII, pp. 14-18.
③ Ibid., p. 28.
④ Ibid., p. 43.
⑤ Ibid., pp. 41-42.

后，他和泰雷丝没有去伦敦，而是一起冲向了海峡。经过屡次改变路线后，他给达文波特写信期望返回。① 然而在报纸上看到一段描述他离开沃特的报道，他确定这是达文波特给他们的，这个善良的绅士现在也是他的敌人了。他又一次被来自多佛港的风吹得受不了了，5月18日，他给康威将军写了一封令人同情的信，描述了要摧毁他的阴谋，希望离开这里，回到法国。他解释说自己在英国的荣誉已经毁了，他现在被禁止离开这个岛国，以免他到处公开在这里遭到的侮辱。② 5月21日，他穿过了海峡，又一次回到法国。法兰西的语言再一次回荡在他耳边，他似乎恢复了自己的理性。在他回到法国安置下来的那几个月，我们没有再听到休谟或者摧毁他的阴谋的消息。他给朋友的信，相对来说冷静和理性，计划着愉快安静的隐退。

受伤的自我与摇摇欲坠的友谊的伟大搏斗，这一切构成了卢梭在英格兰的历险，之后，达文波特的名字在侮辱和怀疑里失去了光泽。对他仆人行为的抱怨，对旅行马车的恐慌，忽然的离开，指控达文波特给报纸投递了反对他的消息，这一切，对这个善良的主人是不公正的，就像他对任何英格兰人都不公正一样。但是，达文波特立刻感受到了他的客人忽然间的情感混乱，依然满怀耐心和关怀地对待他。他很满意，最终他能够帮助这个不幸的隐居者申请到年金。但是卢梭在接受了一年国王的恩赐之后，忽然放弃进一步的获得，并且又一次声明自己有权利生活在贫穷边缘。

七

审视卢梭在英格兰这一阶段的心理因素，年金的问题恐怕是最为重要的。这份礼物在卢梭和休谟的眼里的不同含义，成为他们之间问题的一个原因。

---

① C. G., XVII, p. 49.
② Ibid., pp. 57–62.

我们几乎不了解休谟的个性。他自己的结束语①，即他临近去世前所写的东西，是一份轻描淡写的杰作。他把自己描述为一个性格温和的人，失望不会带来什么深刻的影响，没有吸引人的个性，从不需要保卫自己。很多同时代人把他描述成一个冷漠和感情迟钝的人，但是布费尔夫人也许会讲述不同的故事。他给她的信件显示了，如果他被充分激发，他也是一个充满激情的人。但是，大部分的时间，他的通信很少显示有关他的秘密。只有一次，在早年的时候，他被强烈激励完全向另外一个人敞开自己。由于最初的文学尝试带来的沉重负担，他受到（可能是真实的）一种被诊断为某种精神疾病的折磨。在一封给苏格兰的一个精神病专家的信里，他写道，自己渴望写作，但是却没有能力完成自己想要写的东西。②而这些矛盾也让他在身体上病倒了，也许，这些早年的信件揭示出的最重要内容是休谟想要成为伟大人物的内在紧张。这是很多有才能的人都曾经经历过的，但是，只有很少人才会让这种动力变得如此强大和具有主导性，以至于吸纳了所有其他的性格因素。休谟的第一篇论文《人性论》③充满了这种使命感。在之后的版本里，他试图减少最初的那些过分自我的话语，但是，人们依然可以在他的著作中感到，作者认为自己揭示了关于人类的新的真理。卢梭，一个同样给世界带来自己发现的人，会很明显地感觉到围绕在休谟身边神圣使命感的那种氛围。当一个人充满自我，另一个有同样倾向的人要长久容忍他，是一件很困难的事情。休谟这一边，同样因为卢梭在巴黎获得的喧嚣的名声而感到不安，卢梭受到的欢迎已经遮掩了他自己的光芒。

但是更深刻和重要的一点把这两个人区别开来：卢梭的痛苦需要被关心，但同时，他需要在任何义务面前保持完全的独立和自由。休谟一定程度上意识到朋友的矛盾，但是并没有真正理解他的两面性。他感到，如果从国王那里私下得到年金，不向公众公开，那么卢梭就不必为这样的荣誉而苦恼不安。他可能一定程度对自己的努力很满意，所以给很多朋友写信

---

① H., I, pp. 1–7.
② Ibid., pp. 12–18. 这封信可能从来没有寄出。
③ D. Hume, *The Philosophical Works of David Hume*.

告诉他们自己精彩的工作。和那个谨慎的老战士凯思形成鲜明对比的是：凯思以关心泰雷丝健康的名义给了卢梭一笔年金，并说明伟大的哲学家接受自己的礼物是他的荣誉；而休谟却感觉到自己帮了卢梭一个忙，非常明显，他把这种感觉传达给了卢梭。

就像我们曾经注意到的那样，卢梭对最小的礼物也表现出越来越多的关注。他惩罚了伊韦尔努瓦，因为他常送来李子和其他一些吃的东西，这惩罚如此严厉，好像表明自己会因此失去前途似的。那些时候，任何未定型的因素加入他的愤怒中，立刻就使其成长为确定的形状。1764 年 12 月 29 日，卢梭突然写给伊韦尔努瓦，抱怨他带来的奶酪和酒。卢梭评论道：

> 有一件事是肯定的，我不会认为任何强送我礼物的人心怀恶意。但是您，先生，如此频繁，我敢说，如此顽固地坚持，如果是一个我不太熟悉其坦诚的人，我将会想他一定酝酿着什么秘密的计划，将在合适的地点和时间被揭露。①

渴望被关注和理解，渴望经历一种被动的接纳性的爱，这对卢梭来说很强烈，但是却不被他有关自我的观念所接纳，他并不承认那种折磨他的感情。相反，他想象着其他人、外部的某个敌人，有意地诱惑他，灌输给他一种并不属于自我的感情。

围绕着他离开隐居处的公开的骚动，还有无聊、不正直、毫无结果的关于到底是卢梭亏欠埃皮奈夫人还是夫人亏欠卢梭的争论，这一切都让他对从别人那里接受礼物更加小心谨慎。他感觉到，那个馈赠的人到处夸口自己的恩赐的时候，这些物质的东西就是一个陷阱；反之，心灵的礼物不需要商标，他可以自由免费地提供给别人。

当然，这种渴望的强度导致卢梭在另外的方向上后退。卢梭对礼物清教徒般的严格态度，和其他严厉规矩一样，来源于对自己渴望的蔑视。获得别人帮助的最轻微的满足感唤起了一种奇怪的、温柔的、焦虑的品性，

---

① C. G., II, pp. 172–73.

他认为这是令人讨厌的弱点。他被自己这一面深深困扰，以至于不承认其存在，这样，如果一样礼物让他不安，他不会问为什么自己生气和恼怒，他把自己的愤怒向外发泄，攻击恩赐者。因为他几乎无法支撑自己的生活，他的困难和需要也更加强烈，他经常被渴望和拒绝撕裂，经常把自己的生活描绘上令人同情的色彩，然后向那些试图减轻他痛苦的人咆哮。有时候他意识到自己的骄傲有些荒谬和轻率。在接受康蒂王子两个游戏的鼓之后，他写便签跟他说他不再需要。然后为他自己所做的事情而感觉羞愧，为他自己愚蠢的敏感而惩罚自己。但是，他无法理解自己为什么这么做，也无法控制突然的情绪爆发。只有稍后当他的情绪渐渐平息，他不公正的立场显现后，他才会忏悔。

他和休谟的联系，像曾经与埃皮奈夫人和卢森堡夫人的关系一样，唤醒了他从前和华伦夫人在一起的所有渴望。但这一次，恩赐者是一个男人，这样，可能也唤醒了他某些童年时代对父亲的感情。卢梭在父亲的甜蜜和女性般的温柔里获得了很多溺爱和纵容，他为他表演和读书。休谟是另外一个对他感兴趣的强有力的人，他们不过刚刚见面，而休谟对卢梭的热情就已经是文学圈的谈资了。为什么？他想要什么？他对卢梭的期待是什么？华伦夫人不仅管理他的学习生活，而且控制和指导他的感情。那么，他怎样偿还休谟？

很清楚的是，卢梭从来没有让自己直接考虑这些事情。同性恋的概念在他头脑里是可耻的，这和一种晕船似的恶心的感觉相连，并被他自己青年时代在都灵的经历所歪曲。但是，他早年女性气质的自我认同和在性关系中扮演被动角色的渴望，在大部分的他和男人的关系里依然是游荡漂泊着的阴影。和凯思的关系显现出一点点这种恐惧，但是和其他人关系中那种占有的冲动和突然离开表明了一个男人这种混合着的情感。他疯狂地渴望离开巴黎、狄德罗的居所，他渴望离开伦敦和休谟，越快越好，可能不仅仅是从城市邪恶的生活当中隐退。

但是，人们必须注意到这一点。从弗洛伊德发现恐惧迫害和同性恋渴望之间的联系以来，"潜在同性恋"的表达在医学时尚里经常应用到所有幻想狂症状的案例中。① 人们必须更深入地考察卢梭对待休谟的感情，而不是仅仅满足于为他的行为贴上标签。很明显卢梭想在新同伴那里寻找亲密的私人关系，他渴望曾经经历的亲密情感场景，比如与埃皮奈夫人、卢森堡夫人、狄德罗的共同的激情，没有负担的灵魂。在莱尔大街上，他坦白自己对朋友不公的怀疑的时候，期待的就是这些。但是，休谟没能够在这样的情景下迸发出适宜的热情，卢梭被独自留在那样的气氛中。他的渴望没有满足，他的需要并没有消退，开始更为强烈地增长。

他准备坦白自己不公正的怀疑并且让自己耻辱，也就是说，他从休谟那里想要获得的最基本的感情是有着自虐倾向的。他想跪倒在休谟脚下，就像从前跪倒在女士脚下一样。这种渴望完全困扰了他，在7月10日给休谟的一封信上，这种因素再明确不过。

> 如果您是有罪的，我将是最不幸的人；如果您是清白无辜的，我就是最无价值的。您使我渴望成为这样一个卑鄙的造物。是的，您会在这样的场景中看到屈服的我，被您践踏在脚下，哭着请求怜悯，为了得到它我愿意做任何事情，大声宣布我的污蔑，对您的美德表达最高的崇敬，在您把我推向窒息的、死亡般的情景中之后，我的心灵会盛开，充满愉快和幸福。

接纳年金事件使得卢梭和休谟的关系进一步恶化了，他变得对他的恩赐者有义务，就像从前的埃皮奈夫人一样。在他接受这样的义务之前，必须有灵魂完全的联合。卢梭如此强烈地渴望得到一个爱他的人的关心，非常恐惧他将要依赖一个不关心他的人，担心他会在任何时候收回他的爱。在休谟事件中，他的恐惧部分是正确的。休谟已经开始对他冷漠了，但是卢梭并没有明确的证据，只是模糊地感觉他们之间不再像从前那样好了。缺乏合理的根据加深了他的忧虑与他对义务和依赖的恐惧。

卢梭喜欢在太阳下面飘泊闲逛，安静地躺着，让思想和幻想在脑海里

---

① S. Freud, *Collected Papers*, II, pp. 152–53; III, pp. 426–27.

奔腾，纵容自己的幻想和想象。只有贫穷让他抄写音乐并保持着严峻、刻板而简朴的生活：典型的瑞士美德。一年额外的 100 英镑一定会唤醒他感官享乐的那一面，唤醒一些他必须满足的渴望。一旦他接受了年金，很快就会为了生活而需要它。他会成为它的奴隶，成为控制它的人的奴隶。正是因为这样，他才那样凶残猛烈地咬那个饲养他的人。

他已经学会了在迫害中生活，并且从作为真理的献身者身份里获得一种满足感。但是诱惑却是他不能容忍的事情，从英格兰的逃离，很明显是从这种危险中撤离，回归一种稳定的情感中。他对诱惑的恐惧程度表明，他自己根本没有意识到其存在，只是把忧虑不安归结为敌人的阴谋。在他和休谟的争论中，他可能第一次走到了精神的极端和绝境。

他的幻想系统成了其他所有不可能的情况的唯一出口。这成为他和他人联系的特殊的曲折路径，同样支持了他不断增长的对自我美德的怀疑。在他还是个男孩子的时候，他和表兄所遭受的迫害是他们美德的证明。他们在床上紧紧握着彼此的手，并不单纯是关于清白无辜的知识让他们相信自己是正确的，还有他们遭到的不公正的对待。迫害让他们觉得自己更加正确。更进一步，这也完全让他们从彼此那里得到的愉快变得合理。这样，卢梭的幻想系统是他无辜和美德的保障，是他通往天堂的权利。为什么人们花费那么大的力气诽谤他？为什么阴谋扩展为世界范围？他们会为了一个真正罪恶的人浪费这么多时间吗？如果他脑海中依然时不时回荡玛莉安的事件，还有其他短暂的疑虑也让他难以确定，但是，他不是已经因为自己所承受的这么多的折磨弥补了犯下的过错吗？当然，没有人在地狱里等待让－雅克·卢梭！

迫害对他是绝对必要的。他所承受的折磨，其幻想般的存在形式，是他贿赂强大的日内瓦良知的唯一出路，而这一良知幽灵般地晃荡在他所有愉快和幸福之间。

第十二章　最后的表演

一

在卢梭和休谟争论最高潮的时候，卢梭收到了一封来自马尔克-德·米拉博的信。他是更为著名的米拉博的父亲，一个臭名昭著的破坏偶像的反传统者，专业的"人类之友"。尽管这封信的作者看起来以自我为中心而且狂妄自大，但实际上，这封信却是这一段狂热时期寄给卢梭的最具有原创性和最坦率无畏的信件之一。他表达了自己对卢梭作品的仰慕崇拜之情，接着，老米拉博还告诉他自己有能力理解这种极致的敏感背后所深藏的痛苦。然后，他以一种毫无掩饰的坦诚，把自己放置在休谟的位置上，想象着应该对卢梭说些什么。首先，他承认他们两个都是傻瓜，卢梭是因为他的怀疑，而休谟则是因为严肃地对待卢梭。然后他说：

> 因此，相信我，只不过是您的想象力被永不熄灭的火焰所点燃，制造了如此多有关阴谋诡计的美丽的神话。因为这些，您指控我并给了我太多的荣誉，因为我从来都不可能如此聪明，设计出只有您才能揭露的这样的阴谋。①

最后，他邀请卢梭嘲笑整个荒谬的事件，包括他给休谟的那封信，一

---

① C. G., XVI, p. 236.

篇充满着冗长的尊敬、雄辩和敏感的作品。"为此我感谢您"。在信的结尾，他详尽描述了自己的多处公寓，邀请这个受害的哲学家回到法国时，住在其中的任何一个。

卢梭对这封信的最初反应无法得知，因为他的回信推迟到了三个月之后。但是，他并没有表现出受到冒犯的样子，就像有时候对熟悉的朋友表现出的那样，他热情的回信显示了，在某些时刻他也怀疑自己是否是幻想。他接纳了老米拉博的好意和他慷慨的安慰，但是警告他说如果自己住在他的某一处领地，要保证完全的私人性，不受外界的干扰，不必用谈话取悦任何人。他们两个人的通信在继续着，友谊也逐渐地在增长。卢梭敬佩老米拉博的坦率和明智。但是当老米拉博指责他懒散无聊的时候，卢梭变得机警起来，因为他已经决定再也不介入政治争论当中。在沃特那些狂乱的日子里，他第一次想到逃亡时，就写了一封戏剧性的告别信给老米拉博。他告诉他自己将会去伦敦，如果到了会给他写信，卢梭激昂地宣布：

> 亲爱的先生，我将再也见不到德布莱（de brie）城堡了，更让我觉得痛苦的是，似乎我也见不到城堡的主人了，但是我的一生都将尊敬和珍惜他：我会一直记得在我最痛苦的日子里，这颗高贵的心使我享受到友谊的温暖；而我的心，并不如他的那样珍贵，直到生命的最后一刻依然会忠诚于他。①

航行很安全，他一到加来港就和老米拉博联系，并收到了回信。他接受了老米拉博提供的庇难所，同时告诉他不可隐藏自己的身份。这当然是轻描淡写的说法，他已经收到了公众的欢迎。狄康德（de conti）王子写信告诉他，他回来的消息已经传遍了巴黎的每一个角落。狄康德王子也给他提供了一处避难所，催促他改名换姓，秘密地离开，因为逮捕他的命令依然没有放松。但是卢梭只是托词性地让人叫他雅克先生，定居在老米拉博的公寓后，依然在公共场合四处游荡。他经常怀疑自己被无声的阴谋团

---

① C. G., XVII, p. 28.

体所包围，因为一点点反对的言辞而恐惧，对真正的危险却视而不见。狄康德警告他说有人曾经在公园看见他，他时时都处在被捕的危险当中。因为狄康德王子的关心，卢梭决定再一次改换自己的住所，接受狄康德王子在泰尔的公寓。他改名瑞奴（Renou），泰雷丝以他的妹妹的身份跟随。

他因为和自己的狗分开而不安，从库安德那里得知它还活着并且很好，他非常高兴。库安德安排用马车把它运过去，但是当卢梭前去领它的时候，司机记不起来有这样一位乘客。最终司机想起来确实有这样一只小狗，但是他把它忘在了蓬图瓦兹（Pontoise）。① 卢梭陷入了绝望之中，后来的几天里，一直等待它的到来。为了谨慎起见，库安德把城堡的名字刻在了小狗的项圈上。②

在狄康德王子的保护之下，有了泰雷丝和苏坦的陪伴，卢梭看上去能够平静地定居下来，享受他最后的日子。但是，当他注意到了曼努里（Manoury）（泰尔守门的办事员）的关注，立刻又变得过分警惕起来。③ 很快怀疑的阴云又聚集了，曼努里成了一个巨大阴谋的来源，直接接收休谟的命令。6月23日，来了一个新的看门人，这个男人也被怀疑。④ 库安德试图平息这场风暴，但受到了严厉的指责和训斥，甚至，沃德林（de Verdelin）夫人也遭到猛烈的炮轰，她一直审慎地保持着沉默。卢梭意识到自己从未从她那里听到任何消息，他告诉库安德：

> 我毫不怀疑，她和您关于这件事（新的迫害）的看法一样。既然已经认定我是疯狂的，那么很明显，即将降临的不幸只不过是幻想。⑤

很快，他开始审察每一个人的表情和行动，看有没有阴谋恶意的企图：

---

① C. G. XVII, p. 111.
② Ibid., p. 111–12.
③ Ibid., p. 108.
④ Cortois, *Annales*, 1923, XV, p. 194.
⑤ C. G., XVII, p. 122.

>……他们煽动所有的居民和邻居反对我；牧师是其中的一部分；我在城堡里面或者外面的每一步都会遭遇轻蔑和恶意的标记。①

每次卢梭遇到攻击，他的朋友们都很难断定这到底是现实还是他的幻想。莫提尔（Motier）的村民被煽动来反对他；泰尔的仆人不知道怎样对待一位著名的作家，对他缺少尊敬。库安德拜访了狄康德王子，跟他讲了卢梭的抱怨。王子为这样的情形很痛苦，决定派人直接去解决问题。但是，为了惩罚有罪者，必须找到证据。什么样的行为或者侮辱曾经加于这个爱幻想的客人身上？库安德尽可能委婉地把需要细节的请求传达给卢梭②，但是，卢梭已经困陷在这样一张网里。王子因为他至高无上的地位，是不可能看到他遭遇麻烦的细节的。他回答说，自己不会解释任何事情，但是库安德来了就会看明白一切。③ 他请求王子允许他离开泰尔。④ 米拉博也介入了卢梭的幻想故事中。在回复他要求细节的信里，卢梭回答自己不会为了这样一个沉闷的故事而给高贵的朋友增加心灵的负担。⑤ 在给库安德的信里，他更加滔滔不绝，也更详细。在一封1767年8月25日的信里，他给出了如下的信息：

> 这里有持续不断的阴谋，其影响只能在居民的外表中看到，但是毫无疑问，从这里人们可以推测出这些洞穴会议的窃窃私语都说了些什么。而且，整个村庄都在看门人的控制下……我被劝说，王子完全信任他，所有村民都迫不及待地寻求他的保护而从中获益。我可能不经意间冒犯了他，我不知道这个人受谁的控制，但是很明显，他已经被选择。他很坚定地前进，从未妥协。很遗憾，也不是一个好演员，他拥有真正的阴谋领袖的一切特征。⑥

---

① C. G., XVII, p. 147.
② Ibid., pp. 201 – 3.
③ Ibid., pp. 205 – 8.
④ Ibid., p. 204.
⑤ Ibid., p. 205.
⑥ Ibid., p. 224.

王子命令人们尊敬卢梭，卢梭怀疑的仆人被开除了，但是这个受害者却坚持离开。狄康德表明他希望他的客人再住一段时日，直到他拜访他，这样或许能解决好一切问题。① 但是，当王子来的时候，1767 年 10 月 6 日，仍然没有什么结果，他的客人还是决定离开。②

在这一段过程中，迪佩罗也曾来拜访卢梭。如果他没有到达泰尔不久后就病倒，或许可以安慰一下卢梭混乱的感情。在高烧中，他大喊大叫说他被下毒，这样，这个警惕的隐居者感到一阵恐惧。卢梭得出结论，正是这个狡猾顺从的迪佩罗截取了所有信件，设计了这个阴谋让他的主人反对最信赖的朋友。③ 即使迪佩罗渐渐恢复了过来，并且不再害怕被下毒，卢梭依然不信赖他。他取消了让迪佩罗保存自己手稿的计划。他的朋友抗议。卢梭评论道，一个正直诚实的头脑不会有那样可怕的想法，即使是在混乱之中。④ 最终，他的感情渐渐稳定下来，迪佩罗又部分地回到了让-雅克摇晃不定的朋友名单之中。很快卢梭和库安德断绝了来往，因为后者没有把他一封关于日内瓦政治的信送到他的朋友穆尔图（Moultou）手中。我们将不再追溯他怀疑库安德在阴谋中所扮演角色的细节，还有他给穆尔图和迪佩罗的信中提及的新发现的背叛。库安德一些令人怜悯的尝试恢复了他和卢梭部分的友谊，卢梭允许他帮忙办一些小事，但是再也没有真正的亲密。

1768 年夏，卢梭离开了泰尔，到了里昂。他在那里游荡在自己青年时的小镇里——8 月 11 日，他和泰雷丝举行了结婚典礼，但他依然时常受幻想的支配，最微小的事件就足以让他头脑中全部的阴谋活跃起来。一个皮革工人说卢梭欠他九个法郎，立即就变成了阴谋的一部分。调查证明他的确欠了这笔债，但他坚持这个新的指控只不过是阴谋的工具。

后来的几个月里，卢梭换了好几次住所，经常是因为他怀疑有秘密的阴谋计划。如果他们在法国计划攻击他，他就应该到英格兰去。如果他们

---

① C. G. , XVII, p. 290 – 91.
② Ibid. , p. 300 – 301.
③ Ibid. , p. 333.
④ Ibid. , p. 1.

在英格兰监视他，他就应该欺骗他们，继续留在法国。直到1769年夏天，他一直在蒙葵（Monquin），他和泰雷丝的关系在结婚后急剧恶化了，他们处在分手的边缘。这一年年底，他考虑回到巴黎，但是无法得到任何明确的消息——他回到那里是否会惹恼当局。狄康德非常支持这样的冒险，直到1769—1770年冬天，卢梭变得非常抱怨。长期隐居的室内生活、寒冷的天气、泰雷丝的风湿病，这一切加起来让他的生活非常痛苦。他数小时地思考那些阴谋，观察所有老朋友的行为，一个一个地把他们放进自己幻想的蒸汽大锅炉里，每一个人都有自己的位置，在所有一切背后，又浮现出一个新的、邪恶的策划者，法国外交部长舒瓦瑟尔（de Choiseul）公爵。

二

公爵逐渐在卢梭的幻想中占据了一个重要位置。在1762年那些充满忧虑的日子里，当开始流传《社会契约论》将会被严惩、作者将会被逮捕的谣言时，卢森堡先生问卢梭，他是否在自己的书中批评过舒瓦瑟尔。他回答说自己赞扬了舒瓦瑟尔的治理，但是，他感觉到卢森堡有些迟疑，似乎这个高贵的男人将会提及一些不太适当的事情。① 他冒犯了舒瓦瑟尔的想法从那个时候开始不断让他忧虑和发酵，他想，可能对舒瓦瑟尔的颂扬被认为是讽刺。在1764年到1765年间，法国派军队帮助热那亚人镇压科西嘉人，最终，在1765年5月15日签订了一系列把科西嘉卖给法国的条约。重要的是，在这件事发生前不到两个月，卢梭给舒瓦瑟尔写信解释自己对这位大臣的赞扬。他表达了自己的希望，如果舒瓦瑟尔相信他，就不会在《社会契约论》中读出任何邪恶的东西。② 几天后，他收到了一封礼貌的、但很明显非常不满意的回复。③ 为什么在拖延了六年后他才写信给舒瓦瑟尔，并且刚好在最终签订条约出卖科西嘉之前？是否他已经怀疑舒瓦瑟尔

---

① O. C., I, pp. 576 – 77.
② C. G., XVIII, pp. 179 – 82.
③ Ibid., p. 179, n. 1.

（还有法国）践踏摧毁科西嘉的自由，只是为了阻碍让－雅克·卢梭？如果是，他没有告诉任何人，但是他的习惯是独自保持着这份怀疑，直到有一天水落石出。

1768 年夏天，卢梭向舒瓦瑟尔申请护照，但是没有收到回音，他转向卢森堡夫人寻求帮助。在天气还是不错的时候，他急切地要离开，但因为没有得到她的回音而被激怒了。两年后，他评论道，"这种沉默，在这样的情况下，对我来说是至关重要的。"他得出结论，她如果不是阴谋的一部分，至少知道其存在并且并不打算帮助他。① 他的想法不可能很快明确，因为最终他得到了护照，尽管拖延了六个星期。② 然而卢梭发现季节不太适合旅行，但又唯恐因为没有用到护照而触犯了舒瓦瑟尔。

1769 年 5 月 31 日，在给狄康德王子的信里，卢梭又一次提到，他关心是否因为没有用到护照而触犯了舒瓦瑟尔。③ 1769 年夏，法国军队继续前进消灭科西嘉抵抗的残余力量。6 月 16 日，波里（Paoli）将军、他的兄弟和少数的同伴被迫逃离了科西嘉，乘坐英国船只逃往意大利。舒瓦瑟尔，曾经奴役了科西嘉的人，找到布达富柯这个曾经为自由的人民寻求立法者的人作为他的代理。现在，他成了围绕在卢梭身边的魔鬼和阴谋的最高首领。1770 年 2 月 26 日，卢梭回顾了整个阴谋，在一封给他的朋友圣－日尔曼（Saint-Germain）的信里④，他悉数了从前的伤口，一个接一个：狄德罗的背叛，布费尔夫人和卢森堡的疏远，等等。现在看起来舒瓦瑟尔一开始就介入了，卢梭在自己的著作中赞扬他，舒瓦瑟尔认为自己不配这样的称颂，就当做是讽刺和侮辱。舒瓦瑟尔痛恨他的程度是难以置信的，他说，但是有一天整个世界会明白，可怜的科西嘉只不过是这个阴谋家对付他的工具。迫害的幻想，现在被推向了极端，变成了伟大的幻想。

他非常详细地描述了巨大阴谋的结构、它的范围、为了摧毁一个美德的人而必要的非常设计。

---

① C. G., XX, p. 18.
② C. G., XCIII, p. 365.
③ C. G., XIX, pp. 115 – 16.
④ Ibid., pp. 233 – 62.

……我站的地板上有偷窥的眼睛,四周的墙壁有窃听的耳朵……我每走一步都会被监视,甚至任何手指的动作都能被注意到……

这个伟大计划的执行没有忽略任何事情:高高在上者的权力,女士们的足智多谋,他们周围人的诡计,所有间谍的警惕,作者的笔,诽谤和谣言者的声音,自己朋友的引诱,敌人的怂恿,为了毁坏而恶意调查我的生活,为了伪造而调查我的著作,腐蚀一切的艺术,对当权者而言多么容易,使我在所有阶级眼中都是可厌的,在每一个国家诽谤我……

(来自于卢梭信件的附录)科西嘉的远征,不公正、荒谬的远征侮辱了正义、人道、政治和理性;这次的远征,胜利使它变得更加不光彩和可耻,不能用铁征服人民,用黄金征服他们则是必要的……最终,人们追求自己憎恶之物而背叛了自己。舒瓦瑟尔先生非常清楚加在我心灵最残酷的折磨是什么,他不会放过我;但他不明白这一野蛮的报复已经揭露了他,揭发了他的阴谋。我轻视他,用可以让任何有理性的人满意的借口和理智说服他们远征。人们将会意识到:我是第一个当在整个欧洲只看到反叛和强盗的时候,明白人民可以自由并且约束自己的人;我看到自由的棕榈树在这个新诞生的国家发出萌芽①,我是被注定浇灌它的人,这一选择带给了他们和我自己不幸……②

当一种性格和另外一种相联系时,这个微小的、紧密的幻想系统开始扩大。一个人的雄辩如此强大,甚至一个现实世界的领袖都不得不雇用一群间谍和谣言家去诽谤这个美德王子,唯恐他的智慧光芒摧毁了王国。最终,即使朝臣的政治阴谋和国家的覆灭,都只不过是针对让－雅克·卢梭的愤怒的副产品。

但是春天里,随着天气渐渐变好,卢梭的观点也似乎开始转变。他旅行到里昂,拜访了德－拉图尔(de la Tour)夫人和她的家人,在那里采集

---

① A symbol of honor.
② C. G., XIX, pp. 235, 255, 257.

了两个月的植物。最终，巴黎，他最伟大的胜利和最初灵感开始的地方，又一次接纳了他。自从他从英格兰逃离，就一直渴望回到巴黎，但是狄康德王子和其他朋友的警告劝阻了他。1770年6月，他成功地又回到了巴黎并受到了欢迎，城市里很多优秀杰出的人款待他，请他用餐。每一个人都渴望见到他，他获得了比他能够接纳的多得多的邀请。在巴黎人群的奉承中，他找到了自己饥渴的灵魂渴望的治疗。他终于发现并非整个世界都蔑视他，仍然有一些智慧的人们欣赏他。渐渐的，他的生活恢复了一定的平静，他强烈的幻想开始渐渐沉淀和平复。他住在圣埃斯普利特旅馆，又一次开始了抄写乐谱。

1771年，他回应波兰伯爵威豪斯基（Wielhorski）的请求，完成了最后的政治著作，伯爵请求他帮助设计这个争斗分裂的国家的政治制度。卢梭很久以前决定不再写政治著作，一开始倾向于给出一些总括性原则，并说些鼓励的话。但是很快，他的灵感因这项工作的重要和广阔的范围而被点燃，他急切地开始这项工作——整整六个月①，完成了他《关于波兰政府的思考》。比起其他的著作，这一部更能反映卢梭政治哲学的危险和价值，他申明了公民对政府保持积极兴趣的困难和必要性。法律不能强制这种参与，他说，只有生气勃勃的爱国主义热情才能让公民参与，但是这种热情必须被不断点燃和培养。

《关于波兰政府的思考》占据了卢梭很多珍贵的私人时间，这是他不得不从强迫他做听众的成群拜访者那里偷来的短暂光阴。他需要时间，不仅为了私人的冒险，也为了抄写乐谱，那是他收入的唯一来源，因为他又一次拒绝了乔治国王的年金。他避免写信，除非是非常特殊的朋友。早晨起来很早去散步，这样就可以避开大量来访者，那些人依然想见这个著名的隐士。

如果他满意于这种平静的生活，那么他生命中的最后八年会充满他表面上所渴望的安宁。也许，因为他在那个伟大城市发现了很多不同派别，这让他决定通过向公众读他的《忏悔录》来为自己的荣誉辩护，并写作

---

① C. G., XX, p. 292.

《对话》——为自己生活和著作辩护的冗长的文章。因为这本书包含着许多依然生活在巴黎的著名人物不太光彩的故事，所以公开阅读《忏悔录》，引起了巨大骚动，甚至警察都出面干预，他被迫停止。他期待着通过一个戏剧化的设计把他的《对话》奉献给世界：把这本书存放在巴黎圣母院的圣坛上。但是，当他拜访圣坛的那一天，恰好被一声尖叫阻挠了。他把这看做是来自天国的标记，烦恼和失望地回家了。渐渐的，他把这本书的副本分发给不同的朋友，希望后代能够公正地评判他。

1776 年他开始书写最后的作品：《一个孤独散步者的遐思》。在其中他描述了自己寻求安慰的方法，在降临到他身上的残酷命运中，安静地思考自然界的奥秘。这本著作和《对话》一样，因为过分关注私人的痛苦和国际性的针对他的阴谋而削弱了其价值，它一直没有完成。1778 年 7 月 2 日，在一阵短暂的疾病后，他忽然在阿蒙农维拉（Ermenonville）去世，泰雷丝在他身边。很明显，他早就注意到结局快要到来。现代的权威无法给出让人信服的证据他死于自杀。很明显，他非常安宁地去世了，除了最后一些时刻，他试图从床上爬起来，把头撞在了地板上。

三

提及卢梭的一生和他的作品，"精神不正常"是使用最多的指控，却远非诊断性的结论。判定他疯狂或者"道德白痴"，有些时候，成为抛弃他的作品和忽略他独特的生命意义的基石。然而，作为一种保卫他的方式，他的朋友和崇拜者们试图证明他并没有精神疾病——好像这样就能为他的作品辩护。甚至在他死去几个世纪后，一个作家翻译他给休谟的所有病态的信件，把它们呈现给公众，并宣布卢梭只是迫害的受害者。[①]

一般来说，当一个人精神有疾病，他的朋友会避免提及这一点，而是继续保护他，为他寻求庇护。但是卢梭的朋友，他们并没有回应他的精

---

① F. MacDonald, *J.-J. R.*, *a New Criticism*, II, pp. 183–210.

神，而只是回应了其症状。当他和迪佩罗、库安德或者其他人决裂的时候，经常会有非常绝望的起诉和论辩，运用理性来解释问题。布费尔夫人严厉指责他对休谟的态度，沃德林夫人理性地和他讨论，告诉他他误解了休谟。尽管狄康德王子因为卢梭神秘的指控很沮丧，但是还是允许辞退卢梭不满意的仆人。

要客观地得出卢梭在说谎的结论，其困难部分源于他疾病的性质。典型的精神病患者会迅速地堕落，他会变得离群孤立，经常说话不连贯，不再能够进行理性的对话，或者写理智的信。他听到"声音"和想象中的人谈话。而卢梭却什么也没做。1771年到1772年他所写的《关于波兰政府的思考》表明，他还保持着早年写作的雄辩和特殊风格。一个人阅读这本书时决不会怀疑，在他清醒的时刻会被阴谋和反阴谋的幻想之网所围绕。

卢梭精神疾病的另一方面在于他间歇性的特征。像海登汗（Heidenhain）① 指出的那样，他并不遵循传统的经典疾病版本，没有明确的开始和准确的过程。海登汗基本在这一基础上，抛弃了从精神分裂症到更年期偏执狂各种不同的诊断。他建议说，卢梭没能够吸纳和克服他的同性恋冲动，造成了他一生中症状的"波浪式"的反复。② 即使在这一点上，卢梭也和很多与潜伏的同性恋折磨斗争的人有明显区别。当然，他怀疑那些接近他的男人对他的吸引力，狄德罗、格里姆、休谟，他以神秘的方式玷辱他们。但是，为了不让人们怀疑和指控他变态，他避免直接面对同性恋的问题。对他来说，真正的问题是依赖，在这个层面上他一直在斗争。这样，他能够坐在门边穿美国式的长袍，为妇女编织带子。对这种妇女的外表和行为他毫不忧虑，但是如果某些人给予他无法偿还的礼物，他会陷入不安中。他意识到自己这样的行为是不理性的，但他总是事后才意识到。

博洛尔③和格林斯雷④都审察和评论过关于卢梭的不同诊断。从分类学的观点来看，可以充分地认定他拥有所诊断的疾病的大部分特征，从古老

---

① A. Heidenhain, *J.-J. R.*, *Persönlichkeit*, *Philosophis*, *und Psychose*.
② Ibid., p. 83.
③ L. Proal, *La Psychologie de J.-J. R.*, pp. 308–59.
④ R. Grimsley, *J.-J. R.*, *a Study in Self-Awareness*, pp. 188–94.

的"精神衰弱"到刚刚诞生的"妄想狂"。大部分的人偏向于同意他受到功能性精神疾病的折磨。一些权威为他辩护,强调身体疾病在他整个问题中的位置。

在卢梭的问题中,生理学也没有被忽略。可能一些人生来就有性倾向的偏好,而环境只不过决定了方向。海登汗提到了生理因素的可能性,特别是内分泌紊乱引发了卢梭的问题。① 格林②指出,他情感生活的起起伏伏,像他在信中解释的,伴随着他的尿道疾病。但是,这样的平行和类比并没有贯穿他的一生。斯塔罗宾斯基提到"从阴谋变得紧迫的时刻起,就很少听到尿道疾病和重复的声音。"③ 判断和理解的能力在卢梭一生中至关重要,但是可能心理和生理的疾病造成了损害。看上去,海登汗④诊断的"妄想狂"⑤ 是最有意义的。在这里,"判断的无能"是最明显的特征,逐渐变坏的标记在生活中出现得比较晚。在卢梭的"良好时期",他可以是非常迷人的同伴,直到生命的最后一刻。但是,失败的判断和妄想的构思,早在他离开退隐庐就出现了,如果不是更早的话。

但是最终,这些对一个作家决定性的诊断并不能回答以下任何一个问题:他天才的源泉是什么,在哪里,又是什么使他没有完全发挥自己的才能?发现和揭露卢梭有判断的缺陷,就其本身而言,并不能使卢梭所有的作品归于无效,并不能解释他关于那个时代出现的统治和服从问题的洞察力的根源来自于何处。

卢梭判断力的缺陷被一种不平常的关于人类关系的敏锐概念所补充。他的作品呈现出一种罕见的混合,存在着基本的心理洞察和对许多洞察的错误应用。不同于那个时代的政治思想家,他探寻制度表象和理性权威基础背后的东西,强调感情因素——统治者从权力中获得的愉悦。

研究这些诊断并不能引导我们理解影响他政治著作的心理学因素。人

---

① Heidenhain, p. 82.
② F. C. Green, *J.-J. R. , a Critical Study of His Life and Writings*, p. 330.
③ J. Starobinski, *Yale French Studies*, 1962, No, 28, p. 69.
④ Heidenhain, p. 8.
⑤ 这一诊断最早是莫比斯(Möbius)在1889年提出的。参见 Starobinski, p. 69.

们必须去寻找那些影响他生命经历的不同因素的相互作用。卢梭理解极权主义的精神，因为他分享着它的实质。我的确相信，就像自我怀疑、自我疑问和自我放弃，它们的极端是道德的自虐；就好像对自我的信念毫不怀疑的确信，单纯地坚持自己的信念，热切地聚集权力和影响力，它们的极端是一种道德迫害。卢梭的社会行为基本上是自虐的，但是施暴和自虐是同一动力的两面，卢梭的政治著作证明了这一论断。特别是《爱弥儿》中，社会行为表现出的控制和主宰渴望，在文章风格和主旨中得到再一次的彰显。这在他的其他政治著作中也有一定程度的表现。

第十三章 科西嘉和波兰：战争与和平

一

卢梭曾经两次期望把《社会契约论》中的原则应用到具体的国家改革中去。第一次是为科西嘉设计制度，没有完成，只有第一部分，可以用任何最终的形式聚集在一起。第二次，《关于波兰政府的思考》，是应威豪斯基（Wielhorski）伯爵的邀请而作。他是一个律师界联邦的代表，在波兰被各种派别瓜分之前，维护着波兰独立的最后堡垒。卢梭的这篇论文完成于1772年，只是作为私人文件传递给了威豪斯基伯爵，并未公开发表。

在这些最后的政治著作里，特别是《关于波兰政府的思考》，我的大部分的观察都从中得出，卢梭早期的论文《关于政治经济学的论文》中的倾向在这里达到了它的最高点。尽管在后来的著作中，他偶尔会提到"自然人"的美德，但是经常提到的是自由。毫无疑问，他的政治哲学有了重要的转变，也就是伏汉（Vaughan）所说的"个人主义到集体主义"。[①] 考察这些最后的论文，我们可以发现一些明显的特征。

首先，很明显，直到最后时刻卢梭都更偏爱民主政体。在《社会契约论》中，他指出选举的贵族是最好的贵族[②]，他所希望的人民选

---

① V., I, pp. 1–117.
② Ibid., pp. 36, 75.

举统治者和自己的代表在今天的民主社会已经实现了。他不情愿公开支持民主或许是因为他希望,如果他的著作没有太大争议的话,这可以毫无麻烦地通过。但是,在《科西嘉的制度设计》里,他直接介绍了民主政体①,并且催促完全抛弃世袭的贵族②,他指出选举的领袖是"政治贵族"。但是这里,又一次,他可能不太情愿抛弃一个仍然对于大部分读者具有强烈感情内涵的词语。卢梭相信变革,但是对其间的危险也非常敏锐:一个国家骤然抛弃所有从前的制度的危险。对科西嘉人和波兰人,他都建议他们学习和尊敬固有的体制,并以最大的审慎改变它们。在《社会契约论》中,他已经警告了那些紧紧抓住旧制度的人,把习惯于坏政府的人和在医生面前战栗的怯懦病人作对比,并且他也提醒革命者要在人民的灵活引导下前进。他勇敢地建议科西嘉抛弃贵族,是因为热那亚为了私人利益已经完成了这项任务,他面对的前景是重建古老贵族,或者完全消解他们。他告诉科西嘉人不要因为热那亚已经获得的好处而反抗他们,他指出把国家的尊严等同于某些成员的名号无异于混淆影子和实体的物质。③

在波兰,他也把古老的封建贵族视为罪恶,并且提供了逐渐解放普通人民的体系。但是,在这里他不仅要面对固有的古老贵族,还要面对大量没有担负任何责任经历的仆从。这样,他建议保持旧有的政治系统,直到人民为负责任做好准备。

    自由是美味可口的食物,但是很难消化。它只支持健康的胃。我嘲笑那些堕落的人民,他们允许自己受到煽动者的组织,不知道自由的含义就敢谈论它,他们的心灵充满奴隶的罪恶,想象着为了自由,只要反抗就足够了。骄傲和神圣的自由!如果这些可怜的人明白你,如果他们意识到赢得和保存你需要花费怎样的代价,如果他们知道严

---

① V., II, pp. 310–313.
② Ibid., p. 314.
③ Ibid., p. 314.

峻的法律怎样胜于君主的统治：他们脆弱的灵魂被必须压抑的激情所奴役，他们恐惧你会比恐惧奴役多一百倍，他们会在恐惧中逃离你，就像逃离一个会压碎他们的重担。

使波兰人民自由是一件伟大而有价值的事业，如果没有认真的思考，这也是大胆的、危险的和难以预料的尝试。在所有需要准备的预防措施之中，最不可缺少也最花费时间的就是，在所有事情之前，让奴隶懂得自由的价值，并且能够支持它。①

这些陈述里存在着最近被发现的最基本的心理学真理。人类会学习适应任何环境，当他忘记了自由，就会在锁链中歌唱。在这样的情况下，突然而来的自由的袭击，就类似于对成人世界没有任何准备的孩童忽然被放逐其中。法国大革命狂暴阶段的领袖们的眼眶会因为卢梭的名字而湿润，但是他们很显然不熟悉他哲学的这一面。

对一个人民主信念的真正考验，是看他在把观念运用到实际当中的具体陈述如何。一个人可以说人民没有为自由做好准备，那么，让事情就那样吧。像前者一样接受已成定局的现实，一个人有可能模糊地延迟任何对既有秩序的改变。卢梭不会让事情就此停止。他建议设置一个检察官或者慈善委员会，有规则地草拟值得解放的奴隶的名单，并且补偿那些失去劳动力的主人。②

与他给科西嘉废除贵族的建议相对比，他为波兰设计了一套市民服务的等级系统，在其中，一个人根据美德从一个等级晋升到另一个。他设定了这个系统中不同成员的各种荣誉、政府勋章，还有影响力。他的意图很明显，是希望它代替世袭贵族成为波兰权力和特权的来源。③ 卢梭认为，波兰议会应该由那些从系统中较低等级选举出的代表组成，而参议院（之前是由国王任命），应该由代表选举。为了作为"国家的仆人"——这一系统中第一等级的位置，一个人需要在地方议会面前证明，自己曾经在地

---

① V., II, p. 445.
② Ibid., pp. 499–500.
③ Ibid., pp. 492–97.

方机构（比如律师、法官、议员）中稳定工作了三年。不同等级的勋章由各种不同金属构成，成员必须在所有的时间都佩戴。低级别的勋章由金子构成，然后是银，最高级别的是蓝色的钢铁。"骑士的等级，曾经是美德的证据，现在只不过是王室宠爱的标记。"① 这样，波兰古老的贵族，不是通过法令被废弃，而是逐渐把权力和特权转移到"选举贵族"的手中。对于国王，会通过剥夺他从前的很多职能来削弱他的权力，比如剥夺他任命法庭官员的权力，并且，让国王本身也通过选举产生。②

二

但是，如果最可怕的危险，也就是个人和私人的意志独断专行，从建立开始就打破了平等的平衡，那么民主将失去所有的意义。一个聪明人很快就会发现不合比例分享财富的方法，这样他就会购买自己的权力。为了避免这样的罪恶，卢梭准备在国家效率上作出重大的让步。因为钱很容易隐藏、运输和秘密使用，而不留下任何痕迹，所以卢梭认为钱是最大的腐败来源。③ 关于金钱的这一感受，背后也隐藏着某些个人因素，从他在乔治三世提供的年金面前的痛苦挣扎可以看得很明白。他将会减缓科西嘉和波兰的金钱流通速度，通过允许纳税人以货代款，在任何可能的地方鼓励基本的实物流通体系。④ 但是，比这些明显公开的方法更重要的是，他发起了针对钱和任何其他财富标记的心理上的战争，高级政府官员佩戴低级金属勋章的设计只不过是这个运动的一个方面。"金融体系制造贪污的灵魂，"他在《关于波兰政府的思考》中说，"如果一个人只考虑赚钱，他会把自己变成一个无赖，远非诚实的人。"⑤ 结论是，"让钱变得可鄙，如果

---

① V., II, pp. 492–93.
② Ibid., pp. 502–9.
③ Ibid., pp. 476–79.
④ Ibid., pp. 478–85.
⑤ Ibid., p. 477.

可能，变得无用。"① 他承认，以货代款的纳税方法有很多丢失、浪费和短缺的问题，但是他把这些问题抛在一边，认为效率的降低会由人民灵魂的提升来补偿。他反对科西嘉使用的奢侈品，比如金子做的盘子和上好的丝绸，但是他首先会向国家的领袖们颁布禁止奢侈品的法律，以便他们给其他的国民作表率。同样，他也在波兰用荣誉代替奢侈品，把所有等级和奖励都变成有关公共美德的事情，以外在的勋章来区别，任何公民不佩戴它就不能出门。通过这样的方式：

> ……一个只拥有金钱而别无他物的人，会常常被贫穷而有头衔的公民夺去光彩，在自己的国家找不到任何愉快和尊敬；这强迫他服务于自己的祖国以获得认同……这就是剥夺富有者权力，而产生不出卖自己的人的方法。②

这三条原则，用荣誉来代替财富、禁止奢侈、在任何可能的时候用实物和商品交换代替金钱流通，形成了卢梭经济规划的基石。更进一步，他会通过保留大量的公有土地来减少私有财产。在这里可以进行强迫劳动，同样形式的劳动力可以用来建设公路和其他公共设施。通过这样的方式，他希望可以把公共税收减少到一个不再成为沉重负担的程度。如果税收依然是必要的，他反对使用那些专业的收税者，坚持收税应该由那些最初进入国家服务机构、把这一步当成未来发展基石的人来做。虽然年轻和没有经验会让他们的工作效率比较低，但是卢梭确信他们会更加人道。

人们不可能不被卢梭的民主观点和他对诚实政府的热忱所打动。但是，已经注意到的令人不安的倾向是，牺牲那些不能和国家目标保持一致的个人渴望。公共赞誉和公共服务的美德似乎是他竭力创造的社会中通向光荣的唯一路径。人们不会哀悼专业收税者的损失，直到他们意识到自己的权力又转让到其他专业人士手中。卢梭反对任何形式的专业主义，他在

---

① V., II, p. 476.
② Ibid., pp. 479–80.

科西嘉和波兰的计划是逐渐吸纳律师、教师、管理者和其他政府机器中的专业团体，他们的位置依赖于在之前的职位上表现的价值和美德。① 他觉得，一旦一个人固定到专业位置上，就会倾向于把自己限制在专业中，看不到公民广泛的责任和位置。教师变成一个模模糊糊的学术专家，让学生跟着鹦鹉学舌；律师关心错综复杂的法律，只对大量增加法律和毫无用处的法律系统的复杂性感兴趣；管理者把渎职看成一项特权，很快变成掩饰自己偷盗痕迹的专家。所有专家都屈从于个人职业的有利之处的引诱，如果每个人意识到，他的位置都不过是暂时的，同伴的眼睛时刻注视着他，评判衡量着他在公共服务中的下一步，那么，这样的危险就会被降到最低。只有公共服务成为每一个公民可能的最高目标，国家才能吸引最优秀的人才为公共服务。这就是卢梭面对他那个时代无所不在的政治腐败给出的答案，个人或私人的意志不会也不可能会被根除，但是应该被公意所超越，这是一种追求社会整体利益的热情。②

公意，在《社会契约论》里依然很抽象，现在看上去，似乎类似于一个人的邻居们和相关社会关系中大众的意见。个人意志，自然状态中个人独立的最基本因素，现在成了社会的威胁，一种罪恶，尽管不可能被完全镇压，必须永远被审查。人类本性的善似乎只适用于自然状态。这样，专业主义在知识领域的发展、个人自尊和正直等方面的优点都被忽略不计了，因为特殊主义把一个人和他同伴的思想及道德水平隔离开来。

三

因为卢梭对于公意或者国家意志的功效很有信心，而且他坚持公民参与政府，所以毫不奇怪，爱国主义成为他政治哲学中很重要的一方面。一个人不会让公意战胜自己的私利，也不会为了公众的福利牺牲私人的优

---

① V., II, pp. 438 – 39.
② Ibid., p. 491 – 92.

势,除非被一种强烈的对祖国的爱、对同胞福利的热切关注所推动。为了这一目标,他给波兰发展教育和维护政治体制的明确建议是,牺牲私人性和某种程度上的个人自由。人们可以发现,在他关于这一问题的评论中,对普通人实现自己的命运的能力缺少信心。他确信,除非有外界的刺激,个体天性中的被动性会让他抛弃责任,寻求安逸和娱乐,而不是的公共事务服务。

他感觉,公民的制度和教育环境应该以这样一种方式管理,使得他可以不断地关注自己的国家。他建议波兰人发展一种独一无二的个体习惯,把他们和其他民族明显地区别开来;没有任何一个波兰人可以在外国人身上找到共同处。① 他会使波兰人的激情倾向于这样的方式"防止他们被同化、喜欢其他的团体(或者人民)、和他人联合……"② 更进一步,他完全用爱国主义占据他们的头脑,让他们没有时间有其他的兴趣。

> 我希望,通过荣誉、公共奖励,一个人可以因爱国主义的美德而感到光辉显赫,公民们一直将祖国放在心上,这成为他们最基本的事业,他们会永远让它在自己眼前……③一个婴儿,当他一睁开眼睛就看到自己的祖国,直到死亡也看不到任何其他东西……当他独自一人便什么也不是,如果没有了祖国他就不再存在,即使没有死,但他比死去还要糟糕。你可以看到,我给孩子们设计的教育,不是那些被外国人和牧师所引导的普通的学习。他们不能根据自己的想象独自玩,而是所有人以相同的方式在一起,拥有相同的渴望和目标……他们的游戏必须对所有人都是公开和相同的,因为这不仅是训练他们,给他们强健的身体、健壮的肌肉,使他们变得敏捷有力,而且要让他们在很小的时候就习惯规则、平等、友爱、竞争和生活在同伴的目光之下,渴望获得公众的赞誉。正是因为如此,奖励和奖赏不应该由游戏负责人或者学校长官独断,而应该根据观众的赞扬和判断;你会认为

---

① V., II, p. 434.
② Ibid., p. 432.
③ Ibid., p. 433.

这样的判断是公正的，特别是这个节目比较吸引公众，让他们在共众面前受到赞誉。这样，所有值得尊敬的人和善良的爱国者都会把参加这样的游戏看做职责和愉快。①

上面的引文会在当代读者心中唤醒很多矛盾的回响。② 民族主义，这个卢梭所支持的幽灵，被滥用，造就了很多极权主义的国家。对个性的镇压提醒人们想起《勇敢新世界》和《1984》的预言，而当卢梭给波兰建议的时候，他头脑中的国家其实是日内瓦，他论文的章节中充满着来自日内瓦政府和习俗的例证。也就是说，在小的民主国家，而不是大的王国，他才以民族主义激励人民。如果我们必须在当代的幻想中找到一个在逻辑上完全实现卢梭梦想的国家，更有可能是里昂·尤瑞斯（Leon Uris）的以色列，而不是集权主义国家。这里，强烈的民族主义、重新使用古老习俗和古老语言、为了集体的精神牺牲个人的野心，所有这一切，在一个大的制度完好的国家被称做"反动"，但是因为一个国家的大小和目前所处的状态，其缺少扩张的野心和其政府的民主特征有所不同，会显出完全不同的样式。

但是，卢梭把军事民族主义的观念和小共和国联系起来并不是偶然的，日内瓦领土的狭小并不是决定性因素。很明显，他在科西嘉和波兰制度设计的事业上陷得越深，就越把他们当做自我的反射。他把对科西嘉的军事征服当做对他个人的攻击就很能说明这一点。卢梭经常扮演受害者的角色，感到孤立、渺小并且弱小，却敢于在世界上更强大、更有影响力的人物面前毫不畏惧，因为这样可以使他认为自己拥有美德。他给波兰提供了两个选择：富有和有权力，也因此是邪恶的；或者创立一个自由、明智、和平的国家，拥有简单的习俗，没有扩张的野心。③ 实际上，他建议

---

① V., II, pp. 438–40.
② M. Walzer, *The Revolution of the Saint*, p. 47. 卡尔文最早提出国家对社会的控制会更有效，如果个体自身希望这种控制。
③ V., II, pp. 475–76.

波兰和接壤国签订合约。① 作为一个在堕落的大国之间挣扎的小国家，它会凭借自己的领土的大小获得繁荣和荣誉。他想要输入波兰的不是权力，而是对抗；不是强大的军队，而是"没有野心的好战精神"。②

在卢梭头脑中的是一种民族主义精神，永远处在斗争中，但从不胜利，一个渺小的、挑衅性的民族主义国家，因为其崇高的社会渴望而变得高贵。斯凯沃拉（Scaevola）的日子已经暗淡，圣徒已经对大部分公众来说失去了吸引力。尽管意识到了这一点，卢梭依然企图设计一种鼓舞波兰人自我牺牲的制度。在他论文中关于经济、军事和管理的部分都充满了这样的例证，但是在他处理"否决权"问题中可能得到了最惊人的说明。否决权是波兰旧政府的程序，通过它，议会任何成员单独一人就可以否决任何立法和大部分的行政规划。卢梭意识到这样的"否决权"必须改革，他给出了很明智的建议，限制其在形成基本法时的运用。但是，他补充说，保持这一权力的最初形态是可能的，如果其应用已经制造了危险。对一个人来说，用投票来阻碍法律行动，然后回到家里欣赏他所制造的灾难，是太容易的事情了。但是如果，在投票之后六个月里，他被特殊法庭审判，根据法庭对其行动价值的判断，看是否该判处他死刑或者给以荣誉，那么"否决权"对政府将会是个很有利的设计。在这个法庭上，卢梭不允许说模棱两可的话。

……这个法庭不仅有权力赦免他的罪，也有义务毫无怜悯地判处他死刑或者给予他一生的公共荣誉作为补偿，在这两者之间，不允许有任何中间道路的选择。这种制度设计，尽管激励了勇气和对自由的热爱，但是希望采纳它和使之流行的愿望在现代人中早已经消除。但古人并非不知道它，通过这种方法，制度的建立者知道怎样提高他们的灵魂，必要的时候，用一种真正的英雄主义的热情点燃他们。我们看到，在共和国里，甚至可以实行更严厉的法律，当祖国在危难之

---

① V., II, p. 442，这里他可能受孟德斯鸠观点的影响，认为只有小国家才适合共和主义的政府。
② Ibid., p. 476.

中，为了提供可以拯救它的意见，毫不自私的公民奉献自己的生命。在适当的机会来临时，有着同样危险的否决权也可以拯救国家，决不能有忧虑的理由。①

手中握有如此重要的权力，那些毫不介意自己生命的人很快就会控制议会，或者，当他最终激怒了自己的同事，他们将要摧毁他时，他将会说自己因为对一些小事善意的反对遭到严重的不公正对待。这的确适合卢梭的设计。对这个"否决权"他采纳和否定的方式都证明了，尽管他意识到它的不可实施性，但是仍然发现了难以抗拒的吸引力。

从一开始和泰雷丝的结合，一直到最后在波兰的浪漫表演，卢梭一直被这样的情景所吸引：被强大者包围的弱小者，被罪恶遮蔽的美德，有权者和无权者的对比。这样，被一群阴谋的政客包围的孤独、诚实和勇敢的政治家的概念，置身于有权而堕落的王国之间小而有美德的国家的概念，成为卢梭作品的基本主题。同样，在他的私人生活中，他把自己看做自由最后的脆弱的保护者，被一群阴谋家所包围，他们企图摧毁他的荣誉，这样整个世界将不再会知道真理。

四

卢梭经常被指责反对强大的国家，而且拒绝接受这样的国家代表欧洲的未来这一事实，无论好与坏。同样明显的是，他和那些处于初创阶段的国家之间的联系，他确信所有的国家在脱离最初简洁的精神之后都会堕落和消亡，非常直接地反对时代发展的趋势，并且对现代国家的建构没有留下什么真正有价值的东西。作为一种对他政治哲学的评论，这样的批评是合理的。然而为巨大国家建构准备理论资源并非他的工作，我们必须在其他方面发现他的价值。

---

① V., II, p. 470.

因为他特殊的偏见，对人类与社会关系微妙之处的直觉性的理解，他呈现出法律中的个体自由问题特殊的一面。他发现只有当一个人是团体组织中活跃的一分子时，他成员的身份以及和团体的联系才有意义，当他不再关心代表的选举，把兴趣转向私人的成功——即使是个体创造性的工作——他就对群体丧失了一定程度的影响力。个人的生命力越是远离国家、转向私人生活，国家就越有可能落入一小部分人手中，政府也就越有可能不再代表全体人民的意志。

　　卢梭说，一种观点和生活方式，只有在每一个个体参与、有风险和牺牲时，才有意义。一个人必须怀疑过于舒适的世界和易于接受的观点。在我们的社会，我们相信一个人的"生活水平"是最重要的，一个好的国家是能够保证人民的安全和富足，一个有承受痛苦的个人偏好的人才能意识到不断斗争和牺牲以保护民主生活方式的重要性。不用付出代价就能得到的观点是不值得信赖的。这就是为什么平静的民主制在专制面前比君主制还要脆弱，在后者中人民需要不断和国王斗争获得自己的权力，或者和更加强大的邻居斗争。如果个人失去了对国家和同胞的关心，整个国家都会陷入危险之中。

　　为了抵制这种社会冷漠的问题，卢梭让每个人成为警察，永远关心法律的废弃，关注人们是否缺少公民精神，自己和邻居是否过分喜爱奢侈，永远向代表申明他的职责和价值，在公共典礼上热切地表达对国家的爱，或者给他时间和劳动力去修建公共道路。没有私人生活和个体自由的牺牲，一个人不可能获得这种类型的公共责任。自由的悖论在于人们必须牺牲其中的一些东西来维护其余的。自由的威胁一直与我们同在，来源于国外，也来源于我们内部。因为内在的挣扎，卢梭比大部分他的同时代人都更加明晰地识别了这种威胁，但是，同样的挣扎带来了他对自由的威胁过分的警惕——任何的私人兴趣，比如商业、娱乐、对个人创造天赋的培育、对知识的追求，都成为对共同感情的威胁对吸纳公意的威胁。他保卫自由的设计，最终，变得和专制一样让人厌烦。

　　为什么他对自由的关注到达了这样一个虚幻的程度？他个人的经历表明，他经常害怕自己自由的行动被威胁，很大程度上，他的恐惧不是来源于别的,而是源于他自己服从他人的渴望——变成某人奴隶的狂喜。他蔑视自己的这一面,和它斗争,让自己处于战时关系中,耗尽自己的所有人性来拯救自己的灵魂,在理想社会中需求相似的东西也就毫不奇怪了。

一部分专家对社会冷漠的确是事实,并且现在依然是。当然可以想象,随着商品经济的发展、艺术和科学的扩展,这一切都渐渐吸引人们远离社会公共事务。但是,不考虑文化和金融状况,永远都有一些人比较关心除去庭院的杂草,而不是政府问题、穷人的权利、自由的威胁。如果在这一方面,过去的经历教给我们什么,那就是公民参与政府必须是自愿的,如果这种行为来自于周围公民群体的压力,那么和来自于国王的压力一样,同样可能是专制独裁的。我们不可能避免专业主义,当我们需要专家表达一定的社会良知,当我们以专家们认为有义务参与的方式组织政府和公民,我们就已经创造了指引参与性质的机器。不久,政府需要艺术家画拖拉机上的农民而不是美丽的女子,每一本小说都传达着社会信息。如果太多的特权与爱国主义和美德相联系,那么,人们就会努力表现出这些特征,而非行动。无论什么时候,一种流行的观点很容易因为一群浅薄的追随者而跌价,他们只是为了获得认可而把自己和这些观念联系在一起。

五

不仅仅是反对专业主义和专门化,还反对私人兴趣,这都让研究权威对卢梭的哲学感到震惊。更精确说,这是他对自我存在的不满,他渴望建立一个没有团体斗争的世界,其中再也没有团体斗争,简而言之,他思想中的乌托邦品质唤醒了当代读者的大量抵制。当他说到通过重塑政府、典礼仪式和游戏来重塑人,用勋章和饰物来标记人,人们会回想起一个聪明的神,他为了人类自己的利益而操纵他们,因为人类在寻找方向时太无知也无助了。① 在卢梭的社会中，人民前进的方向必须来自于一个高明的策划者、一个伟大的立法者，他的社会中不可能存在不同的政治党派，在其中人们为了控制社会力量而彼此竞争。他反对专门化的基本理由是它创造了外围团体，他们是反对政治生活主流的少数人，是和公意相矛盾的。

对于社会最主要的价值，卢梭是作为一个批评者，一个从外面观察那个时代的体制并找到其需要的人。在他理想的社会里，没有为这种人提供位置。他强烈渴望每个人都在群体中找到自己的位置，甚至为此可以大量侵犯隐私。私人的财产、宗教、娱乐，比如剧院、个人团体、各种球类、甚至偶尔私人的性关系，都要在监视中，因为这些"秘密的联系……会让人们疏远和隔离，让他们的心灵变得安宁"。② 每个人必须是团体的一员，甚至几乎没有私人意志，他不允许独自游戏，必须在公共游戏或者有其他成员参与的娱乐里找到幸福。他这样一个把自己奉献给私人生活，设计了秘密通道，当看到有客人来到隐居地，就带着他的狗从秘密通道溜走的人，却以这样的态度对待人类，这说明了什么呢？

自相矛盾的是，卢梭渴求私人生活，但是又因为孤独感而痛苦。在出生时就失去了母亲，被粗鲁地剥夺了母亲的他，在性格上留下了永久的伤痕。被父亲抛弃后，他一生大部分时间都在流浪，他最后的自我身份感属于他出生的城市，他最大的骄傲是签下带有头衔的名字：日内瓦市民。最终，连这也失去了，当他的书被烧毁，他抛弃了日内瓦市民身份。他回避巴黎人和大部分的贵族，因为在他们面前他不知道该怎么表现，和他们在一起从来没有轻松过。他渴望寻找到一个可以称做"自己的国家"的地方，他和其中的道德和风俗相融合，这样，他为理想中的波兰人民提供了直接的、义务性的、对公共行为和习俗的不间断的参与。在这样的环境中，未来的人们会发展出强烈的群体身份感，他将会知道自己的位置，他就不再是从前的卢梭，永远在傲慢和顺从之间摇摆。他会在袖子上戴上标

---

① 查普曼（Chapman, *Rousseau, Totalitarian or Liberal*, p. 61）评论说卢梭想要设计建立一个社会，诉诸人的骄傲和虚荣，便于操纵和统治。这里卢梭再次把自己个体的特征当成全人类的特点。他自己的骄傲使他面对控制时最为脆弱。

② V., II, p. 430.

识，每一天都深深地介入公共事务，再一次确认在社会中的位置。公共生活对于卢梭成为一种替代品，代替接纳、稳定的家庭、安全，而这一切对他来说曾经都是如此的反复无常。

六

如果卢梭曾经有机会考察弱小、独立的国家所处的世界局势，那么应该停下来思考它们在更大的权力之间可以存在多久。很明显，他想要给尚武的波兰灌输的对抗精神和民族主义性格，在沙俄的边界上成为恼人的荆棘，而对普鲁士则是巨大的诱惑。弱小的挑衅者怎样得到保护？在他的政治观点中，还有什么比世界联邦更重要更自然的联系纽带？一些证据表明卢梭为这个主题准备了更广泛的设计①，但是没有任何关于它的只言片语留下，一些出现在《爱弥儿》中的观点可以当做有力的参考②，他提到，世界联邦是他伟大政治制度构想的一部分③，其中的大部分被他毁掉了。除此以外，我们必须转向他的《〈永久和平〉摘录》和他对圣-皮埃尔（Abbe de Saint-Pierre）这本著作的评判。

令人好奇、不可理解的是，一个花费如此多精力致力于为一个小国家建立一个凶残的、独立的、几乎是军国主义的地方主义的人，会把他的观点和世界和平联系在一起。无论是支持极端的民族独立，还是支持单个民族对于世界联盟力量的服从，他确信战争是个人奴役的根源。再一次指出卢梭和典型的权威主义人格之间的区别是很重要的，后者认为热爱和平不过是软弱的表现，而战争会带给人民伟大的激励和增强力量的经验。在这个问题上，卢梭在很多地方给出了明确的说明。在他头脑里，只有一个国家保卫自己自由的战争才是正义合理的，充满野心的战争只不过是为统治者服务，他希望通过战争转移人们的痛苦，增强自己的权力。

---

① V., I, p. 95.
② E., p. 596.
③ V., II, p. 134.

但是，一个拥有很高国家荣誉感、坚持自我独立的小国家，不可能在大国中生存很久。它不仅需要强有力的联盟，而且，需要保证联盟不会利用它作为交换，就像热那亚和法国利用科西嘉那样。只有世界联邦拥有一个独一无二的权力中心和国际的军队，它才可以保障小国在强大邻国中间的安全。

卢梭对世界和平的关注，要比他为科西嘉写作早至少十年。1754 年他应杜潘夫人和马波里的邀请，承担了一项摘录圣 - 皮埃尔著作的工作。1756 年他完成了两篇文章《〈永久和平〉摘录》和《〈大臣会议〉摘录》。他把圣 - 皮埃尔的《永久和平》当做首要的摘录著作就已经表现了他对这一主题的关注。另外一个事实是，他以很自由的方式讨论《永久和平》，在摘录和导论中插入了很多自己的观点，并且对大臣会议的概念给出了相当直接的描述。[1] 这两部著作中，卢梭反讽的风格已经很明显。很显然，在写摘录的时候，这些观点已经吸纳为他自己哲学的一部分了。[2]

圣 - 皮埃尔浩繁的著作对卢梭的能力和他渐退的动力来说，实在过于庞大了。在全面审查了他庞杂的著作后，卢梭发现了圣 - 皮埃尔一个致命的错误：他相信人是被理性而非激情所推动。[3] 这在卢梭对两部著作的评论中见到多次。两篇评论都以强烈的悲观主义结束，尽管这些观点很明智，也非常有价值，但是人类在考虑世界秩序时，太过于关注自己的个人兴趣，没有任何一个王子愿意加入这样的冒险，除非他能找到暗中导向秘密结局的路径，而这结果只是对他个人有利。但是，在嘲讽中，卢梭很明确地表明了自己的痛苦和沮丧感，类似世界和平这样的事情在他的时代是不可能实现的。在悲观的推动下，他表达了自己和圣 - 皮埃尔同样渴望的梦想：

……你可以从主权者那里拿走创造其正义的权利，那就是说，当对他们有好处时，你将拥有不公正的珍贵权利；你可以从他们那里夺

---

[1] V., I, p. 360.
[2] 建立部长委员会的计划反映出卢梭希望在波兰建立激励性的公民服务体系的考虑。
[3] V., I, pp. 379 – 80.

走权力,当他们以邻国为代价扩张自身时……依靠那种辉煌的权力和暴力,他们喜欢恐吓任何人,他们从征服的辉煌里寻找荣誉;最终,你将强迫他们平等与和平。这种残酷剥夺的补偿是什么?

因为出现在《摘录》中的这种评论,还有其他相似的评论,我不太同意伏汉的论证,他说卢梭更倾向于选择一个松散的国家之间的联盟,而不是严格的集中制的联邦。① 他严肃的现实主义头脑,对人内在动力的怀疑,都使得他的世界组织中的暴力必不可少。他认为应该有属于自己介入的权力,无论何时,当一个强大的国家试图把弱小的国家当作典当物,或者为了适当的考虑把弱小者卖给强大者为奴隶时,它都应该有自己的军队。更进一步,他明确指出,世界组织有权利和职责介入其成员国的内部事务。他在《摘录》中表明,联邦可以通过帮助国王镇压内部威胁其权力的叛乱来补偿他的牺牲,但是他在《评判》中又加上了:

你不能保证国王不受革命的侵犯,除非你保证反对国王的专制和独裁……现在我问你,在全世界是否存在这样一个主权者,永远把自己限制在最珍贵的事业中,不仅仅对陌生人,甚至对自己的国民,平静地接受自己被强迫是正义的观念。②

因为对从非正义中获得愉悦有直觉般的理解力,卢梭抓住了权力政治一个很重要的心理侧面,和同代人相比,他达到了一个更深刻的层次。尽管他真诚地相信地方习俗的价值,鼓励在衣着、礼仪和法律方面的地方特色,但是,在正义管理方面,并不赞成地方自主。他是如此警惕权力的腐蚀性影响,因此不同意一个弱小国家的暴君在世界联邦的庇护下以自己的方式对待自己的国民。尽管他在《评判》中并没有表达这一点,但是看上去,大臣会议必须在世界权力成为一个实践的事实之前就必须存在。更进

---

① V., I, pp. 98 – 101.
② Ibid., pp. 389 – 90.

一步而言，君主不仅要听从会议的建议，而且有义务服从其决定。简而言之，18 世纪的君主将会被废除，一个稳固的世界政府将建立。这两个观点实际上互相依赖。

很明显，卢梭的小主权国家的观点并没有完全屈从于世界政府的概念，至少在他保留下来的著作里不是这样。但是，他的态度明显不连贯，不仅因为现实情景的复杂性（人类独立和安全的双重需要），也因为作者内在矛盾的心理动力。自决的主权国家的权利，与它们对自己国民的责任、对自己所属的更大群体的责任，其间的争论今天依然是国家政治的主要问题。

第十四章 让－雅克·卢梭的衰落

一

总结让－雅克·卢梭的一生，我们必须回到他最初的动机：揭露谎言的罪恶含义，决定剥去社会虚伪的外表，使人回归自然的本性。终其一生，卢梭一直坚持着，或者宣称坚持着这样最初的目标。在后来通向真理的充满苦难的道路上，他似乎一定程度上丢失了最初的方向目标，在途中，他热切地为诚实的社会奠定着基础，却开始支持托词和欺骗。

首先表现这一倾向的是《爱弥儿》，他指出，孩子们不会因为观察到完美的逻辑而受到激励去学习，而是因为发现理性能够帮助他们解决现实中的问题。那么，孩子们怎样被引导通向这一发现呢？卢梭感觉到教师的影响力不应该被孩子察觉到，否则他们可能会抵抗，这样教师就必须管理孩子的生活，使他们在没有正式说教的环境里自觉学习，学生必须被那些出现在他面前的问题所激励。为了这个目标，卢梭开始伪造感觉不到的感情，然后在每一个事件中弄虚作假。在一切完成之前，他不仅控制了孩子学习的渴望，还有他的社会品味和性的品味、他对同伴的选择，以及新婚之夜的经历——当然，怀着世界上最善良的意图。当这种思考方式被应用到政治上，他支持立法者使用诡计，比如可以假托法律来源于神圣的上帝，为了在那些无知的、没有准备好在逻辑和智慧的基础上认同法律的人面前显示法律的明智。① 他支持通过公共游戏和典礼在人民中间培养民族意识，警告人们允许孩子在国家的教育之外发展自己私人兴趣和观点的危险。拒绝强制的立法，但是并不拒绝托词的立法，他成为自己青年时期所蔑视的虚伪的支持者，而他曾经认为这虚伪是罪恶的起源。②

看上去似乎是，令人厌恶的卢梭在后来整个生涯中，在其著作里表达的一切都源自一种偏见，尽管他很多著名作品雄辩，充满技巧，拥有深刻的政治洞察，但是在很多重要的方面，他都失败了。他发现自己不仅违背了最初的动机，而且，在他所认为的不洁净的政治著作里存在着一种秘密的、令人讨厌的满足感。③ 对卢梭而言，自由、道德改革的狂喜基于以一种天真的信念，那就是相信自己完全未受腐蚀。发现纯粹的美德并非他真实的初始动机，这对他的自我是一件震动性的经历，浪漫已经不复存在。很快，当他拿起笔写关于社会改革的文章，他退回到了恐惧之中。这些感情并没有完全在《忏悔录》中揭露出来，但是，在他给老米拉博的信里，却非常触目惊心，后者鼓励他继续政治写作。为了抗拒写作的诱惑，卢梭回忆起一个拒绝看肮脏图画的小男孩。

---

① 卢梭此处的主题和柏拉图《理想国》相似。
② 在第四版的《一个孤独漫步者的遐思》（O. C., I, pp. 1024–39）卢梭深入讨论了什么是真理。他指出小说不是真实的，但是我们不能指责小说作者的虚构。抛开小说作者通过自己的方法和风格传达的真实不说，小说本身也不需要记载真实的事件。卢梭坚持说小说是非真实的，但是他补充说，如果小说有更高的道德目标，它也不完全是谎言，因为它讲述的是道德真实。对于一个真正追求真理的人来说，"正义"和"真理"是同义词，用哪一个是无关紧要的。（O. C., I, p. 1032）

这里，真理的真正含义被弄得模糊不清。小说需要"忠实于生活"被应该有"提高道德的讯息"所替代。在这一标准下，那些残酷而坚硬的真实会被看做是"虚假的"，因为在批评者眼里，这都是腐蚀读者的。相反，非常俗丽的感情被视为真实，因为它有道德目标。这些观点对后来一代的文学产生了深刻的影响。

③ 费尼切尔（Fenichel, *Psychoanalytic Theory of Neurosis*, pp. 138–39）指出羞愧和表现主义之间有关联。"被压抑的东西"是卢梭令人厌恶品质的根源，也许人们会怀疑这些被压抑的材料是否表现出了他性格中或者作品中的虐待式权威。但是有充分的证据证明卢梭的道德受虐有很强的表现成分。我有两个理由强调虐待式权威的成分：(1) 他个性的这一方面经常让他卷入和社会的直接矛盾中，挑衅和对他人的强求。(2) 在一种很现实的感觉上，他个性的这一方面和他的作品关联很深，他的表现主义产生了华丽的文字，但是也正是应用一些混淆的证据和细节成就了他的雄辩。这种自虐权威侵蚀了他政治思想的核心。

1767年6月9日

我再一次向您申明,我决不会再为任何公共事件拿起我的笔;在这一生中,再也不许出版任何我的东西,甚至那些我已经完成的手稿;更进一步,未来我不能、也不会再读任何唤醒我沉睡观点的东西,甚至您的作品……①

1767年8月12日

我很抱歉,先生,您让我不能拒绝任何东西,但是,您所请求的事违背我最不可更改的决定……一经除去就会拒绝所有这样的诱惑,我向您申明从这一刻开始,除了植物书籍以外,我什么也不会再读了,甚至忽略那些您信中能唤醒我观点的部分。这些正是我希望并且应该抑制的东西。②

1767年8月22日

对于神父我什么也没有说,这是我的错……阻止我回应他礼貌行为的原因,可能对他是件高兴的事,因为我害怕卷入自己禁止自己的那种讨论里,也害怕我不是最强大的。我可以很坦白地告诉您,在您家里,您不小心在仆人桌子上留下了几页他的著作,我感觉到自己被它迷住了,所以在没有完全被吸引时,赶紧匆忙合上了它……我承诺再也不会打开它,或者其他任何类似的东西。③

就好像一个浪漫小说中英雄的主人公,当他在自己内心中发现丑陋的、不安宁的对于她身体的渴望时,他决定再也不碰自己的情人。卢梭放弃了政治写作,而不是直面自己已经失去的纯洁。

他不能从内心里和公意不一致的冲动中获得任何的满足,也没办法意识到,这样的冲动对文明来说有着积极的作用。这样,有关他自己的画

---

① C. G., XVII, p. 80.
② Ibid., pp. 204–5.
③ Ibid., p. 219.

面,变得让人倒胃口,充满了完美的原初社会的观念。他的原始人性只为了满足自己的饥饿感而流血,即使这样,他也充满同情心。他从未梦想过大范围的毁灭,也从不寻求权力。通过思考,他失去了最初的单纯,对文明盲目崇拜,在其中他寻求凌驾于同伴之上的权力。

二

让－雅克·卢梭的衰落,就像其他期待为社会设定新方向的反叛者一样,提出了反叛道德的令人困扰的问题。他的著作,是寻找道德真理的真诚产物,还是一件掩藏了他个人自我扩张渴望的面具?读者们会发现,这个问题,很难在两者之间作出选择。形成"真理"过程中这两种动机彼此作用。卢梭的政治著作,和他个人化的《忏悔录》一样,源于他个性中多种复杂因素的共同作用。

书写《忏悔录》的行为,让人感觉似乎悔过是整个的冲动来源,但是也可以拥有不同的内涵。在表面上,这是高贵的思想,好像华盛顿的故事中"不能说谎"一样,因为他如此尊敬诚实;从另一方面来看,忏悔不过是讨好和奉迎的举动。一个依然保留自己面具的人告诉我们他不会屈服。用微笑来否认罪恶意味着说"证明它,如果你相信你能"。忏悔也可能意味着"我抛弃自己的辩护,把自己完全无助地放在你面前,如果你将爱我或者原谅我"。一个经常从忏悔中获得奖励的小孩会慢慢享受这个行为,既然忏悔过后就可获得父母爱的表示。渐渐的,他长大了,学得淘气,但并非真的邪恶,这应该是被原谅的。只有淘气就足够忏悔了,因为他眼中满是眼泪的无助会打动父母冷酷顽固的心。这样,最初"站起来,像个男人那样讲出真实"的劝诫,夹杂着一种着孩子般的渴望和需要。勇气转化成了自我虐待。

卢梭是否发现,当他是一个小孩子的时候,他眼泪汪汪地在父亲脚下诉说自己无助的依赖,减轻了懊悔中的恐惧,带来了他急切渴望的爱的表达?很明显,从童年的事件中,他的确明白通过令人可怜的外表激起同情的能力，他就可以从父亲那里得到他所希望的。毫无疑问，作品中也含有这样的倾向，但是呼唤我们同情的人在玩一个精巧的游戏。他必须表现得完全没有自我意识，不考虑自己的艰辛，他必须不是"呼唤我们去同情"，而是让我们注意到他令人同情的处境，如果失败了，如果看上去他同情自己，只能激起轻蔑。游戏会突然结束，在登上美德的高度之后，依赖他人同情的美德，会忽然间变成轻蔑，而主人公也会从英雄变成小丑。作为个性特征，卢梭最害怕的事就是嘲笑。

对一个同时寻找真理和纯洁的人来说，他陷入了一个艰难的境地。作为孩子，他学习做游戏，在其中，对"真实"的忏悔会带来美德感和被爱的感觉。在那个年纪，真诚是最基本的美德，就像斯塔罗宾斯基①指出的，一种不经思考的真诚。一个人不会问自己问题，只是讲出一切。成年人却无法保持孩童的纯真，因为缺乏会让自发行为变得自然和容易的自我意识。但是整个的游戏依赖于，他并不知道自己想做什么。不像身体的自虐，他很明白会招致惩罚，甚至为惩罚而付钱，而卢梭道德上的自我迫害，除非他保持着承受痛苦的渴望，否则就无法获得道德感。童年时，他不被允许吃晚饭并被送去睡觉，他悲伤地停在烤炉前，跟烤肉说晚安，他融化了父亲那颗固执的心。他的行为完美地成功了，因为他完全是自发和天真的。作为一个成年人，他思考这样的景象，试图理解关于自我的真理，与此同时，他希望这些天真的动人画面可以打动别人的心灵。

但是，成年人不可能像一个孩子。为了给出一幅完全真诚的图画，他不能欺骗别人，只能欺骗自己。这样，恰好是卢梭心理动机的机制阻碍了他寻找真理。他忘了，对一个成年人来说，真理和天真无辜有着最基本的不相融性。不像孩子，成年人要为自己的决定负责任。当一个人不再把自己糟糕的行为归因于不幸的童年或者残酷的父母时，他就成熟了。成熟意味着仅仅有良好的动机是不够的，还要因其行为而被评判。天真成为了真

---

① J. Starobinski, *La Transparence et l'obstacle*, p. 248.

理的障碍。① 天真是意识不到自我的，这种品质和小孩子的美德相连——我们喜欢在孩子身上找到的迷人的东西——对一个成年人来说是危险的缺陷。除非一个人准备面对自己所有的罪恶企图、自我扩张的强烈渴望，否则他自我发现的道路就会布满障碍，他为别人寻找幸福生活的能力就会被自我的兴趣所阻挠。当美德试图寻找完全的纯真，失去纯真会导致一个人感觉到绝对的罪恶。然而，关于社会和人的伟大真理是在一个不断失去纯真的道路中被发现。这就是卢梭面对的问题，他想知道真理，但是也想保持初始的、对罪恶毫无知晓的纯真。

他想要真诚，但是也想让整个世界知道他是真诚的，更重要的是，这种真诚是在所有的虚伪和托词之外的完全的真诚。那个"表演者卢梭"、家庭里的小小玩偶，仍然在舞台之上。渴望成为关注的中心，通过揭露自己而感觉耻辱，但是同时，他提供了如此令人同情和动人的场景，唤醒了读者的感情，渴望淘气并因这样的淘气而被爱——所有的这些冲动和良知的冲动斗争，渴望掩饰真实。这就是他著作中那种难以置信的盲目的源泉，突如其来闪烁一阵自我揭露，紧跟着就是无辜的天真，似乎忽略了所有发生的事情。

当把这种两面性应用到社会中时，他没有能力发现这一点。他把自己的女性特征当做外界所有一切的女性气质，因为女性气质对于他的自我来说是一件令人恐惧和可恶的事，他也把这看做社会中恶的根源。他的目标变成了抛弃人类中的两重性格，把自己和唯一的善的准则相联系。这样的社会不需要高贵的反对者，因为从一开始就建构得很正确，将是男性化的、简单的，不像女性那样复杂。在清除贵族的过程中，他注意到"那些

---

① 斯塔罗宾斯基（Starobinski, *La Transparence et l'obstacle*, pp. 1 – 14）提出了令人信服的证据，说明卢梭关于童年时弄破梳子遭到惩罚的记忆，是他为自己日后欺骗寻找正当理由，部分地也成功的欺骗了自己。被叔叔鞭打后，卢梭说他和他表兄意识到他们的监护人无法明白他们内心的真实。他们因为外表而受责罚，实际上他们却纯真无辜。这样，从那时开始，他们更注重外在表现而不是实际的错误。他们开始秘密活动，反抗，说谎。既然因为外在表现责罚他们，那么他们学习活在一个只表现出美德的世界。关于这种情况，心理分析学家称其为"镜像记忆"，在这里表现为对错误的无意识辩解。卢梭无法达到自己失去的纯真，因此从纯真的障碍中寻求满足，那就是虚假的表现。既然真实无法得知，他美丽灵魂无法被他人看见，他就致力于一种美德的外表。

显示他们身份的饰带和珠宝有一种女性装饰和小玩意的氛围"。① 他反对奢侈和其他的女性罪恶。戏剧也是女性主义的,人们付钱去"娇气放荡的剧院,除了爱情什么都不说,在那里演员们巧言辩论,妓女们傻笑……"② 锻炼身体,男人的娱乐将会代替这些社会性的优雅,"男人的身体运动和训练阻碍了危险的懒惰、女性的娱乐,还有多余的智慧……"③ 奴隶国家的独断权力和"反复无常的才智"还有"奢侈的装饰"相联系,但自由人民的节日则以更多男子汉气概为特征。④ 这样,自由的基本要素就是男子汉气概,而奴役则是女性气质。⑤

对卢梭来说,魔鬼是女人,一个需要无条件服从的、恶毒的女王;软弱的、奢侈逸乐的,但是能够有可怕的意志的能量;被奢侈和愉悦包围,但永久贪婪;自身欲望的奴隶,但可以放射出足够的魅力,奴役整个人类。这就是他所感觉到的剥夺年轻的共和主义者自由的危险。他感觉这个敌人如此难以击败,因为她是他秘密的一部分,他可以揭开别人的帷幕,却看不到自己展现出的东西。

这样,在女人面前,卢梭并不像一个把她们看成性对象的男人。女性的芬芳像磁石般吸引他的整个个性,他害怕完全被她所控制。他害怕,同时又被吸引趋向她,尽管他努力保持自由,但是发现自己被一种忠诚、感激和爱的奇妙混合所奴役。他发觉自己比真实希望中的要甜美得多,却因此恨自己。他渴望远离、脱离她,忍受一切伪装。但是,他没有察觉到,他更加深陷其中,直到感觉灵魂再也不属于自己。

青年的早期,在巴黎的时候,他曾经意识到了这种可怕的弱点,轻视但珍惜秘密的渴望。但是在他去看守所的路上,在一阵狂喜的剧烈痛苦

---

① V., II, p. 493.
② Ibid., p. 430.
③ Ibid., p. 435.
④ Ibid., p. 436.
⑤ 如果人们注意到卢梭作品中表现出来的女性气质,就会发现这跟他提倡男子汉气质不太一致。奢侈是女性被奴役的表现,女性想要控制男子,而实际上应该服从男子。喜欢安逸和奢侈,人生容易很快变成奴隶,女性看上去对此有很深的渴求。女性的目标是剥夺男子的权力,让他们变得像自己。通过这种方式让他变得无力,被奴役。卢梭从女性那里感觉到的威胁不是性吸引,而是渴望变成一个女子——释放他自己内在的女性气质。

中，他看到了一种独立的前景。他将会像罗马人那样严格对待自己。他将会与服从和女性气质对抗。他重塑了自己的习惯和生活方式。他的新性格是对那种童年的甜美特征的否定。他发现，只有通过思考，他才能抓住自己整个的存在，固定成一个新模式。但是古老温柔的感情依然聚集在他的内部，尽管他在抵抗，他梦想中的神秘女子用黑暗中的爱抚，再一次游荡在他身边。

可以想象，对女性气质的害怕是形成他哲学中我们称做"权威主义成分"的基本要素。他最初的论文里赞扬勇敢和男子汉气概，但是，他如此连续不断强调和表达这种男性气概，好像害怕思考对立面，好像那是一些弱点，如果他让自己思考这一点，女性的"迟疑"就可能会征服他。当一个猎人完成猎杀，克制住自己所有的胆小紧张，才是男子汉气概。但这并不是哲学家、理性人的男子汉气概。在他心里，任何异样的东西都和可恶的女性有关。在思想上，就像在服饰和仪表上一样，他警惕任何脱离最直接和简单观念的诱惑。结果却形成了渴望单纯和"内在复杂"之间的矛盾，他开始发现这是人类社会不可逃避的一部分。

和内在的敌人斗争，渐渐带领卢梭远离了政治斗争的场景，但是，这是人们在他奠定的基础之上建设自由之后的事。托尔斯泰，一个反对俄罗斯沙皇专制的伟大人物，谈到从15岁开始，卢梭就是两个在他生命中最有影响力的一个，另外一个是福音书（Gospel）。[1] 康德，从前一直轻视大众，在他的记录中提到，卢梭改变了他尊敬个人，并且认识到哲学研究的使命在于建立人的权利。[2] 爱默生是卢梭的一个崇拜者，从他那里梭罗知道了卢梭的一些基本观点，这些观点对他著名的论文《公民的不服从》影响很大。[3]

卢梭也给社会带来了一些消极的影响。巴比特[4]认为他该为一切过分

---

[1] L. Tolstoi, *Annales*, 1905, I, p. 7.

[2] I. Kant, *Kant's gesammelte Schriften*, XX, p. 44. Cassirer also mentions Kant's high regard for Rousseau in his *The Question of Jean-Jacques Rousseau*.

[3] In this connection see M. J. Temmer, *Yale French Studies*, 1962, 28, pp. 118–19.

[4] I. Babbitt, *Rousseau and Romanticism*.

的浪漫主义负责。塔尔蒙①认为卢梭引发了"集权民主"。很多作者在他那里发现了法国大革命恐怖的精神,还有罗伯斯庇尔身上活跃的敌意。长篇争论这些问题是毫无益处的,当然,从他的著作里选择出的段落可以支持任何观点。理解卢梭的秘密不在于发现他"真实的"、有意识的态度,而在于认识到他内心深处矛盾的价值观。②

骄傲的共和主义者,个人自由的支持者,代表着卢梭个性中更有意识、更可接受的一部分。这是那个鼓舞了托尔斯泰和康德的卢梭,一个希望把最初的真诚带回世界的人。今天,那些喜欢把自己看成自由主义者的人能够认同这一描述。

但是,依然有一些无法解释的陈述,它们来自于在帷幕背后的阴影。很多偏爱卢梭的人试图理性化这些奇怪的言语和评论,但是这实在太多了。这些评论不仅揭露了一些关于卢梭的重要事实,也关系到社会改革的一般进程。在期待观察他自己内在动力的过程中,卢梭带领我们更深入地理解了反叛的意义,一个远远超越了他最初意图的目标。

---

① J. L. Talmon, *The Origins of Totalitarian Democracy*, p. 43.
② 心理分析学家发现,只有一个人的无意识态度是重要的,因为这些影响了行为,但是卢梭的生活和作品展示出了这样一幅图画,一个人的行为是意识和无意识共同作用的结果。

第十五章　为真理而受难

一

一个人的政治和道德态度是他童年经历的产物,这样的观点在当代小说家那里很流行。灵敏的作家传递的图景如此清晰,以至于人们认为权威个性来源于虚弱和娇气,并且对此毫不怀疑。阿尔贝托·莫拉维亚(Alberto Moravia)的《遵奉者》和萨特的《一个领袖的童年》详细地描绘令人信服的法西斯主义者形象:其政治生活是为了对抗自身深藏的、潜伏的同性恋冲动,打击犹太人不过是压抑自己性冲动的方式,恋母情结则导致了在党派团体中残酷地发泄自己的施虐冲动。这些类型化陈述的危险不在于它们是错的,而是容易变得太人为化。心理分析理论指出,我们对手的观念不仅在政治上是应受指责的,而且是虚弱和病态性格的产物,滋长于扭曲的性幻想中,这样寻找证据不过是一种自我论证。

当我们忙于庆贺自己干净的头脑时,倾向于忽略伟大的自由改革家和自虐动力之间令人不适的类比时,同样也忽略了施虐和受虐是彼此作用的。如果考察关于知识分子的著作和文献,找到说明这一点的证据并不难。"知识分子"这一词汇应用在政治上,大体上是指自由改革者,像布龙贝特(Brombert)① 所描述的,是这个时代的良心。尽管很多脑力工作者忽略了政治领域,但是看上去似乎是在政治领域,自由改革者获得了"知识分子"的基本称号。如本达(Benda)② 指出的,或许只有应用在这

---

① V. Brombert, *Partisan Review*, 1960, XXVII, pp. 495–96.
② J. Benda, *The betrayal of the Intellectuals*, pp. 56–57, 127–28.

样的场合，这个称号才是合理的。那些利用自己的智力为当权者服务的人，只是国家的仆人，不是专业的知识分子。布龙贝特①评论道，在公共忏悔和牺牲这一点上，自虐是法国知识分子的特点。西蒙·波伏瓦（Simone de Beauvoir）通过在《知识界》②（*The Mandarins*）中追问和拷问一些她的性格，仔细而含蓄地描述了这种特征。很明显，"自虐"并不是在所有的讨论中都代表同样的含义。里斯曼（Riesman）把它描绘成一种渴望回归信徒状态的倾向，一种终极服从的渴望，一种经历所有其他人经历的渴望，从而结束异议的争论。这样，一个寻找世界上哲学体系的人，最终找到耶稣，或者他将会像卢梭一样发现穷人和无助者谦卑态度中的美德，并且坚持，那种简单、诚实的劳动比最精致的哲学思考还要高明。

但是正像我们所确信我们正谈论自虐一样，英雄在经受了最终的鞭打后奋起接过鞭子。像里斯曼所评论的：

> 双重的……伴随着自虐的痛苦和对个人才智和价值的抛弃，这里有一种更加隐蔽的控制的渴望，这种渴望转变成了社会景观中日复一日的领袖标识。这样的人私下里感觉，他用自己的手指反抗法西斯。或者任何其他罪恶的威胁，但是如果这个手指被移动，也只有在那时，我们才会被洪水淹没。③

这种情况下，似乎在性格内部有一个实际的转化，从自由主义转化成权威主义，这种转化引起了一些关于反叛道德的最深刻的问题。从心理学上讲，自虐—虐待倾向一方面与控制、统治的渴望旷废紧密相连，另一方面与服从、追随领导者的渴望相连。④ 更进一步说，其挑衅性的特征也和反叛权威的感情有关。一些人得出结论，反叛，现代政治中的不满，仅仅

---

① Brombert, pp. 480–82, 497–98.
② S. de Beauvoir, *The Mandarins*.
③ D. Riesman, *Selected Essays from Individualism Reconsidered*, p. 43.
④ 菲利浦·瑞夫（Philip Rieff）（*Freud: The mind of the Moralist*, pp. 255–60）指出这种方法完全是用弗洛伊德的方法解释政治，但是他表明所有的政治行为都是非弗洛伊德的。"它不能阐明艰苦交涉、谈判和反对等这些行为后面的情感。"

是为了感受自我美德的激情——或者,他攻击位居高位的暴君,以便自己发号命令。但是,尽管关于社会正义的问题并没有绝对的答案,在具体的案例中正义仍然是重要问题,政府或者父母都有可能犯错,通过不满和抗议的媒介也许可以纠正这样的错误。我们说自虐和虐待的心理冲动会影响抗议的性质,或者影响一个人对正义的观点,只不过是说,不满和革命必须是慎重思考的,而不应该是歇斯底里的过程;只不过是说,我们必须准备好质疑自己的动机,而不能用"为了人类而自我牺牲"的虚假观念来欺骗自己。

人类可以有自己的愉悦,性生活或者社会工作。圣徒为了其他人而放弃所有有价值的事务,这幅图景与我们所知道的人类的天性不相符合。痛苦中的愉悦对于一些人尤其具有吸引力,他们由于一些压抑性的经历,对自己控制和残酷对待别人的渴望深感罪恶。但是,一个社会改革者的人生危机只不过使得这种被压抑的渴望接近于表面。有些时候,这突破变成性格中最主要的特征,就好像一个反对动物手术实验社团中的老妇人,她想要"用机关枪除掉那些折磨无助的小狗的残酷医生"。

痛苦中的愉悦有很多形式,但是其最强烈的、也是最危险的表达,是从个人正义感中获得的狂喜。因为正义的喜悦与对"那些人"道德愤慨的冲动仅一步之遥。伴随着这样道德主义的极度兴奋,智力投降了,自我牺牲的渴望展现在所有赤裸的现实里。那个拿着枪的老妇人,就像年轻的卢梭在路上追赶可怜的公鸡,用石头砸它,因为它"感觉比其他动物强大"。权力堕落并非来源于权力本身内在的罪恶,而是因为它可以让最善良和愿意自我牺牲的社会改革者释放出潜藏的残酷力量。

表面看上去,法西斯主义者和自由人道主义者有很大的区别:一个残酷,一个仁慈;前者决心控制一切价值,后者献身于自由和公民权利。但自由是一个哲学概念,政府是人的行为。在两者之间有巨大的沟壑,这里个人性格——这个陌生而易变的机制——一定在起作用。正义,在我们的政治思想的初期看起来如此纯洁、质朴、简单,而在政治行动的热潮中却变得如此混乱和阴暗;弱小者,当他弱小的时候,他的要求看起来是如此的理性,但是很快在权力的大门前面高声叫嚷。

如果我们相信，一个民主社会只有在公正和理性的反对氛围中才能成长和繁荣，那么最重要的问题是怎样知道具体情景下的不满和反对都是公正和理性的。要回答这个问题，我们必须深刻考察反对和不满的内在动力，只有在这里才隐藏着反叛的道德。牺牲本能的追求是合理的个人目标，但是当这个目标和社会改革混淆在一起时，社会就很危险了。我们不仅要冒失去革命果实的危险，而且反叛本身需要被审判，不服从的也失去了其意义。自由，作为一个民主的理想而开始，如果意味着侵犯他人，那么它除了是肮脏的字眼之外，什么也不是。如果我们不能面对自己私人的渴望，并且一定程度满足这些冲动，那么，寻找人和社会之间关系的"真理"和发现社会正义原则的行动，不可避免地要失败。没有能力了解自己，会让我们面对人类的一些复杂的真理时感到厌恶。如果我们屈从于用高级公共利益的"巫术和糖"来掩盖自己的动机，将会不可避免地发现，要面对人类自然的、动物性的品质是多么困难。如果我们不情愿面对人类及其自然天性的真理，那么，并不会仅仅因为我们会创造美丽迷人的假话，就能建造出一个美好的社会。

二

让－雅克·卢梭的一生，对现代政治理论家是个有重要意义的故事。他的观点，如果人们仔细考察的话，其中的告诫对那个时代很有益处。但是其情感语调——政治著作的情感内容——绝对是毁灭性和攻击性的。不仅在卢梭的著作里，人们到处可以发现，反叛者内在地拥有很多专制者的特征。我们在今天的政治世界怎样对抗这种倾向？我们怎样才能保证反叛者为社会作出建设性的贡献，同时确保那些起源于纠正谬误的运动不会使自己也堕落成专制？这些问题自然而然地来源于之前的讨论，但是我们关于人类和社会的知识仍然没有提供一个答案。那些热衷于社会改革的理论家们有责任仔细审视自己的内在动力，但是我们不能保证他达到了一种完美的个人诚实。当对个人诚实的渴望达到一种极致，那么它会带领我们接近之前讨论的利他主义者的轨迹，会让我们回忆起除去人类动物本能、使其接近上帝的冲动。

20世纪的早期，心理分析和马克思主义都还刚起步不久的时候，一些狂热主义者断言，如果教育者和政治家们都学会心理分析，人类思想的脆弱性问题将会被解决。马克思主义者相信这样的过程将导向马克思主义。我们紧握着类似于新启蒙时代的某些东西，感觉到只有误解（可能这个时期还有些心理学上的误解）才会阻挡人类迈向一个新的美好世界的步伐。在《知识分子和工人：教育心理分析研究》这本书中，柯瑞（H. E. Corey）解释道：

> ……目前，行为主义者和心理分析研究，重建了很大一部分乌托邦信念：人类原初性格的基本特征是爱同伴的渴望，恐惧、仇恨和占有的冲动都是代理性的，因此一场成功革命中的基本动力必须一直是对同胞的爱和不断增长的自由感觉……一般的罢工是释放爱和宽宏大量的神圣事件……每一个老师都应该学会心理分析，因为心理分析和科学一样完美，能使我们对那些个体自主的神圣教条满意。①

这些年来，马克思主义者倾向于反对心理分析。② 对他们来说，心理分析已经变成了教导人民适应资本主义社会的反动工具。但是，仍然有一个广泛流传的怀疑，教育者、政治家，还有其他占据管理位置的人，在汇报工作之前，是否会屈从于一个良好清洁的心灵。

我们很乐于相信，最终找到了卢梭建构理想的政治体系时他所陷入的两难境地的解决方法：个人偏见，个人品味，凌驾于公共利益之上的渴望，对于理智运行的感情损害。如果这是真实的，我们只需要坚持每一个政治家和政治理论家都掌握在一个优秀的心理分析者手里，整个世界就太

---

① H. E. Corey, *The Intellectual and the Wage Workers: A Study in Educational Psychoanalysis*, pp. 240–43.

② J. Wortis, *American Journal of Psychiatry*. 1945, CI, pp. 814–20. J. T. Stone, "The Theory and Practice of Psychoanalysis" (unpublished paper).

平无事了。不幸的是，没有证据支持这种信念。社会改革者必须意识到自己的问题，才能寻找方法解决它，抛开这一点不谈，人们也怀疑，当心理分析变成一个责任庇护所，它将和其他教条一样危险。当一个人意识到自己的性格问题，寻求治疗，但是，在他没有准备好接受心理指导时，这样的要求会对他造成决定性的伤害。更何况，并不能保证那个自我协调很好的卢梭，就能够意识到我们故事中的英雄所面临的问题。他关于社会缺陷的观念，不仅来自于他深刻的痛苦，也来源于他的天赋。理解和处理自由与奴役相抗争的问题，从他的心灵深处获得资源和能量。如果要问，是什么导致卢梭对服从心理有这样特殊的洞察？似乎很清楚，他生命中和这一现象的内在战争让他聚焦于这一问题，并帮助他理解感情和私人的满足在人民失去自由中扮演怎样的角色。

我们对动机的基本特征、驱动智力努力的火焰，仍然几乎一无所知。对和结构性问题有关的隐微因素所知甚少——所有重要的第一步导致了结果。痛苦在创造力中扮演的角色，依然是个谜。我们依然无法去诊断一个完美天才的所有状况，不管是从心理学知识或者政治诡辩的出发点。似乎，关于个人偏见这一问题的答案，并不在于创造出一个没有偏见的个人，而在于创造一个允许个体差异的潜能得到最大发展的社会。自我正义的甘露带来和产生了美德的沉醉，但是当我们没能全体从同一个高脚杯中痛饮时，并非那么有效。所有伟大的政治改革家带来的危险并非个人的偏见，而是让所有反对的声音沉默。成为自由思想威胁的并不是思想家，而是思想家变成了英雄。

英雄是危险的人，并不单纯因其对光荣的渴望，也因为他置身其间的社会对他的回应。在大革命中，巴黎，这个曾经嘲笑卢梭的城市，让大众的目光转向卢梭，并且，像被施了催眠术的动物那样，跟从卢梭教义的情感内涵。没有一个说《忏悔录》坏话的人在城里是安全的，《爱弥儿》成了革命者的圣经，司法和教育改革都以卢梭的名义获得权威。忽略了所有过去的传统、自然疆界和宗教习俗，法国分裂成一个个小国家，盲目地希望实现《社会契约论》的理想。罗伯斯庇尔把"美德"转变成一种全国性的要求，并且，用一种典型的卢梭式怀疑，搜寻和揭露美德的敌人。巴黎市民对邻居警惕的态度变成对好奇的日内瓦人的拙劣模仿，但是，在巴黎，判决并不是因其"轻率"而是"背叛"，最后判决是死刑。卢梭已经让人们知道，在人类事物中，有着比理性更高的声音，而语言则是从一颗心通往另一颗心最贫乏的沟通方式。敏感的灵魂抓住另一个人的手，深深注视他的眼睛，这里他将找到完全的信任，或者彻底的背叛，没有中间地带。容貌、衣着的习惯、一个姿态、一个结交，每一样都能成为整个生活意义的标记。这就是在革命的法国，抛去卢梭的很多观念，只剩下了情感泡沫。

  观念变成了用来组织大众运动的教义学说，很快失去了刺激思想的作用，它们变成为感情而联合起来的观点。这在其诞生时就不陌生，无数伟大的知识性观念都伴随着强烈个人感情的因素。愉快而兴奋是思考中重要的部分，这是思想者最直接的回报。但是当观念变成教义学说，攫取了大众的感情，却没有输入必要的智力，就很危险了。普遍热情带来的大众狂喜与思想带来的个体激动完全不同，就像渴望成为英雄和需要崇敬英雄不同一样。即使我们不能阻止完美的圣徒—英雄的出现，我们必须建设一个能够抵抗防御其过分越位的社会。英雄们的信念并不能拯救我们，而是最大的危险，诱使我们失去自我判断的能力。我们生活在一个没有确定性的世界里，我们"真实的感情"和"人类的内在价值"并不能通过绝对的方式从一个人传达给另一个。爱人的思想，就像政治家的计划一样，无法从眼睛里读出，我们必须依赖语言、事件和其他的表达形式，并且不能相信迹象。我们永远不可能得到所有需要的因素，去判断另一个存在的极限程度。

  只有当英雄迷惑我们抛弃谨慎时，他才是危险的，因为这样我们将无法对其负责，无法在他的黑暗中引导他。像我们这样的普通人也可能犯错。我们可能表现恶意或者自私。我们承认有时候我们更关心自己的利益而不是别人的。但是，英雄一定是上帝或者魔鬼，经常为神性而艰苦奋斗，他落入了自己从未怀疑的罪恶的深渊。

参考文献

1. Aurenche, L. "J.-J. Rousseau et Madame de Larnage." *Annales*, 1907, III, pp. 69-81.
2. Babbitt, I. *Rousseau and Romanticism*. New York: Meridian, 1957.
3. Beauvoir, Simone de. *The Mandarins*. New York: Meridian, 1960.
4. Benda, J. *The Betrayal of the Intellectuals*. Boston: Beacon Press, 1955.
5. Berthoud, F. *J.-J. Rousseau au Val de Travers*. Paris: Fishbacher, 1881.
6. Berthoud, F. *J.-J. Rousseau et le pasteur de Montmollin 1762-1765*. Paris: Fleurier, 1884.
7. Binswanger, L. "Studien zum schisophrenie Problem." *Schweizer Archiv fur Neurologie und Psychiatrie*, 1952, LXX, pp. 1-32.
8. Boswell, J. *Boswell on the Grand Tour: Germany and Switzerland 1764*. Ed. F. A. Pottle. New York: McGraw-Hill, 1955.
9. Brinton, C. C. *The Anatomy of Revolution*. New York: Prentice-Hall, 1952.
10. Brinton, C. C. *The Shaping of the Modern Mind*. New York: New American, 1953.
11. Brombert, V. "Toward a Portrait of the French Intellectual." *Partisan Review*, 1960, XXVII, pp. 480-502.
12. Bucke, R. M. *Cosmic Consciousness*. New York: Dutton, 1959.
13. Burton, J. H. *Life and Correspondence of David Hume*. Edinburgh: William Tait, 1846.
14. Calvin, J. *A Compend of the Institutes of the Christian Religion*. Ed. H. T. Kerr. Philadelphia: Presbyterian Board of Christian Education, 1939.
15. Camus, A. *The Myth of Sisyphus*. New York: Random House, Vintage, 1955.
16. Camus, A. *The Rebel*. New York: Alfred A. Knopf, 1956.
17. Carthy, J. D., and Ebling, F. J. (Eds.). *The Natural History of Aggression*. London & New York: Academic Press, 1964.
18. Cassirer, E. *The Question of Jean-Jacques Rousseau*. New York: Columbia University Press, 1954.
19. Chapman, J. W. *Rousseau, Totalitarian or Liberal?* New Yolk: Columbia University Press, 1956.
20. Choulguine, A. "Les Origines de l'esprit national moderne et Jean-Jacques Rousseau." *Annales*, 1937, XXVI, p. 7-283.

21. Cobban, A. *Rousseau and the Modern State*. London: G. Allen and Unwin, 1934.
22. Corey, H. E. *The Intellectual and the Wage Workers: a Study in Educational Psychoanalysis*. New York: The Sunwise Turn, 1919.
23. Courtois, L. J. "Le Séjour de Jean-Jacques Rousseau en Angleterre (1766-1767)." *Annales*, 1910, VI, pp. 1-305.
24. Courtois, J. L. "Chronologie critique de la vie et des oeuveres de Jean-Jacques Rousseau." *Annales*, 1923, XV, pp. 1-240.
25. Derathé, R. *Jean-Jacques Rousseau et la science politique de son temps*. Paris: Presses Universitaires de France, 1950.
26. Derathé, R. "Les Réfutations du "contrat social" au XVIIIe siècle." *Annales*, 1950-52, XXXII, pp. 7-54.
27. Diderot, D. "Le Fils naturel ou les épreuves de la vertu" in *Collection complète des oeuvres philosophiques, littéraires et dramatiques de M. Diderot*. London, 1773.
28. Diderot, D. *Mémoirs, correspondance et ouvrages inédits de Diderot*. Paris: Paulin, 1834.
29. Durkheim, Emile. *Montesquieu and Rousseau: Forerunners of Sociology*. Tr. by Ralph Manheim. Ann Arbor: University of Michigan Press, 1960.
30. Ellis, H. *From Rousseau to Proust*. New York: Houghton Mifflin, 1935.
31. d'Épinay, Mme. *Les Pseudo Memoires de Madame d'Épinay: Histoire de Madame de Montbrillant*. Ed. Georges Roth. Paris: Gallimard.
32. Erikson, E. H. *Young Man Luther*. New York: W. W. Norton, 1962.
33. Fabre, J. "Examen du Contrat Social de J.-J. Rousseau avec des remarques pour servir d'antidote à quelques principes: Introduction." *Annales*, 1933, XXII, pp. 9-53.
34. Fenichel, O. *The Psychoanalytic Theory of Neurosis*. New York: W. W. Norton, 1945.
35. Franklin, B. *Autobiography*. Cambridge: Houghton Mifflin, 1956.
36. Freud, S. *Collected Papers*. Ed. E. Jones. London: Hogarth, 1953.
37. Freud, S. *The Basic Writings of Sigmund Freud*. Ed. A. A. Brill. New York: Modern Library, Random House, 1938.
38. Freud, S. *The Standard Edition of the Complete Psychological Works of Sigmund Freud*. Ed. J. Strachey. London: Hogarth, 1953.
39. Fromm, E. *Escape from Freedom*. New York: Rinehart, 1941.
40. Gershoy, L. *From Despotism to Revolution: 1763-1789*. New York: Harper and Row, Torchbook, 1963.
41. Goncourt, E. and J. de *The Woman of the Eighteenth Century*. London: George Allen & Unwin, 1928.
42. Gran, G. "La Crise de Vincennes." *Annales*, 1911, VII, pp. 1-17.
43. Green, F. C. *Jean-Jacques Rousseau, a Critical Study of His Life and Writings*. Cambridge: Cambridge University Press, 1955.

44. Green, F. C. *Rousseau and the Idea of Progress.* Oxford: Clarendon Press, 1950.
45. Gribble, F. *Rousseau and the Women He Loved.* New York: Scribners, 1908.
46. Grimm, F. M. f. von. *Correspondance littéraire philosophique et critique.* Paris: Longchamps, F. Buisson, 1812-29.
47. Grimm, F. M. f. von. *Correspondance littéraire philosophique et critique.* Paris: Garnier, 1877.
48. Grimsley, R. *Jean-Jacques Rousseau, a Study in Self-Awareness.* Cardiff: University of Wales Press, 1961.
49. Guéhenno, Jean. *Jean-Jacques.* Paris: B. Grasset, 1948-52.
50. Guillemin, H. "Les Affaires de l'Hermitage." *Annales,* 1941-42, XXIX, pp. 65-258.
51. Heidenhain, A. *Jean-Jacques Rousseau Persönlichkeit, Philosophie, und Psychose.* Munich: Bergmann, 1924.
52. Hendel, C. W. *Jean-Jacques Rousseau, Moralist.* London: Oxford University Press, 1934.
53. Hume, D. *Enquiries Concerning the Human Understanding and Concerning the Principles of Morals.* Oxford: Clarendon Press, 1961.
54. Hume, D. *The Letters of David Hume.* Ed. J.Y.T. Greig. Oxford: Clarendon Press, 1932.
55. Hume, D. *The Philosophical Works of David Hume.* Eds. T. H. Green and T. H. Grosse. London, 1874-75.
56. Kant, I. *Kant's gesammelte Schriften.* Berlin: Walter de Gruyter, 1942.
57. Kligerman, C. "The Character of Jean-Jacques Rousseau." *Psychoanalytic Quarterly,* 1951, XX, pp. 237-52.
58. Laforgue, R. *La Psychopathologie de l'échec.* Revised ed. Paris: 1950.
59. Lanson, G. "Quelques documents inédite sur la condamnation et la censure de *l'Emile* et sur la condamnation des *Lettres écrites de la Montagne.*" *Annales,* 1905, I, pp. 95-136.
60. Lefebvre, G. *The Coming of the French Revolution, 1789.* Tr. by R. R. Palmer. Princeton: Princeton University Press, 1947.
61. Leigh, R. A. "Vers une nouvelle édition de la correspondance de Jean-Jacques Rousseau." *Annales,* 1959-62, XXXV, pp. 263-80.
62. Lemaître, J. *Jean-Jacques Rousseau.* London: Heinemann, 1908.
63. Lewis, W. H. *The Splendid Century: Life in the France of Louis XIV.* New York: Doubleday, 1957.
64. MacDonald, Frederika. *Studies in the France of Voltaire and Rousseau.* London: T. Fisher Unwin, 1895.
65. MacDonald, Frederika. *Jean-Jacques Rousseau, a New Criticism.* London: Chapman and Hall, 1906.
66. McDonald, Joan. *Rousseau and the French Revolution.* London: Athlone, 1965.

67. Masson, P.-M. "Mme.d'Épinay, Jean-Jacques . . . et Diderot chez Mlle. Quinault." *Annales*, 1913 IX, pp. 1-28.
68. Masson, P.-M. *La Religion de J.-J. Rousseau*. Paris: Hachette, 1916.
69. Maurois, A. *A History of France*. New York: Grove Press, 1960.
70. McGovern, W. M. *From Luther to Hitler*. New York: Houghton Mifflin, 1941.
71. Montet, A. de. *Madame de Warens et le pays de Vaud*. Lausanne: Georges Bridel, 1891.
72. Morley, J. *Rousseau*. London: Chapman and Hall, 1873.
73. Mossner, E. C. *The Life of David Hume*. London: Nelson, 1954.
74. Mugnier, F. *Mme. de Warens et J. J. Rousseau*. Paris: Calmann Levy, 1895.
75. Murray, G. *Five Stages of Greek Religion*. Oxford: Clarendon Press, 1925.
76. Palissot de Montenoy, C. *Oeuvres de M. Palissot*. Paris: Libraire de la Reine, 1788.
77. Parton, J. *Life of Voltaire*. Boston: Houghton Mifflin, 1884.
78. Peoples, Margaret. "La Querelle Rousseau-Hume." *Annales*, 1927-28, XVIII, pp. 1-322.
79. Polanyi, M. *Personal Knowledge*. Chicago: University of Chicago Press, 1958.
80. Pottle, F. A. "Appendice à "La querelle Rousseau-Hume" par Albert Schinz." *Annales*, 1926, XVII, pp. 13-51.
81. Proal, L. *La Psychologie de Jean-Jacques Rousseau*. Paris: Alcan, 1930.
82. Raymond, M. "Deux aspects de la vie interieure de J.-J. Rousseau." *Annales*, 1941-42, XXIX, pp. 7-57.
83. Reik, T. *Masochism in Modern Man*. New York: Grove Press, 1941.
84. Rieff, P. *Freud: the Mind of the Moralist*. New York: Doubleday Anchor, 1961.
85. Riesman, D. *Selected Essays from Individualism Reconsidered*. Garden City: Doubleday Anchor, 1954.
86. Ritter, E. "La Famille et la jeunesse de Jean-Jacques Rousseau." *Annales*, 1924-25, XVI, pp. 5-250.
87. Ritter, E. "Jean-Jacques Rousseau, notes et recherches." *Annales*, 1916-17, pp. 1-235.
88. Ritter, E. *Magny et le Piétisme romand*. Lausanne: Société d'Histoire de la Suiss Romande. Second Series, III, 1891.
89. Rokeach, M. *The Open and Closed Mind*. New York: Basic Books, 1960.
90. Rousseau, J.-J. *Correspondance générale de Jean-Jacques Rousseau*, Ed. Dufour & Plan. Paris: Armand Colin, 1924-34.
91. Rousseau, J.-J. *Les Oeuvres complètes de Jean-Jacques Rousseau*. Paris: Gallimard, Bibliothèque de la Pléiade, 1959-64.

92. Rousseau, J.-J. *Émile ou de l'éducation*. Paris: Garnier, 1961.
93. Rousseau, J.-J. *Du contrat social*. Paris: Garnier, 1962. (Include Lettre à M. d'Alembert, Lettre à Mgr. de Beaumont and other wo
94. Rousseau, J.-J. *Social Contract and Discourses*. New York: E. P. ton, Everyman, 1950.
95. Rousseau, J.-J. "Lettre sur la musique française." *Les Oeuvres* plètes de *J.-J. Rousseau*, VI, pp. 168-98. Paris: Hachette, 1891.
96. Rousseau, J.-J. *The Political Writings of Jean-Jacques Rousseau* C. E. Vaughan. Oxford: Basil Blackwell, 1962.
97. Saint-Pierre, J. H. B. de. *Paul and Virginia*. London: Orr, 1839.
98. Schinz, A. "La Querelle Rousseau-Hume." *Annales*, 1926, XVII 13-51.
99. Schinz, A., and Lawrence, I. "Le Problèm de la date du premier s de Madame de Warens aux Charmettes." *Revue d'histoire littérai la France*, 1928, XXXV, pp. 85-91.
100. Sells, A. L. *The Early Life and Adventures of Jean-Jacques Rous 1712-1740*. Cambridge: W. Heffer & Sons, 1929.
101. Simmons, E. J. *Leo Tolstoy*. New York: Vintage, 1960.
102. Smiley, J. R. *Diderot's Relations with Grimm*. Urbana, Ill.: University of Illinois Press, 1950.
103. Spitz, D. *Patterns of Anti-Democratic Thought*. New York: Macmillan, 1949.
104. Starobinski, J. *Jean-Jacques Rousseau, la transparence et l'obstacle*. Paris: Plon, 1957.
105. Starobinski, J. "The Illness of Rousseau." *Yale French Studies*, 1962, XXVIII, pp. 64-74.
106. Stone, J. T. (pseudonym) "The Theory and Practice of Psychoanalysis." (Unpublished paper.)
107. Talmon, J. L. *The Origins of Totalitarian Democracy*. London: Secker & Warburg, 1952.
108. Temmer, M. J. "Rousseau and Thoreau." *Yale French Studies*, 1962, XXVIII, pp. 112-20.
109. Tocqueville, A. de. *The Old Régime and the French Revolution*. Garden City: Doubleday, 1955.
110. Tocqueville, A. de. *Democracy in America*. Tr. Henry Reeve. London: Oxford University Press, 1946.
111. Tolstoi, L. (A letter written to the Société Jean-Jacques Rousseau), *Annales*, 1905, I, p. 7.
112. Torrey, N. L. "Rousseau's Quarrel with Grimm and Diderot," from *Essays in Honor of Albert Feuillerat*. New Haven: Yale University Press, 1943.
113. Toynbee, A. *A Study of History*. London: Oxford University, 1934-39.

114. Tucker, R. *Philosophy and Myth in Karl Marx*. Cambridge: Cambridge University Press, 1964.
115. Vallette, G. "La Condamnation de Rousseau à Genève." *Annales*, 1907, III, pp. 225-42.
116. Voltaire, F.-M. A. de. *Les Oeuvres complètes de Voltaire*. Société Littéraire, Typographique, 1785.
117. Voltaire, F.-M. A. de. "Sentiment des citoyens," in *Les Oeuvres de Voltaire* by M. Beuchot, XLII, pp. 75-84. Paris: Chez Lefèvre, 1831.
118. Vulliamy, C. E. *Rousseau*. London: G. Bles, 1931.
119. Walzer, M. *The Revolution of the Saints*. Cambridge: Harvard University Press, 1965.
120. Wilson, E. *The Wound and the Bow*. New York: Oxford University Press, 1965.
121. Winwar, Francis. *Jean-Jacques Rousseau, Conscience of an Era*. New York: Random House, 1961.
122. Wortis, J. "Freudianism and the Psychoanalytic Tradition." *American Journal of Psychiatry*, 1945, CI, pp. 814-20.

译者后记：行走于光影和深渊之间

卢梭是谁？

对于世界，抑或中国，这绝非一个陌生的名字，也绝非一个易于回答的问题。康德，一个沉溺于抽象哲学概念，轻视普通人的傲慢哲学家，在阅读了卢梭之后，如醍醐灌顶，宣称卢梭让他认识了人类，抬头仰望天空，明白了一切哲学的最终目标都是为了维护人的幸福和权利。托尔斯泰，抛尽荣华，走进俄国广袤土地上的贫苦农民当中，和他们一起过最简朴的生活，以此作为自我的道德救赎，而他生命中最大的精神力量，来源于两个人，其中之一就是卢梭，另一个则是福音书里道成肉身，为了拯救人类的罪恶，甘心承受十字架苦难的耶稣基督。

然而同时，塔尔蒙在《极权民主主义的起源》中，矛头直指卢梭，认为他应该为浪漫激情泛滥导致的现代极权负责，20世纪以《自由宪章》闻名的哈耶克，更是以异常雄辩的方式，清理自由主义遗产，毫不迟疑地把卢梭归在大陆建构理性名下，声言其是对自由秩序的最大威胁。

中国背景下，卢梭的面貌并没有变得更为清晰。遮挡着过去一个世纪的社会动荡和政治变迁的雾霭和帷幕，似乎使他的面貌变得更加难以分辨。他是激励国人追求自由、民主、正义的先知，是呼唤人们打破旧制度、旧政权，一切锁链和桎梏的精神典范；他唤醒了一个被压迫的民族，鼓舞她追求独立、正义和平等，鼓舞她在枷锁中间抗争，摆脱自己受奴役的命运。那种对权力压迫和不公正的控诉，洋溢着的道德激情，以及伴随着那种道德激情而来的喜悦、狂热甚至战栗，中国人绝对不会不熟悉。然而，道德乌托邦下的疯狂和阴影，革命名义下的罕见痛苦和灾难，他竟是一点责任也没有，可以毫发无损地得到豁免吗？

在不断变换的背景中，卢梭的存在显得异常诡异。圣徒还是疯子，先知还是精神病患者，光明的使者抑或来自深渊的魔鬼？答案似乎有很多个，可能都对，也可能都不对。卢梭的存在本身，显示了人类固有的伦理困境，那是一个模糊而不断漂移的世界，不具备善与恶、黑与白的清晰界限，那是一个充满悖论、矛盾而无法和解的世界。在卢梭那里，任何的评判都失去了固有的确定性，他的存在显示出，我们在庸碌而琐屑的日常生活里，一直想要自我麻醉、自我宽恕，原来不过是一场多么肤浅的自欺欺人，多么虚伪华丽的表演。一个人的成长和一个民族的成长一样，要付出伦理的自我审视的代价，结果绝不让人轻松。卢梭可能来不及明白，他自始至终追寻的初始纯真和完美无缺的道德救赎，他所阐释与实践的压迫与反抗的教义，他苦心孤诣塑造起来的为真理受难的圣哲形象，包含了多么残酷的矛盾和自我讽刺。而关于他的一切已经结束时，或许，故事才刚刚开始上演。

卢梭的研究已经浩如烟海，布兰查德似乎有意把心理分析引入政治理论的解释之中。这也许要归功于20世纪蔚为大观的诸多心理分析学派的繁荣，对这些包罗万象、博大精深的心理学学派，我不敢妄言，但其中有一点非常值得注意，它把文本和概念，观念和理论从抽象的语言和逻辑分析中解放出来。单纯从文本的概念分析来看，卢梭可能在很大程度上是个保守主义者，和法国大革命无关；单纯从逻辑上推理，卢梭富于激情的雄辩争论似乎难以理清其明晰的内在理路；单纯排列出卢梭的观点，抽离时代背景和作者的感受与经历，只不过变成了填字游戏。布兰查德在一个至关重要的点上，警醒了我们：理解政治理论只靠理智和逻辑，是远远不够的，在卢梭近乎夸张的政论文中，在他反复变换的语调和身影里，有些始终荡漾于其背后的情绪和感觉，深深植根于他所有的政治发言和理论观点之中。理解他，如他所感觉的那样，去呼吸、思考，如他所感觉的那样，去抗争、行动；理解他，精密强大的智力和丰富敏感的心灵，处于同等重要的位置。这样做，或许才在一定程度上，到达了应有的深度，毫无保留地承担了关于他所有的一切，无论好与坏、对与错。这样，我们或许有望融会到他的生命河流之中，不再单纯触摸着冷冰冰的概念、逻辑、理论，还感受着他的情绪、感情、知觉、直觉；分享着他生命中一切的悲哀与愤怒，眼泪和欢笑，对美好的向往，对现实的反抗，对未来的期盼；凝视着他在无望之中的徒劳挣扎，悲悯着他不断的自我怀疑与折磨；体谅着他的爱情、梦想、绝望和自我救赎；甚至，穿越过时空的巨大隔阂，感受他身体所显示出来的一切优美和疼痛，欲望和渴求，一切的单纯、天真无邪和近乎邪恶的残酷。

卢梭是一个叛逆者，他几乎是和整个的时代、整个世界作战。他反叛自己身处其中的几乎一切：腐朽的政治制度，不公正的权威，穷苦者遭受的压迫，陈旧虚伪的习俗，复杂无用的礼仪，堕落的道德和科学，被个人利益和野心所绑架的战争，无耻的政客，矫揉造作的妇女，巴黎空洞的沙龙，繁冗而虚伪的教育。通过《论科学和艺术》、《论人类不平等的起源》、《社会契约论》、《爱弥儿》这样一系列的艰苦奋斗，卢梭成功地给予他所生存的那个时代强有力的打击。同样，这是一个艰难的寻找道德真理的旅程，在这个裹挟一切的世界里，置身于腐朽与败坏之中，他试图紧紧抓住已经失去的初始的纯真，保存自己的孤独和美德；在对世界的残酷攻击里，卢梭试图与自我达成和解，消弭在成长过程中间不断增加的犯罪感所带来的恐惧。这需要非凡的道德勇气，然而正是这一点，无可挽回地造成了他的溃败，或许，反叛一切的背后，实在已经积著了太多对这个世界的仇恨和恶意。他不是被压迫者的代言人吗？却为何用新建构起来的真理，独断地笼罩在一切之上，用强大的、不容置疑的语调宣判一切，甚至那样完满自信地塑造爱弥儿的全部生活？在这令人目眩的背景里，充满了罕见的美德和大规模欺骗的结盟，反抗精神与权威欲求的联合，真理和权势扩张野心的合谋。

我们和布兰查德一样，追随着卢梭生命的轨迹，探寻着他给出的伦理难题的答案，这一过程可能非常艰难。实际上，也许不是卢梭的理论，而是他所启发和唤醒的反抗和革命的精神和情感，注入到每一个后来的革命者的身体与心灵里。法国大革命震撼世界的呼喊，中国革命近乎信仰的热情，都隐约可以看见他的光影。正义的激情，反抗压迫的渴望，凝聚在卢梭继承者的心灵之中。我们似乎很难想象，他那时常被疼痛和疾病折磨得纤弱的身体里，竟然蕴藏了那样令人目眩的反抗光芒。他具有某种魅惑的魔力，革命者，不管是否曾深入研究卢梭的理论，都是他的继承人，他们在情感和灵魂深处是他的同志。他所调动的，是远比理性要更加深厚和宽广的东西，在那个崇尚怀疑、论辩和理性的时代，他罕见地渗透到人心灵深处，碰触到人心隐秘的情绪和感受，激起头脑和心灵的奏鸣；他所唤起的，是近乎诗意的东西，近乎生存结构中最深的渴求，这种诗意的呼唤描绘了最美好的渴望，同时毫不留情地塑造了敌人，使最残酷无情的破坏欲望变幻成花环般美丽的布景。当真理变成一种权势的时候，道德也会变为利斧，理想也可以释放出难以预料的暴虐，甜美的面具无法掩饰背后的流血和暴力。天使和魔鬼，圣徒和暴民，天堂之国与谋杀之城，甚至不是一枚硬币的两面，而是同一个地点、同一个人的同一个眼神。

无论怎样，善与恶在卢梭那里，绝非一个非此即彼的选择，在同一个人的同一个微笑之中，善和恶奇特地交织缠绕在一起。无论怎样，真相要远为复杂。卢梭对抗他那个时代的荒谬和不公，无畏地挑战了很多不可动摇的陈规，开启了人们探寻真理的眼界，因此他的失败并不仅仅来源于他的个性和自我缺陷。也许某种意义上，这是一个折射和暗喻，透露着人类自身的暧昧模糊的存在，透露着人纠结于其中的不可摆脱的困境；真理，将无可挽回地处在五光十色之中，处在艰难的悖论之中，无从救赎。世界的真相，异常的残酷，没有遮掩的一切，时有时无地从卢梭忧郁迟疑的眉目间传递给我们，无从逃避，甚至根本无法遗忘。

实际上，当我们不再把他看做圣徒或魔鬼，只是把他当成一个人，平静地面对和靠近他的人生，那是一个生命与另一个生命的相逢。在最深处，无非是我们与自我的相逢。他所经受的考验和磨难并不是孤立的，他是人类的一员，他启发我们回转、凝视，穿透平庸的表面和琐屑的生活，接触到生命和世界更为真实的一面。在这样的深度，我们试图与自我对视，平等地审视一切，当善不再是一个问题的时候，邪恶也不足以恐惧。当其间不再有明晰界限的时候，我们终于可以坦诚地面对自己，终于明白，他不过是人类悲剧中的一部分，与你我一样，承担着非如此不可的命运，声名所及，纵然光影无边，也无非如此。

我可以理解，布兰查德通过对于卢梭的思考（尽管在具体研究方法论上他存在明显的不足和弱点），审视着人性的不足和极限处的危险，警醒我们不要落入为神性奋斗的深渊和圈套。他审慎地思考着，达到了一个令人不可不正视的深度（尽管在具体的细节和论述中有很多的荒谬和牵强），这于我们，是一面可以审视自己衣冠和灵魂的弥足珍贵的铜镜。我们的民族，如果某种程度上，这依然是一个可以相信或依凭的概念和实体的话，在并不遥远的过去，经历了卢梭所渴望的那种革命和反叛，然而事情并不单纯是一场狂欢和盛筵，似乎隐藏着难以言说的往事，封陈着不为人知的心情，甚至隐匿着一直在逃避并试图遗忘的伦理困境。逃避和遗忘，毕竟是件较为容易的事情，转过身，从此撂开了手，不闻不问；毕竟现今我们的生命太孱弱，而正视真实未免太过残酷。然而，那一切毕竟存在，如同亘古的冰山，传达着遥远天域的秘密，透过凛冽的冰刃般锋利的解剖，和暗夜中的光芒，一切将变得前所未有的通透和清晰。

　　是为后记。

王　英